DIE MÄRCHEN DER WELTLITERATUR

Begründet von Friedrich von der Leyen
Herausgegeben von
Kurt Schier und Felix Karlinger

Südchinesische Märchen

Herausgegeben und übersetzt
von Wolfram und Alide Eberhard

EUGEN DIEDERICHS VERLAG

Erste Auflage

Einbandentwurf: Tilman Michalski
Gesamtherstellung: Passavia Passau
ISBN 3-424-00561-4 Hln
ISBN 3-424-00562-2 Leder

1. Der Fischottergeist

Der alte Dschau besaß ein Fischerboot, auf dem er mit seiner Frau und seiner siebzehn Jahre alten Tochter lebte. Jeden Morgen fuhren sie zum Fischfang aufs Meer, und jeden Abend vertäuten sie das Boot am Strand. Eines Nachts, als Fräulein Dschau im Hinterschiff schon schlief, weckte sie ein Geräusch im Wasser. Sie guckte hin und sah, wie ein Fischotter aus dem Wasser ins Boot geklettert kam. Er drehte sich auf einer Planke einmal um, und im Nu war er ein schöner junger Mann. Er kam zu ihr und sagte: »Wir sind vom Schicksal füreinander bestimmt. Schon seit langem hat mich deine Schönheit betört.« Was hätte sie da sagen können? Sie wurde seine Frau, aber Vater und Mutter sagte sie nichts davon. Der Fischottergeist kam nun jede Nacht zu ihr, und bald war sie schwanger.

Als ihr Vater seinen sechzigsten Geburtstag feierte, mußte sie als seine Tochter sich tief vor ihm verbeugen. Der Vater merkte, wie schwer ihr die Verbeugung fiel. Er erriet den Grund und wurde furchtbar wütend. Als das Mädchen wieder ins Hinterschiff zurückgegangen war, schimpfte er mit seiner Frau: »Du Kupplerin! Du mußt ja wissen, was deine Tochter treibt!« Die Frau konnte bloß immer wieder beteuern: »Nie sah ich einen Mann auf unserem Boot; und nachts sind wir weit weg vertäut an einsamem Strand, wo keine Menschen wohnen. Auch habe ich morgens am Strand nie eine Fußspur gesehen. Vielleicht ist sie krank! Ich werde sie fragen.«

Die Mutter befragte nun die Tochter wieder und wieder, bis das Mädchen endlich alles gestand. »Weißt du, wo er wohnt?« fragte die Mutter. Sie wußte es nicht. Da schlug die Mutter vor: »Nimm diesen Hanffaden, knote ihn an eine Nadel, und wenn er kommt heut Nacht, stich die Nadel in seinen Rock. Dann können wir herausbekommen, wo er wohnt.« Das Mädchen stimmte zu.

In der Nacht kam der Fischotter wie immer. Das Mädchen saß und weinte. »Warum weinst du?« fragte er. »Bist du traurig, daß ich so spät gekommen bin?« Das arme Mädchen wußte nicht, was sie ihm sagen sollte. Sie überlegte hin und her, ob es nicht am besten wäre, alles zu erzählen. Dann aber wischte sie die Tränen ab und sprach von etwas anderem. Bevor der Fischotter am nächsten Morgen aufbrach, steckte sie die Nadel mit dem Garn an seinen Rock. Er entfernte sich – mal schnell, dann ließ sie den Faden schnell nach – und mal langsam, dann ließ sie ihn langsam nach. Der Faden schwamm auf dem Meer, wer weiß wie weit.

Am Morgen nahm der Vater seine eiserne Hacke und folgte dem Faden. Erst ging er weit ins Meer und führte schließlich auf den Strand. Als die Sonne aufging, sah der Vater einen großen Fischotter, der am Strand laut schnarchend schlief. Mit der Hacke gab ihm der alte Dschau einen Schlag, und noch ein paar Schläge, und dann war der Fischotter tot. Er grub am Strand ein Loch und begrub ihn darin. Jedes Mal, wenn das Boot an dieser Stelle vorbeifuhr, mußte das arme Mädchen weinen.

Nach ein paar Monaten bekam das Mädchen einen Sohn, und weil der alte Dschau keinen Sohn hatte und sich immer einen wünschte, behielt man den Jungen, und er wurde Kleiner Dschau genannt. Als der Junge anfing zu sprechen, nannte er den Großvater »Vater«, die Großmutter »Mutter« und seine Mutter »Schwester«. Bald merkte er, daß die »Schwester« seine Mutter war, und er fing an, nach seinem Vater zu fragen. Aber keiner sagte ihm, wer sein Vater war.

Da der Kleine Dschau der Sohn eines Fischotters war, liebte er natürlich das Wasser, und schon mit vier-fünf Jahren sprang er ins Meer und fing Fische. Mit elf-zwölf Jahren, als im Winter alle Gewässer zugefroren waren und man nicht bootfahren konnte, schlug er ein Loch ins Eis, sprang hinein und holte ganze Körbe voll von Fischen heraus. Er brachte sie zum Verkauf auf den Markt, wo sich die Leute wunderten, wie man bei der Kälte frische Fische kriegen könnte.

Eines Tages, als er mal wieder Fische verkaufte, weigerte sich jemand aus Spaß, zu bezahlen. Da hob der Junge eine eisenharte Faust und schlug den Mann tot. Der Junge wurde zum Gericht geführt. Der Richter war erstaunt, daß ein Zwölfjähriger einen Mann erschlagen hatte, und er fragte, warum er es getan hätte. Dabei erfuhr der Richter, daß der Junge frische Fische verkaufte, und wunderte sich noch mehr: »Alle Wasser sind gefroren, kein Schiff fährt aus. Woher bekommst du Fische?« – »Ich habe ein Loch ins Eis geschlagen«, erwiderte der Junge, »da springe ich hinein und hole die Fische heraus.« – »Das ist doch nicht wahr! Wie kann man bei der Kälte ins Wasser springen! Da erfriert man ja!« – »Oh nein«, erwiderte der Kleine Dschau, »wo ich ins Wasser springe, sitzt drin ein Drache, der heiße Luft ausatmet, so daß es gar nicht kalt ist. Und an beiden Seiten des Drachenmauls sind lauter Fische. Im Nu ist mein Korb voll.«

Ein Weilchen zögerte der Richter, dann nahm er den Jungen beiseite und sagte: »Ich werde die Asche meines Vaters in eine kleine Flasche tun. Wenn du das nächste Mal am Maul des Drachen Fische fängst, dann lege die Flasche in das Drachenmaul. Wenn du das tust, will ich dich nicht für deinen Mord bestrafen.« Schnell antwortete der Kleine Dschau: »Alles will ich tun, wenn ihr mich nicht bestraft.« Also ließ der Richter die Knochen seines Vaters ausgraben, zu Asche verbrennen und dem kleinen Dschau übergeben.

Zu Hause fragte der Kleine Dschau: »Mutter, Mutter, habe ich wirklich keinen Vater?« Die Mutter sagte: »Ich weiß es nicht.« Aber diesmal gab der Sohn sich nicht zufrieden: »Wenn du mir jetzt nichts sagst, bring ich mich um.« Da gestand sie unter Tränen, was ihr geschehen war, und so erfuhr der Kleine Dschau, daß er einen Fischotter zum Vater hatte. Er fragte weiter nach der Stelle, wo der Fischotter begraben lag, und lief dorthin, grub die Knochen aus, verbrannte sie und steckte sie in eine kleine Flasche. Mit den beiden Fläschchen sprang er nun in sein Loch im Eis.

Diesmal war das Drachenmaul geschlossen. Der Drache atmete die heiße Luft nur durch die Nase aus. Der Kleine Dschau sah sorgsam nach, erst am rechten Maulwinkel und dann am linken, ob das Maul vielleicht ein bißchen offen stand; aber nein, es war fest geschlossen. Da nahm der Kleine Dschau ein Stückchen Holz und kitzelte damit den Drachen in der Nase, damit er niesen und dabei das Maul aufsperren würde. Tief steckte er das Holzstück in die Nase, bis der Drache es nicht mehr aushielt und niesen mußte. Dschau sagte zu sich selbst: »Zuerst die Flasche mit *meines* Vaters Knochen!«, und der Drache hatte kaum sein Maul geöffnet, da warf er sie hinein. Aber gleich ging das Maul wieder zu, und durch nichts war der Drache zu bewegen, es wieder aufzumachen; ja, je mehr der Junge sich bemühte, um so fester kniff der Drache sein Maul zu. Schließlich fiel dem Jungen nichts Besseres ein, als die Flasche mit den Knochen vom Vater des Richters mit einem Halshaar des Drachen an dessen Horn zu binden. Weil die Knochen seines Vaters nun im Bauch des Drachen ruhten, wurde der Kleine Dschau später Kaiser, nämlich Kaiser Dschau Kuang-yin, der erste Kaiser der Sung-Dynastie. Das Holzstück wurde der Ahnherr des Holzprinzen, und weil es achtzehn Zoll tief in die Drachennase gestoßen worden war, saß er später achtzehn Jahre auf dem Kaiserthron. Und weil die Flasche mit den Überresten vom Vater des Richters am Horn des Drachen angebunden worden war, wurden die Nachkommen des Richters für viele Generationen Kanzler beim Kaiser.

2. *Kuhhirt und Weberin*

Wenn man in klaren Nächten im Herbst zum Himmel schaut, sieht man eine helle Wolke. Sie besteht aus vielen winzig kleinen Sternen – so weit von uns entfernt, daß man sie einzeln nicht erkennen kann. Was man sieht, ist ein langgestreckter, weißer Glanz, und dieser Glanz wird »Himmelsfluß« oder »Silberfluß« genannt. Westlich dieses »Flusses« steht ein heller Stern, der »Kuhhirt« heißt; östlich leuchtet noch ein heller Stern, genannt die »Weberin«.

Man sagt, daß in der Urzeit zwei Brüder lebten, beide Bauern. Der ältere war klug, der zweite etwas dumm. Täglich ging der zweite zum Kühehüten in die Berge, und deshalb nannten ihn die Leute »Kuhhirt«. Später nahm der erste Bruder eine Frau. Als die neue Schwägerin bemerkte, daß Schwager Kuhhirt zu nichts anderem zu brauchen war, riet sie ihrem Mann, den Besitz der Brüder zwischen ihnen aufzuteilen. Er wollte aber den Besitz nicht teilen und hörte nicht auf das Gerede seiner Frau. So beschloß die Frau, Kuhhirt aus dem Weg zu räumen. Als Kuhhirt eines Tages seine Kühe auf die Weide trieb, sprach eine Kuh ihn an: »Wenn du heute zu Tisch nach Hause kommst, nimm einen Keks aus dunklem Mehl! Iß keinen weißen!« Kuhhirt wunderte sich sehr, aber diese Kuh war ihm besonders lieb, und deshalb dachte er, sie habe sicher recht. Abends kam er heim, und wirklich standen auf dem Tisch zwei Sorten Kekse! Er nahm sich einen dunklen. Als die Schwägerin ihn fragte, warum er einen dunklen genommen hätte, sagte er, die dunklen sähen heute schöner aus. Tatsächlich hatte seine Schwägerin in die weißen Kekse Gift getan, weil sie Kuhhirt aus dem Wege räumen wollte. Dieser Plan war nun mißlungen. Jetzt fing sie an, ihrem Mann täglich etwas Schlechtes über seinen Bruder zu erzählen, und sie bestand darauf, er sollte den Besitz mit dem Bruder teilen. Der Mann versprach es schließlich und nahm sich vor, die Sache mit dem Bruder zu besprechen.

An diesem Tag, als Kuhhirt gerade mit den Kühen auf die Weide ging, sprach die alte Kuh ihn wieder an: »Dein Bruder und die Frau sind für Verteilung des Besitzes. Sei nicht böse, sei nicht traurig, sondern bitte ihn, daß er mich dir gibt. Ich kann dir helfen, jede Schwierigkeit zu überwinden!« Als Kuhhirt heimkam, fingen Bruder und Schwägerin tatsächlich an, mit ihm die Teilung des Besitzes zu besprechen, und sie fragten ihn, was er haben wollte. Kuhhirt bat um eine Strohhütte und einen klapperigen Wagen, und außerdem um die alte Kuh. Dann stieg er auf den Wagen und fuhr zu seiner Hütte.

Er lebte fröhlich mit der alten Kuh in seiner Hütte, bis die Kuh eines Tages zu ihm sagte: »Kuhhirt! Geh morgen ins Gebirge zu dem Wasserfall. Unterhalb des Wasserfalls werden sieben Feen beim Baden sein und auf einem Stein werden ihre Kleider liegen. Nimm heimlich eins der Kleider und verstecke es an einem sichern Ort. Es ist ein Feenkleid, ohne das die Fee nicht zurück zum Himmel steigen kann. Dann fordere sie auf, deine Frau zu werden! Sie ist gezwungen, ›ja‹ zu sagen.«

Am nächsten Tag ging der junge Mann zum Wasserfall, und wahrhaftig sah er dort sieben schöne Mädchen, die beim Baden waren, und sieben Kleider, die glitzernd auf einem großen Stein in ihrer Nähe lagen. Er schlich sich hin, stahl eins davon und lief damit nach Haus, wo er das Feenkleid an einem sichern Ort versteckte. Die Fee, die nun kein Kleid mehr hatte, war die Tochter des Jadekaisers im Himmel. Sie war sehr klug und konnte schöne Brokat- und Seidenstoffe weben. Deshalb hatte man sie »Weberin« genannt. Sie konnte nicht zurück zum Himmel steigen, weil ihr Kleid von einem Mann gestohlen war, und sie war gezwungen, auf Wunsch des Mannes seine Frau zu werden.

Glücklich lebten sie zusammen, ein paar Jahre lang, und sie bekamen einen Sohn und eine Tochter. Derweile war die alte Kuh sehr, sehr alt geworden, und eines Tages sagte sie zu

Kuhhirt: »Sowie ich tot bin, mußt du das Fell mir abziehen und Schuhe daraus machen. Sollte die Fee eines Tages zum Himmel fliegen wollen, dann ziehe die Schuhe an. In diesen Schuhen kannst du ihr folgen und sie fangen.« Bald danach starb die alte Kuh, und traurig tat der junge Mann, was die Kuh ihm aufgetragen hatte. Aus der sauber ausgekratzten Haut machte er sich Schuhe, die er gut versteckte.

Im Lauf der Zeit bekam die Weberin große Sehnsucht nach dem Himmel, und sie sagte oft, sie würde ihre Eltern gern besuchen. Doch als sie Kuhhirt um ihr Feenkleid bat, gab er es nicht heraus.

Eines Tages spielten ihre Kinder im Haus Verstecken, und durch Zufall fanden sie das Kleid der Mutter. Als die Weberin begriff, daß dies ihr Feenkleid war, zog sie es schnell an und sagte zu den Kindern: »Eure Mutter kehrt zurück zum Himmel«, und damit lief sie aus dem Haus. In diesem Augenblick kam Kuhhirt heim vom Feld. Als er seine Frau im glitzernden Kleid aus dem Haus rennen sah, wußte er, daß sie zurück zum Himmel fliegen wollte und rannte hinterher. Da weinten seine Kinder so, daß er zurückkam, die Kinder in zwei Körbe setzte und an seine Lasttragstange hängte.

Dann folgte er der Fee von neuem. Jetzt fielen ihm die Schuhe ein. Er suchte sie und zog sie an und setzte die Verfolgung fort. In einiger Entfernung sah er, wie die Weberin auf einer weißen Wolke stehend in den Himmel schwebte. Doch Kuhhirt, mit den Kuhhautschuhen, konnte plötzlich auch zum Himmel fliegen und war dabei, sie einzuholen. Da hallten plötzlich wundervolle Stimmen durch den Himmelsraum: die Stimme ihrer Mutter, die Stimmen vieler anderer Feen, die zum Empfang der Weberin gekommen waren. Als die Jadekaiserin bemerkte, daß Kuhhirt ihrer Tochter nachgeflogen kam, nahm sie einen goldnen Pfeil aus ihrem Haar und zog damit im Himmelsraum einen Strich. Sofort entstand am Himmel ein breiter Himmelsfluß, der Weberin und Kuhhirt voneinander trennte, so daß er sie nicht mehr erreichen konnte. Nachdem die Weberin zurück im Himmel war, hatte sie von Zeit zu Zeit mal Heimweh nach dem Mann und nach den Kindern. Deshalb erlaubte ihr der Jadekaiser, Mann und Kinder ein Mal im Jahr zu treffen, am siebten Tag des siebten Monats. An diesem Tage müssen, auf Befehl des Jadekaisers, die Elstern eine Brücke bilden über jenen Himmelsfluß, so daß der Kuhhirt und die Weberin sich treffen können.

3. Die Feenmutter

In alten Zeiten lebte ein junger Mann mit einem guten Herzen. Obgleich er immer gute Werke tat, war er arm und hatte nicht genügend Geld, sich eine Frau zu nehmen. Deshalb gab der Himmelsherrscher ihm eine seiner Töchter, und diese Fee bekam ein Kind von ihm. Nach sieben Jahren war die Zeit der Fee vorüber. Der Himmelsherrscher schickte ein paar Götter auf die Erde und ließ die Fee zurückholen. Ihr kleiner Sohn war nun verwaist; die Nachbarskinder lachten ihn immer aus und sagten, er hätte keine Mutter.

Später einmal fragte er den Lehrer in der Schule: »Jedes Kind hat eine Mutter; warum nicht ich?« Der Lehrer sah in einem seiner Bücher auf dem Schreibtisch nach und sagte: »Nach dem, was hier geschrieben steht, ist deine Mutter eine Tochter des Himmelsherrschers. Wenn du sie sehen willst, mußt du am Vorabend des Festes, das auf den siebten Tag des siebten Monats fällt, zum Fluß hinunter gehen und sie suchen. Sie wird an diesem Tag dort mit deinen Tanten beim Fischen sein.«

Am Festtag ging der Junge vor Tagesanbruch an den Fluß, und bald erschienen ein paar Feen. Er rannte auf sie zu und rief: »Mutter, meine Mutter!« Eine der Feen lief ihm entgegen und sagte: »Ja, ich bin es, deine Mutter!« Sie spielte nun mit ihm; wie er sich da freute! Beim Abschied gab sie ihm eine Schnur mit Feuerschwärmern und sagte: »Mein

Sohn, wenn du morgen in die Schule gehst, lege diese Feuerschwärmer auf die Bücher deines Lehrers auf dem Tisch.«
Am nächsten Tag ging der Junge in die Schule, stapelte die Bücher seines Lehrers auf dem Schreibtisch und zündete darauf die Feuerschwärmer an. Viele Bücher verbrannten. Ich habe mal gehört, daß es früher einhundertzwanzig Bücher über Himmel und Erde gab. Sechzig davon verbrannten hier: alle Bücher über den Himmel! Das ist der Grund, daß man seither nichts über Himmelssachen weiß.

4. Des Fischers Abenteuer

Ein kleiner Junge fand am Strand eine große, schwarze Schildkröte, und mit einem Stock schlug er auf sie ein. Ein Fischer, der es sah, sagte zu dem Kind: »Schlag sie nicht, hör auf!« und er kaufte sie ihm ab. Die Schildkröte, die keine gewöhnliche war, lud den Fischer ein, auf ihrem Rücken Platz zu nehmen. Sie trug ihn hin zum Wasserschloß, das er sich ansehen sollte. Der Fischer traf im Wasserschloß den alten Drachenkönig, der ihn empfing wie einen Ehrengast. Bewundernd sah er schöne Tanzmädchen um sich herum, und er bekam das feinste Essen. In seinem Glück verlor er ganz den Sinn für Zeit, und im Nu war ein Jahrzehnt vorbei.
Aber eines Tages fiel ihm doch die Heimat ein, und er wollte fort vom Wasserschloß. Zum Abschied gab der Drachenkönig ihm ein großes Bündel mit Kostbarkeiten, und dazu eine Büchse aus Holz. Diese Büchse dürfe er nicht öffnen, sagte der Drachenkönig.
Die Wassergeneräle und -soldaten brachten ihn zurück ans Land. Geleitet von den Erinnerungen fing er an, sein Haus zu suchen. Er fand den Ort, wo früher sein Haus gestanden hatte, und die Gegend sah wie früher aus; aber die Leute dort erkannten ihn nicht. Ziemlich lange lief er so herum, ohne sein Haus zu finden. Schließlich setzte er sich unter einen

Baum, um auszuruhen. Jetzt machte er das Bündel auf, das der Drachenkönig ihm gegeben hatte, und besah die Kostbarkeiten. Er fragte sich, warum er wohl die Büchse aus Holz nicht öffnen dürfe. Aus Neugier machte er sie schließlich auf, und ein weißer Dampf blies ihm ins Gesicht. Da war sein Haar plötzlich weiß, und er hatte einen ellenlangen Bart: er hatte sich verwandelt in einen über sechzig Jahre alten Mann!

5. Der Krötenkaiser

Es war einmal ein Ehepaar; Mann und Frau waren beide über sechzig Jahre alt. Sie hatten keine Kinder und waren deshalb traurig. Regelmäßig gingen sie zum Tempel, um zu beten, aber der Erfolg blieb aus. Eines Tages sagten sie zum Tempelgott: »Selbst wenn wir ein Tier als Kind bekämen, wären wir zufrieden.« Der Tempelgott war einverstanden.

Sie gingen flink nach Hause und stiegen in ihr Ehebett. Wirklich war die Frau bald schwanger, und sie gebar tatsächlich eine Kröte. Gleich hüpfte das Tier herum, und eines Tages sagte es »Vater« und »Mutter« zu den alten Leuten. Sie starben beinahe vor Schreck! Schließlich hatten sie auf einen Sohn gehofft, und was sie hatten, war ein Kröterich! Am besten wäre es, das Tier zu töten. Nun aber bat der Kröterich, ihn aufzuziehen. Nach zwei Jahren würde er erwachsen sein und könnte seinen Vater ständig begleiten.

Eines Tages war am Stadtwall ein kaiserlicher Aufruf: Die Nordbarbaren seien dabei, nach Süden einzufallen; wer sie besiegen könne, werde reich belohnt und bekäme außerdem eine Prinzessin zur Frau. Kaum war der Vater fertig mit dem Lesen des Plakats, als der Kröterich hochsprang und es abriß, zum Zeichen, daß er der Aufforderung nachkommen wolle. Ein Beamter führte ihn zum Kaiser, den er bat, ihm fünfhundert Mann, ein großes Pferd und ein schönes Schwert zu geben. Dann ritt der Kröterich nach Norden. Die Nordbarbaren rückten näher mit ihrem Heer, aber als sie eine Kröte zu Pferde sahen, waren sie verwirrt. Der Kröterich benutzte diesen Umstand, stürzte vor mit seinem Schwert und erschlug alle Nordbarbaren. Nach diesem großen Sieg kam der Kröterich zurück und wurde kaiserlicher Schwiegersohn.

Bald aber war der Kaiser auf ihn böse, weil der Kröterich gern auf den Kaiserthron sprang und sitzen blieb, was häßlich anzusehen war. Deshalb befahl der Kaiser, das Tier zu töten. Aber die Prinzessin, also des Kröterichs Frau, war dagegen. Sie erzählte ihrem Vater, dem Kaiser, daß der Kröterich nachts zur Schlafenszeit seine Haut ablege und zu einem schönen Jüngling werde; sie habe sich in ihn verliebt! Der Kaiser glaubte ihr kein Wort, und deshalb kam er in der nächsten Nacht, zusammen mit der Kaiserin, heimlich in das Zimmer der Prinzessin, um nachzusehen. Wirklich, da hing die Krötenhaut am Bett! Vorsichtig nahm er sie und begann sie anzuziehen. Es war nicht einfach, und er brauchte Hilfe von der Kaiserin. Schließlich hatte er sie an, aber jetzt erwies es sich als nicht mehr möglich, sie auszuziehen.

Die Prinzessin aber nahm am nächsten Morgen ihres Vaters Kaisermantel und gab ihn ihrem Gatten. Er zog ihn an und ging damit zu Hofe, während der eigentliche Kaiser fortlief ins Gebirge.

Deshalb heißt es: Wenn eine Kröte stirbt, stinkt es nicht, denn sie ist der Kaiser in verwandelter Gestalt.

6. Das Fischmädchen

Es war einmal eine alte Mutter, die in dem Alten Wald von Ni-örl-ba-djia wohnte und drei Söhne hatte. Der erste holte Nahrung aus der Erde; der zweite fällte Bambusse und machte daraus Schultertragestangen; der jüngste war noch klein, tat nichts und spielte den ganzen Tag herum. Nummer Eins und Nummer Zwei liebten ihn nicht sehr, weil er durchaus nichts tat, und sie gaben ihm kein Essen ab. Die alte Mutter machte sich wohl Sorgen um Nummer Drei, aber da der Lebensunterhalt für alle vier von den beiden älteren geschaffen wurde, konnte sie nichts sagen, wenn die älteren den jüngsten so schlecht behandelten.

Als Nummer Drei heranwuchs und verständig wurde, begriff er, daß ein Mann etwas lernen muß, weil sonst nichts aus ihm wird. Aber seine Brüder brachten ihm nichts bei. Er mußte heimlich zusehen, wenn sie an der Arbeit waren, in der Hoffnung, so zu lernen. Eines Tages sah er Nummer Zwei beim Bambusschlagen zu, und plötzlich sah er unter den schon abgeschlagenen Stangen einen langen, schlanken Bambus mit roter Rinde, der glänzte und sehr schön aussah. Er nahm sich diesen Bambus, machte eine Flöte daraus und blies hinein. Seltsam! Nummer Drei hatte nie gelernt zu flöten, aber seine Flötentöne waren süß wie das Lied des Kuckucks, wenn er andre Vögel lockt, oder rauschend wie das Wasser, wenn es durch Schluchten rinnt, oder wild wie der Schneesturm, wenn er heult im Alten Wald, oder zärtlich wie das Lied der alten Mutter, wenn sie einem Enkel ein Schlaflied singt. So herrlich war sein Spiel, daß ein alter Mensch dabei alle Sorgen vergaß, und jemand, der schwere Arbeit tat, merkte nichts von Müdigkeit; und wenn ein dummes, kleines Schaf es hörte, blieb es stehen, hörte auf zu fressen und spitzte die Ohren. Diese kostbare Flöte ließ Nummer Drei nie aus der Hand. Er flötete den ganzen Tag und wurde niemals müde. Auch die Leute, die ihn immer wieder hörten, bekamen sein Spiel nicht über.

Eines Tages, man weiß nicht wann, blies der Junge seine Flöte an einem Kreuzweg. Da kam ein alter Fischer, einen Korb voll Fische auf dem Rücken. Als er die süßen Flötentöne hörte, blieb er stehen, weil er sich gar nicht davon trennen wollte, und sagte dann: »Junger Mann, wenn du noch einmal spielst, kann ich dabei in Ruhe meine Kräfte sammeln, und du kannst hinterher dir einen Fisch aus meinem Korb aussuchen.« Der Junge sah, wie der Alte vor Erschöpfung ächzte, und so willigte er ein. Als sein Spiel zu Ende war, griff er in den Korb, nahm sich einen hübschen, kleinen, lebenden Fisch und setzte ihn gleich hinter sich in einen Teich. Der alte Fischer war zufrieden und ging weiter.

Als der Alte weggegangen war, verschwand der Fisch, wer weiß wohin. Der Junge hatte ihn ja eben erst in den Teich getan! Also regte er sich auf und wollte gleich dem Alten nachlaufen, als aus dem Teich eine Menschenstimme kam: »Junger Mann, ich bin hier! Du bist gut zu mir gewesen! Wenn du es nicht gewesen wärst, den ich heute traf, dann wäre ich bestimmt jetzt tot. Komm in mein Haus zum Liebesspiel! Ich kann dich glücklich und zufrieden machen.«

Mit den Augen suchte Nummer Drei, woher die Stimme kam, und er sah im Teich ein schönes Mädchen; doch es verschwand im nächsten Augenblick! Nachdem der junge Mann die Frau gesehen hatte, war ihm, als hätte sie sein Herz herausgerissen. Er wollte sie erreichen, doch da war nur der Teich mit seinem klaren Wasser, und von dem Mädchen keine Spur. Wo sollte er sie suchen?

Drei Tage und drei Nächte wartete der Junge an dem Teich. Keine Spur von der Frau. Er war böse, daß er nicht den Teich ausleeren oder sich in einen Fisch verwandeln konnte, der dann ins Wasser springen würde, um die Frau zu suchen. Was könnte er nur tun? Wie er verzweifelt nach Haus zurückgehen wollte, kam plötzlich eine dicke Kröte aus dem Teich, öffnete ihr großes Maul und sagte: »Junger Bursche, wenn du mir die Flöte gibst, bringe ich dich zu der Frau.« Da freute sich der junge Mann ganz ungemein und sagte schnell: »Dickbäuchiger Herr Kröte! Wenn du mich mit der Frau zusammenbringen kannst, geb ich dir nicht eine Flöte, sondern zehn.«

Die Kröte merkte, daß der Junge ehrlich und guten Herzens

war, und so sagte sie: »Ich lasse dich die Fischfrau sehen, aber ich habe eine Bitte: wenn du sie siehst, darfst du in keinem Falle lachen.« Nummer Drei versprach es, und er bat die Kröte, ihn sofort zu der Frau zu führen. Die Kröte streckte daraufhin ihre Hinterbeine aus, sprang ans Wasser, senkte ihren Kopf und öffnete das Maul, so daß man nur ein Gurgeln hörte, und schon war der Teich ganz leer und trocken. Auf dem Grund saß eine ganz besonders schöne Frau und webte ein Tuch aus Hanf. Nummer Drei erschrak vor Freude! Je länger er sie ansah, um so mehr war er verliebt; und je mehr er sie begehrte, um so mehr vergaß er, was er versprochen hatte, bis er schließlich anfing laut zu lachen. Ein Lachen ist an sich nicht schlimm, doch bei der Kröte hier, die nun auch nicht an sich halten konnte, sondern laut loslachen mußte, gab es einen Knall wie »pong«, und Wasser strömte in den Teich, wo es aussah wie nach einer Flut. Nicht nur, daß die Frau spurlos verschwand, sondern noch dazu lag die dicke Kröte regungslos am Boden. Ihre Bauchhaut war zersprungen, und alles Wasser war aus ihr herausgeflossen. Der Junge kriegte solchen Schreck, daß er die Farbe wechselte. Er starrte vor sich hin und wußte nicht, was los war.

In diesem Augenblick drehte sich die Kröte um mit aller Kraft und sagte ärgerlich: »Junger Bursche, ich habe dir doch gesagt, du sollst nicht lachen, wenn du das Mädchen siehst! Vom Lachen ist jetzt meine Bauchhaut zerplatzt. Sag, was soll ich tun?« Es war ja seine Schuld, das wußte Nummer Drei, und er suchte gleich nach Hilfe für die Kröte. Inzwischen wartete die Kröte, bis alles Wasser aus ihrem Bauch gelaufen war. Dann sagte sie: »Eigentlich war ich entschlossen, nichts mehr mit dir zu tun zu haben; aber weil du deinen Fehler ehrlich zugegeben hast, darfst du Nadel und Faden bringen und meine Bauchhaut zunähen. Lachen darfst du aber nicht! Wenn du noch einmal lachst, wirst du die Fischfrau niemals wiedersehen, und außerdem muß ich mein Leben lassen. Jetzt weißt du, wie gefährlich so ein Lachen ist!« Der Junge nähte

also den Bauch der Kröte zu, und die Kröte trank den Teich zum zweiten Mal leer. Ohne an Gefahr zu denken, sprang der Junge nun auf den Grund des Teiches.
Als das Mädchen sah, wie er so mutig zu ihr in den Teich gesprungen kam, führte sie ihn gleich zu ihren Eltern und sagte: »Hier ist mein Beschützer, der mir neulich das Leben gerettet hat.« Die Eltern ließen gleich eine Menge Silber holen, um es dem jungen Mann zu schenken. Aber Silber wollte Nummer Drei nicht haben! Er wollte nur das Mädchen! Den Fischeltern gefiel es nicht, daß Nummer Drei so jung und unerfahren war und sich nicht zu benehmen wußte, und so wollten sie die Tochter ihm nicht geben. Aber andererseits war er der Lebensretter ihrer Tochter: einfach ablehnen konnten sie ihn nicht. Außerdem bemerkten sie, daß ihn das Mädchen gern zu haben schien. Sie besprachen sich miteinander, und um seinen Antrag abzuwenden, sagte dann der Vater: »Junger Mann, du willst unsere Tochter haben, dagegen ist nichts einzuwenden. Aber erst muß ich dich prüfen, wie klug du bist! Bestehst du meine Prüfung, dann kannst du meine Tochter haben. Wenn nicht, bekommst du nur das Silber.« Nummer Drei erschrak, weil er fürchtete, er könnte die Prüfung nicht bestehen. Er wagte nicht, dem Fischvater zu antworten, sondern schielte hinüber zu dem Mädchen. Sie gab ihm mit den Augen ein Zeichen, und so faßte er denn Mut und nahm den Vorschlag an.
Jetzt begann die Prüfung. Der Fischvater sagte: »Zuerst sollst du dich mal verstecken. Wenn ich dich finde, habe ich gewonnen. Wenn nicht, hast du gewonnen.« Nach diesen Worten flehte Nummer Drei mit seinen Augen bei der Fischtochter um Rat, aber die hatte sich schon wieder ans Weben gemacht. Unschlüssig suchte er nach einem guten Versteck und kam dabei nah an den Webstuhl. Da merkte er, wie sie ihn leise zog, und mit einem Mal saß er in dem Weberschiffchen! Das Mädchen aber webte wortlos weiter mit dem hübschen Schiffchen. Ihr Vater suchte überall, selbst wenn es schwierig

war, aber finden konnte er den Jungen nicht. Zuletzt war er genötigt zuzugeben, daß Nummer Drei die erste Prüfung bestanden hätte. Da tippte das Fischmädchen leicht auf das Weberschiffchen, Nummer Drei kam heraus, und vor dem Mädchen stehend lachte er übers ganze Gesicht.

Jetzt fing die zweite Prüfung an. Der Fischvater sagte: »Diesmal will ich mich verstecken, und du mußt mich suchen. Wenn du mich findest, hast du gewonnen. Wenn nicht, hast du verloren, trotz deines ersten Sieges.« Der Junge wartete, bis der Fischvater verschwunden war, und wandte sich sofort um Hilfe an das Mädchen. Sie sagte: »Am liebsten hat sich Vater immer in der großen Vase auf dem Tisch versteckt. Klopfe nur ein bißchen an den Vasenhenkel, dann springt Vater gleich heraus.« Er wartete kaum ab, daß sie den Satz beendete und ging gleich auf die Suche nach der Vase. Als er sie gefunden hatte, klopfte er zaghaft an den Henkel. Der Fischvater hörte es, kam aber nicht heraus. Dann klopfte Nummer Drei wie wild, und im Nu kam der Fischvater aus der Vasenöffnung. Noch ganz benommen sagte er: »Du Teufel! Beinahe hast du mich in der Vase tot gedrückt! Ich gebe zu, daß du auch diesmal gewonnen hast. Aber weil du dich so wild benommen hast, gibt es noch eine dritte Prüfung.«

Für die dritte Prüfung streute der Fischvater neun Scheffel und neun Schoppen Hirse auf die Erde und verlangte von Nummer Drei, daß er die Körner in einem halben Tag aufsammelte. Kein einziges Körnchen dürfte fehlen. Nummer Drei betrachtete die vielen, weitverstreuten Hirsekörner und wußte nicht, wie er das schaffen könnte. Als er so ratlos dastand, flüsterte das Fischmädchen ihm zu: »Du brauchst nichts weiter als ein Hirsekorn in den Mund zu nehmen und zu blasen, dann häufen sich die Körner von selber auf. Und wenn du nochmals bläst, befindet sich der Haufen vor dem Vater.« Nummer Drei tat, was sie geraten hatte, und in einem Augenblick waren alle Körner aufgehäuft. Der Vater konnte nun nichts mehr sagen und stimmte zu, daß seine Tochter

Nummer Drei heiraten dürfte. Die Fischmutter aber war noch nicht zufrieden, und sie bestand auf einer letzten Prüfung durch sie selbst.
Also sagte sie zu Nummer Drei: »Hier bei uns wächst eine alte Liane. Sie ist schon tausend Jahre alt und hat noch nie geblüht. Wenn du sie finden und abschlagen kannst, dann will auch ich dich nicht noch weiter prüfen.« Er suchte überall im fischelterlichen Haus, aber eine alte Liane fand er nicht. Schon schleppte man das ihm zum Dank versprochene Silber an, und die Fischeltern wollten ihn abschieben. Inzwischen saß das Fischmädchen mit gesenktem Kopf bei ihrer Weberei und sah nicht zu ihm hin. Er wurde ängstlich, drehte sich im Kreis und gab die Hoffnung auf, die Liane je zu finden. Da lief er zu dem Webstuhl, weil er das Mädchen bitten wollte, ihm noch einmal zu helfen, und dabei packte er das Halteseil. Wer hätte das gedacht: als er an dem Seil so riß, riß er den alten Baumstamm um, an dem der Webstuhl festgebunden war. Der Baumstamm war bedeckt mit Ranken, die alle auf die Erde fielen. Der Junge fürchtete, das Mädchen könnte böse sein. Er senkte gleich den Kopf und bat sie um Entschuldigung. Aber das Mädchen lächelte und sagte: »Dummkopf! Was du umgerissen hast, ist die Liane, die du für meine Mutter abschlagen solltest. Schnell, trag mich fort von hier, meine Mutter will dir bloß noch mehr Schwierigkeiten machen!« Nummer Drei erwachte und begriff, und Schreck und Freude mischten sich! Er hob die Ranken von der Erde auf, band sich damit das Mädchen auf den Rücken und rannte aus dem Teich heraus.
Als er draußen angekommen war, fiel ihm ein, wie seine Brüder Nummer Eins und Zwei so herzlos und so grausam zu ihm gewesen waren. Wenn er jetzt das Fischmädchen anbrächte, wo sollte er sie unterbringen? Er war unentschlossen. Das Fischmädchen merkte es und sagte: »Dummkopf, mach dir keine Sorgen. Pflanze einfach diese Lianenranken am Rand des Teiches ein, und alles, was wir brauchen, werden

wir bekommen.« Halb glaubend, halb zweifelnd steckte er die Ranken am Rand des Teiches ein. Kaum hatte er zwei Eimer Wasser darauf gegossen, da begannen die Ranken zu grünen und zu wachsen. Die Wurzeln streckten sich zum Wasser hin, und auf den Wurzeln kletterten bald viele Rinder, Schafe und Pferde aus dem Wasser heraus. Auch Reis und Buchweizen, und sogar ein ganzes Haus mit aller Einrichtung kamen nacheinander aus dem Teich heraus. Nummer Drei war bei diesem Anblick so aufgeregt vor Freude, daß er nicht sprechen konnte! Zusammen mit dem Fischmädchen machte er nun schleunigst Ordnung, und von da an lebten sie vergnügt am Rand des Teiches. Täglich brachten sie die Rinder und Schafe auf die Weide, erschlossen Neuland, säten Buchweizen und webten Hanftuch. Ihr Leben war glücklich und froh.

Bald hörten es die Brüder Nummer Eins und Zwei, und eines Tages kamen sie mit ihrer Mutter an den Teich und besuchten Nummer Drei. Schon von weitem sahen sie ein schönes Ziegelhaus, und die Augen gingen ihnen über! Drinnen trafen sie die schöne Fischfrau und bemerkten all das Eßgeschirr in großen und in kleinen Fächern; draußen sahen sie die vielen Rinder und Schafe. All das schürte ihren Neid. Und dann noch diese seltsamen Ranken! Heimlich machten sie den Plan, Nummer Drei die Ranken wegzunehmen, und als sich dieser gerade mit der Mutter unterhielt, nahmen sie schnell Abschied, lehnten es auch ab, daß Nummer Drei sie nach draußen begleiten wollte, und gingen fort. Draußen schnitten sie die Ranken mit einem Messer ab!

Das Ergebnis davon war, daß Nummer Drei nur ein einziges Rind erhalten blieb. Alle andern Tiere starben ohne Grund. Es war auch nichts zu essen da, und das Haus fing an zu bröckeln. Nummer Drei war sehr erschrocken und wußte nicht, woher das alles kam. Die Fischfrau aber wußte gleich, daß jemand die Ranken am Teichrand abgeschnitten hatte. Sie liefen hin und sahen, daß wirklich nur noch eine Ranke in der Erde steckte! Je länger Nummer Drei sich das ansah, um so größer wurde seine Wut. Er wußte, daß die Ranken von seinen Brüdern gestohlen waren, und er wollte sie sofort verfolgen. Doch die Fischfrau sagte schnell: »Nummer Eins und Nummer Zwei haben keine guten Herzen, aber diese Ranken mögen sie kurieren. Es ist nicht nötig, daß du sie verfolgst.«

Nach ein paar Tagen pflanzten die zwei Brüder die abgeschnittenen Ranken bei sich ein und hofften jeden Tag auf Herden von Rindern und Schafen, auf Essen und ein Haus. Viele Tage, einer nach dem andern, vergingen. Die Ranken wuchsen hoch und höher. Ein paar Monate danach war da ein Berg von Ranken, dicht gehäuft über ihrem Tor, so daß es schließlich für die Brüder schwierig wurde, aus dem Haus zu gehen.

Inzwischen gossen Nummer Drei und seine Frau jeden Tag die eine noch vorhandene Ranke, und nach kurzer Zeit war die Liane wieder wie vorher so grün und üppig, und die Wurzeln wuchsen in den Teich hinein. Da lebten die gestorbenen Rinder und Schafe wieder auf, und das verschwundene Essen kam auch wieder aus der Ranke heraus. Jetzt konnten sie auch weiterhin in ihrem schönen Leben glücklich sein.

7. Die Meeresfee

Im Tal von Fusang, im Ostmeer, wächst ein Weidenbaum mit Zweigen, die lang herunterhängen. Darunter liegen zwei große, weiße Steinplatten, die eine Höhle bedecken. Dort wohnten einst acht Feen. Eines Tages gingen sie zum Himmelsfluß zum Baden und nachher zurück zur Höhle. Doch als die achte Fee die wogenden Wellen sah, verspürte sie eine Regung, und sie erkannte, daß es unten auf der Erde einen Mann gab, mit dem es ihr bestimmt war, drei Jahre lang als Frau zu leben. Während ihre sieben Schwestern im Wasser waren, bestieg sie einen Wolkenwagen und fuhr hinab zur Erde.

Eben kam im Abendlicht der Kleine Kahlkopf von den Westbergen mit einer Last von grünen Kiefern nach Hause. Nah bei seiner Tür sah er jemanden sitzen, und beim Näherkommen erkannte er ein Mädchen in grünem Kleid. Sie saß auf einer kleinen Wiese und wischte sich gerade mit dem Ärmel Tränen aus den Augen. Er setzte seine Traglast ab und fragte freundlich: »Warum sitzt du hier?« – »Meine Eltern wollen nichts mehr von mir wissen, da bin ich weggegangen. Aber im Gebirge hier ist überall der Wald so dicht. Ich kann den Weg nicht finden, und es ist spät am Abend!« – »Am besten bleibst du hier für heute Nacht, du schläfst oben auf dem Bett, ich schlafe im Stroh auf der Erde.« Das Mädchen sagte: »Vielen Dank.«

Sie fanden einen Rest von Taroruben in dem alten Kochtopf aus Ton. Den aßen sie, das Mädchen aus dem ockerfarbenen Deckel, der Kahlkopf aus dem schwarz verbrannten Topf. Es wurde Nacht, sie machten Licht. Da sah das grüne Mädchen, daß der Kleine Kahlkopf einen Kopf voll roter Schwären hatte, dazu ein Plattgesicht mit aufgeworfnen Lippen. Seine Kleidung war ein kurzer Rock aus blauem Tuch, armselig und zerrissen. Sie senkte ihren Kopf. Ihr langes Haar fiel schwarz und glänzend auf das grüne Kleid. Es fiel ihr Blick auf ihre Hände: die zarten Finger glichen jungen Bambussprossen. Mit einem leisen Seufzer blies sie die Kerze aus.

Sie lag im Bett an der Wand, er lag im Stroh auf der Erde. »Wie hart es ist, das Bett! Wer kann da schlafen?« sagte sie und wälzte sich im Mondlicht hin und her. Kahlkopf wachte davon auf und fragte: »Schläfst du nicht?« – »Die Nacht ist lang, wollen wir uns nicht ein bißchen unterhalten? Lebst du hier ganz allein?« – »Meine Eltern sind seit langem tot. Außer dem Hund des Nachbarn Wang, der hier ab und zu mal einen Brocken stiehlt, kommt zu mir nicht mal der Schatten eines Geistes.« Das Mädchen fragte: »Ist es nicht schwer, in solcher Einsamkeit zu leben?« – »Ja, schwer ist es schon, was soll man aber tun? Ich muß halt in den Bergen Bäume fällen, und ich tu es gern. Dann komme ich nach Haus, koche mir mein Essen und gehe schlafen. Sieh meinen Rock: zerrissen! Da ist niemand, der ihn flickt. Geh ich mal unter Menschen, zeigt man auf mich mit Fingern, oder man lacht mich aus.«

Als das grüne Mädchen all dies hörte, sagte sie ganz schüchtern: »Ich bin ein Wesen ohne Heimat. Könnten wir versuchen, uns zusammen durchzuschlagen?« Das Gesicht des Kleinen Kahlkopfs war vom Mond beschienen. Er lachte laut vor Freude, und seine dicken Lippen wurden groß wie Meereswellen.

Nachdem auf diese Weise Kahlkopf eine Frau bekommen hatte, wurde er allmählich reicher. Er baute sich ein großes Ziegelhaus. Die roten Schwären verschwanden nach und nach von seinem Kopf, und er bekam viel schönes, schwarzes Haar. Zwei Jahre später hatte er ein schönes Kind von ihr.

Im Nu vergingen die drei vorherbestimmten Jahre. Eines Tages kam ein weitgereister Mann am Haus vorbei und sagte: »In deinem Haus weht Geisterluft. Du hast einen Geist zur Frau! Wenn du es nicht glauben willst, nimm diese drei Amulette. Kleb eins ans Tor, das zweite an die Tür, das dritte an den Kopf der Frau. Dann wird sie es dir selber sagen.« Und damit ging er wieder weiter.

Der Kleine Kahlkopf ging ins Haus mit den drei Amuletten. Da kamen Frau und Kind ihm schon entgegen. Sie sagte traurig: »Die uns bestimmten Jahre sind nun abgelaufen. Ich habe dir vertraut und hätte nicht gedacht, daß du drauf hörst, was Fremde auf der Straße sagen, und daß du bereit sein würdest, mir zu schaden. Hier, nimm das Kind. Wenn sich der Junge später nach mir sehnt, dann komm mit ihm zum Ostmeer ins Tal von Fusang, wo der Weidenbaum mit den langen Zweigen wächst. Setz dich dort auf einen weißen Stein und laß den Jungen »Mamma« rufen, drei Mal nach links, drei

Mal nach rechts. Dann können wir uns wiedersehen.« Sie ließ ihr Kind nun los und stieg auf eine Wolke, mit der sie nach dem Ostmeer flog.
Sie war noch nicht drei Tage fort, da hatte Kahlkopf all sein schönes schwarzes Haar verloren. Das Söhnchen wurde dünn und dünner. Es brach ein Feuer aus, und das ganze Haus brannte ab. Da sahen dann die Leute wieder einen roten Kahlkopf ins Gebirge ziehen zum Holzabschlagen. Man mußte Mitleid mit ihm haben! Mit den Händen schlug er Holz, mit dem Herzen litt er um sein armes Kind, das neben ihm im Grase lag, und seine Tränen rannen auf die grünen Kiefern. Er warf sich immer wieder vor, daß er dem fremden Mann geglaubt und so die Frau vertrieben hatte. Er hielt es schließlich nicht mehr aus und warf Tragstange, Axt und Seil in eine Ecke! In seiner Tasche fand er noch zwei große Kupfermünzen. Mit der einen kaufte er dem Kind ein Stück Gebäck, das er ihm gab. Die zweite hob er auf als Reisegeld. Er fragte nicht nach den Mühen der Reise, sondern wanderte nach Osten, immer nur nach Osten, um die Mutter seines Sohnes zu sehen.
Nach ein paar Monaten kam er mit dem Kind an einen hohen Berg. Am Fuß des Berges lag das Meer, unendlich, unabsehbar. Viele Leute hatte er inzwischen nach dem Land Fusang ausgefragt. Alle sagten: »Dort liegt es, wo die Sonne aufgeht; geh immer nur nach Osten!« Hier stand er nun am Meer und wußte, daß es nicht mehr weit nach Fusang war. Das Meer lag da, in Dunst gehüllt. Die Wellen, wie wollig weiße Schafe, sprangen auf die Ufersteine und zerstoben. Es wurde dunkel. War dort Fusang, dort mitten im Meer? Kahlkopf schaute auf sein Kind, das eingeschlafen war. Er schaute auf das weite, weite Meer und fing dann an zu weinen.
Etwas Großes kam in weiter Ferne auf Wellenkronen angeschwommen, größer als ein Wasserbüffel! Es schwamm auf Kahlkopf zu, und er sah, daß es eine riesengroße Krabbe war. Er rief sie an und sagte: »Wenn du mich fressen willst, dann

sperr dein Maul weit auf. Wenn du mir helfen willst, dann nicke mit dem Kopf.« Die Krabbe nickte zweimal mit dem Kopf. Da packte Kahlkopf sein Kind, setzte sich der Krabbe auf den Rücken und kniff die Augen zu. An seinen Ohren rauschte es, er hörte Wellen zischen, Kühle legte sich an sein Gesicht, Wasserperlen glitten über ihn. Nach einem Augenblick berührten seine Füße wieder festen Boden. Er öffnete die Augen: da war ein Weidenbaum, wie ein Sonnenschirm ausgebreitet über seinem Kopf, und neben ihm zwei große, weiße Steine. Da wußte er, es mußte Fusang sein. Inzwischen war das Kind durch die Wellen aufgewacht und rief nach seiner Mutter. Er hielt das Kind nach links und ließ es dreimal rufen; er hielt das Kind nach rechts und ließ es dreimal rufen. Da hoben sich die beiden weißen Steine, nach Osten und nach Westen. Es gab ein Klirren, und von unten kam an einem Eisenseil die Fee herauf! Kahlkopf erkannte sie sofort. Zwei Tränenbäche rannen auf ihren weißen Wangen.

Als das Kind die Unbekannte sah, hörte es gleich auf zu weinen, und die Mutter streichelte seine pfirsichfarbenen Bäckchen, die noch ganz kalt vom Meereswasser waren. Dann ließ die Fee sich einen Windhut geben und setzte ihn dem Jungen auf. Zu Kahlkopf sagte sie: »Ich habe Strafe bekommen. Meine Mutter fand mein Verhalten einer Fee nicht würdig und hat mich eingeschlossen. Weiter kann ich dir nichts sagen!« Gerade wollte Kahlkopf ihren Ärmel fassen, gerade wollte er ihr sagen, wie ihn sein Vergehen von damals reute, da wurde ihm schwarz vor Augen, und die Mutter seines Kindes war verschwunden. Über den weißen Steinen hing der Weidenbaum wie ein Sonnenschirm.

Kahlkopf setzte sich und guckte sich den Windhut an, an dem sechs Kupfermünzen hingen. Er sah die große Krabbe unter dem Weidenbaum herumkriechen, und wie zuvor bestieg er sie. So fuhren sie übers Meer zurück bis zu dem hohen Berg. Es war schon Abend, und die Flut war hoch. Der Weg ging über Felsen und durch dichte Wälder. Jeder Schritt war

schwer zu gehen. Da legten sie sich unter einen dicken Baum. Er nahm dem Kind den Windhut ab, deckte es gut zu, und beide schliefen ein.
Als Kahlkopf früh erwachte, sah er erst mal nach der Sonne. Dann ging er in ein Dorf, halbhoch am Berg, trennte von dem Windhut eins der Kupferstücke ab und erstand ein Brötchen, das er dem Kind ins linke Händchen legte. Dann sah er, daß an dem Hut immer noch sechs Kupferstücke hingen. Er löste noch eins ab und kaufte noch ein Brötchen, das er dem Kind ins rechte Händchen legte. Doch es hingen immer noch sechs Kupfer an dem Hut! Nun kaufte er Brötchen für sich selbst, gleich für zwei Kupferstücke. Aber die Kupferstücke an dem Hut blieben immer sechs. Da küßte er sein Kind und sagte: »Das ist ein Schatz, den deine Mutter dir geschenkt hat.« Dann ging er mit dem Kind über Berge und Flüsse zurück in seine Heimat.
Noch heute, wenn die Flut von Osten kommt, hört man dort am Meer aus den Wellen ein Geräusch, als ob dort jemand an einem Eisenseil zöge.

8. Der Tigergeist

Es waren einst zwei Brüder, die zusammen ein Melonenfeld bebauten. Während der Reifezeit mußte einer von ihnen in einer Hütte am Feldrand Wache halten, damit die Melonen nicht gestohlen würden. Der ältere Bruder war verheiratet und hatte schon ein Kind. Deshalb bat er den Jüngeren, das Wachehalten zu übernehmen. Erst fand der Jüngere nichts dabei, aber später kam es ihm ungerecht vor, und er schlug vor, abwechselnd Wache zu halten, jeder immer zehn Tage lang. Der Ältere nahm den Vorschlag an, nur bat er den Jüngeren, die ersten zehn Tage zu wachen. Dagegen hatte der Jüngere nichts und stimmte zu.
Schon mehrere Nächte hatte er gewacht, und alles war ruhig geblieben. Da, in der vierten Nacht, sah er, wie etwas wie ein

Tiger näher kam. Voll Schreck floh er in seine Hütte und verriegelte die Tür. Nach kurzer Zeit klopfte es. Er wagte erst nicht aufzumachen, aber dann merkte er, daß es ein Mensch war, der da klopfte, und er öffnete die Tür einen kleinen Spalt. Ein wunderschönes Mädchen stand da draußen, ein Mädchen so schön wie eine Himmelsfee. Also riß er die Tür weit auf und ließ das Mädchen ein.

Was er nicht wußte, war, daß dieses Mädchen ein verwandelter Tigergeist war. Sicher ist sie ein Mädchen aus der Nachbarschaft, dachte er, hat sich in mich verliebt und kommt deshalb hierher. Die beiden wurden nun Mann und Frau. Sie liebten sich sehr und hingen wie geleimt zusammen. Jeden Abend kam sie bei Anbruch der Nacht, streifte vor der Tür ihr Tigerfell ab und war verwandelt in das schöne Mädchen. Sie ging zu ihm, sie unterhielten sich, sie scherzten. Manchmal brachte sie auch etwas Hirschfleisch mit, das sie brieten und zusammen aßen. Im Morgengrauen aber stand sie auf, zog vor der Tür ihr Tigerfell wieder an und lief als Tiger fort. Das wußte der Mann natürlich nicht.

Zehn Tage gingen vorüber, ein halber Monat, ein ganzer Monat verging, und noch immer hielt der jüngere Bruder in der Hütte am Feldrand Wache. Er dachte nicht daran, nach Hause zu gehen. Wie sollte er auch, wo jede Nacht so ein schönes Mädchen zu ihm kam! Der ältere Bruder dachte zunächst, der Jüngere hätte sich verrechnet. Er freute sich und verbrachte zu Hause viele schöne Tage und Nächte in Muße. Aber als der Jüngere gar nicht mehr wiederkam, wurde der Ältere schließlich besorgt: vielleicht ist ihm etwas passiert? So ging er denn eines Nachts zu der Hütte am Feldrand, um nach dem Bruder zu sehen. Er guckte durch den Türspalt in die Hütte und sah den Bruder mit dem schönen Mädchen, wie sie lachten, wie sie sich liebten. Jetzt wußte er, warum der Bruder nicht nach Hause kam. Da sah er zu seinen Füßen ein Tigerfell, und er überlegte: »In der ganzen Nachbarschaft gibt es kein solches Mädchen. Bestimmt ist das ein Tiger-

geist.« Also nahm er das Tigerfell mit nach Hause und versteckte es heimlich in der Haupthalle.
Am nächsten Morgen, als das Mädchen fortgehen wollte und vor der Tür ihr Fell vermißte, rief sie laut: »Gib es zurück, gib es zurück!« Der Mann wußte nicht, was sie meinte: »Was soll ich dir geben? Ich habe dir ja nichts genommen!« – »Bestimmt hast du es genommen, gib es schnell zurück!« – »Was fehlt dir denn? Sag es mir doch, ich kaufe es dir morgen.« – »Das kannst du nicht kaufen«, sagte sie voll Erregung und suchte weiter, überall, doch natürlich vergebens. Schließlich sagte der Mann: »Laß uns nach Hause gehen und auch dort noch suchen. Außerdem bist du jetzt meine Frau und mußt meinen Bruder und meine Schwägerin kennenlernen.« Als sie zu Hause waren, erzählte der ältere Bruder dem jüngeren heimlich, was er in der Nacht gefunden hatte. »Ich habe das Tigerfell in unserer Haupthalle versteckt«, erklärte er dem Bruder, »gib es ihr lieber nicht, denn dann verwandelt sie sich wieder in ihre wirkliche Gestalt. Laß sie ruhig bei uns bleiben, zumal du bisher noch keine Frau genommen hattest. Und wo solltest du je eine so schöne Frau bekommen?«
Der Jüngere stimmte zu, und sie wohnten dort zusammen, mehrere Jahre lang. Die Frau bekam einen Sohn und zwei Töchter. Sie nähte die Kleider, sie kochte das Essen, sie kümmerte sich um alles, und so herrschte große Eintracht im Hause. Als die Kinder größer waren und schon sprechen konnten, hörten sie von Onkel und Tante, von Vetter und Base, daß ihre Mutter ein Tigergeist sei. Sie gingen zu ihrer Mutter und sagten: »Mutter, die Leute sagen, du seist ein Tigergeist, aus einem Tiger in einen Menschen verwandelt. Andere Kinder haben eine Großmutter mütterlicherseits, nur wir nicht!« Bei diesen Worten sprang die Mutter auf wie vom Donner berührt. »Wer hat euch das gesagt?« fragte sie, und die Kinder erzählten es ihr.
Von da an drang die Frau täglich in ihren Mann: »Ich will heimkehren, hier kann ich nicht weiter sein. Gib mir mein

Kleid bitte zurück!« Wie sie täglich so in ihn drang, hielt der Mann es kaum noch aus und sprach mit seinem Bruder: »Schon so viele Jahre ist sie meine Frau, und auch Kinder sind da. Ich habe eigentlich genug von ihr und will sie ruhig gehen lassen.« Der Bruder sah es ein und ging das Tigerfell holen. An der Seitenwand der großen Halle kletterte er hoch und warf der Frau das Fell hinunter. Sowie sie das Fell aufgefangen hatte, stülpte sie es sich über, wälzte sich einmal am Boden, und gleich war die Frau in einen wilden, gefleckten Tiger verwandelt. Daneben stand gerade die Schwägerin mit ihren beiden Kindern. Schon packte der Tiger alle beide mit seinen Krallen und fraß sie auf. Dann ging er langsam fort. Die beiden Brüder waren machtlos und weinten sich die Augen müde.

9. Der Schlangenmann

Es war einmal ein alter Mann mit sieben Töchtern, der von Beruf ein Bauer war. Eines Tages ging der Alte, die Hacke auf der Schulter, allein aufs Feld, und wollte eben an die Arbeit gehen, als er plötzlich vor sich eine Schlange sah, mehr als einen Klafter lang und wie ein Scheffelmaß so dick. Aus dem Feld kam sie gekrochen, hob ihren Kopf, streckte die Zunge heraus und ringelte sich rings um den alten Mann. Der fing bitterlich zu weinen und zu zetern an: »Ach, Schlangenmann! Mein Lebtag hab ich dir nichts angetan. Warum kommst du jetzt, um mir etwas anzutun? Ach, laß mich bitte frei!« – »Alter Mann! Ich habe gehört, du hast zu Hause sieben Töchter. Gib mir die schönste zur Frau, dann lasse ich dich frei. Sonst fresse ich dich auf.« – »Aber welche wird denn eine Schlange heiraten wollen?« – »Du willst nicht? Dann werde ich dich fressen.« – »Ach nein, oh nein! Ich will schon, ich will, jetzt will ich! Wie soll ich aber wissen, welche bereit ist, dich zu heiraten?«

»Dann frag sie doch!« sagte der Schlangenmann.

Bald kam die älteste Tochter und brachte dem Alten sein Frühstück aufs Feld. Als sie ihren Vater von der Schlange umringelt sah, erschrak sie sehr und sprang weit zurück. Ängstlich sah sie hin, am ganzen Körper zitternd, und von weitem sagte sie: »Vater, komm her und iß! Ich habe schönen Reis und Fische und Gemüse.« Der Vater fragte: »Meine Tochter, willst du die Schlange heiraten?« Und die Tochter sagte: »Aber Vater, die Schlange soll dich lieber fressen, als daß *ich* sie heirate.« Da verlor er alle Hoffnung, und die Tochter ging nach Haus.

Da kam die zweite Tochter und rief: »Vater, komm her und iß! Ich habe schönen Reis und Fische und Gemüse.« – »Meine Tochter, willst du die Schlange heiraten?« – »Die Schlange soll dich lieber zu Tode beißen, als daß *ich* sie heirate.« Da verlor er nochmals alle Hoffnung, und die zweite Tochter ging nach Haus. Jetzt kam die dritte Tochter und rief: »Vater, komm her und iß! Ich habe schönen Reis und Fische und Gemüse.« – »Meine Tochter, willst du die Schlange heiraten?« – »Die Schlange soll dich lieber töten, als daß *ich* sie heirate.« Wieder war er hoffnungslos, und wieder ging die Tochter weg. Die vierte kam, die fünfte und die sechste kam, und alle fragte er dasselbe, und alle lehnten ab, mit denselben Worten. Vor Angst verlor er das Bewußtsein.

Da hörte er die Stimme seiner jüngsten Tochter: »Vater, komm her und iß! Ich habe schönen Reis und Fische und Gemüse.« – »Meine Tochter, willst du die Schlange heiraten?« – »Ja, Vater! Die Schlange will ich lieber heiraten, als daß sie *dich* zu Tode bisse.« Als der Schlangenmann das hörte, ließ er sofort den Alten frei, ringelte sich auf der Erde und wartete darauf, daß der Alte ihm die Tochter gäbe. Der Alte war nun furchtbar traurig, daß seine Jüngste die Frau der Schlange werden wollte, und sie nahmen unter Tränen voneinander Abschied. Dann forderte der Vater sie auf, dem Schlangenmann zu folgen.

Plötzlich kam ein Windstoß. Sand und Staub wirbelten umher. Himmel und Erde wurden dunkel, und unter Donner und Regen stieg die Schlange mit der Tochter in die Lüfte und flog fort. Im Nu erreichten sie ein goldnes Schloß mit hohen Türmen. Da verwandelte die Schlange sich in einen wunderschönen, feinen jungen Mann. Er nahm das Mädchen bei der Hand, und zusammen betraten sie das Schloß. Es war der Kristallpalast des Drachenkönigs! Und die große Schlange war ein Drachenprinz.

Das Mädchen wurde seine Frau und wohnte im Kristallpalast, aß die schönsten Speisen aus Gold- und Silberschüsseln und hatte Kleider aus Brokat und Seide. Diener und Zofen bedienten sie. So ein schönes, buntes, reiches Leben – wie sollte es ihr nicht gefallen? Und wie sollten ihre Schwestern zu Haus nicht neidisch werden?

Bald war ein Monat um, und sie ging, die Eltern zu besuchen. Wunderschön war sie geschmückt! Sie trug ein seidenes Kleid, kostbare Perlen und goldene Spangen im Haar und klingende Jadereifen an den Armen. Diener und Dienerinnen begleiteten sie. Zu Hause angekommen, begrüßte sie zuerst die Eltern, besuchte dann die Schwestern und erzählte von ihrer Ehe mit dem Schlangenmann und ganz genau von ihrem schönen Leben.

Von den sieben Schwestern war die vierte die häßlichste und daher auch die neidischste. Als sie die jüngste Schwester so schön gekleidet sah und von ihr hörte, wie sie lebte, bewunderte sie zwar die Glückliche, aber gleich kamen ihr auch böse Pläne. »Schwester«, sagte sie zur Jüngsten, »mit deinem schönen Schmuck und deinem feinem Kleid bist du wohl schöner als ich. Laß uns einmal unsere Kleider tauschen und zusammen am Brunnen ins Wasser schauen, wer dann die Schönste ist!« Die Jüngste hatte keinen Argwohn, nahm allen Schmuck aus ihrem Haar, zog ihre feinen Kleider aus und gab dann alles der vierten Schwester zum Anziehen. Dann gingen sie zusammen zum Brunnen. Die Jüngste zeigte mit der Hand auf das Spiegelbild im Brunnen, ohne auf die Virte, hinter ihr, zu achten. Da stieß die vierte ihre jüngste Schwester mit voller Kraft in den Brunnen und warf noch einen großen Stein hinterher, der sie tötete.

Die Vierte hatte nun erreicht, was sie wollte, und in den Kleidern ihrer Schwester, begleitet von den Dienern und Dienerinnen, ging sie zu dem Schlangenmann. Er sagte: »Du bist gewiß nicht meine Frau. Meine Frau hat keine Pockennarben.« – »Als ich bei den Eltern war, bekam ich Pocken, und daher nun die Narben.« – »Du bist gewiß nicht meine Frau. Meine Frau hat zwei leuchtende Augen.« – »Zu Hause bei den Eltern bin ich krank geworden und hab mein eines Auge verloren.« – »Du bist gewiß nicht meine Frau. Meine Frau hat Hände und Füße weiß wie Schnee.« – »Als ich bei den Eltern war, hab ich bei der Feldarbeit geholfen. Da bin ich von der Sonne braun gebrannt.« Schließlich ließ der Schlangenmann sich doch von ihr betrügen: sie wurde anerkannt als seine Frau und lebte nun vergnügt mit ihm zusammen im Kristallpalast.

Aber die Seele der Jüngsten, die im Brunnen gestorben war, zerstreute sich nicht, weil ihr Unrecht widerfahren war, sondern sie verwandelte sich in einen Mainah-Vogel, flog jeden Tag zum Drachenprinzen in sein Schloß und sang: »Schlangenmann, Schlangenmann, der mit seinen Augen nicht sehen kann!« Der Schlangenmann hörte es und wunderte sich sehr. Er streckte die Hand aus und sagte: »Bist du etwa meine wahre Frau? Wenn du es bist, dann fliege auf meine Hand!« Und wirklich flog der Mainah-Vogel vom Dach herunter und setzte sich auf seine Hand. Da fing der Schlangenmann den Vogel, setzte ihn in einen besonders schönen Käfig, den er an den Türbalken hängte, und gab ihm besonders gutes Futter.

Vor dieser Tür kämmte sich die böse, neidische Schwester jeden Morgen ihr Haar, und dann sang der Mainah-Vogel: »Einäugige du! Ping ping, pang pang, im glanzlosen Haar der Kamm!« Jeden Morgen sang der Vogel dasselbe. Das ärgerte

die neidische Frau, und sie plante, den Vogel umzubringen.
Eines Tages, als der Schlangenmann mal ausgegangen war, nutzte sie die Gelegenheit: sie schlug den Vogel tot und kochte ihn zu Suppe. Als der Schlangenmann nach Hause kam, erzählte sie, der Vogel sei von der Katze gefressen worden. Das glaubte ihr der Mann und fragte auch nicht weiter. Als sie nachher bei Tisch die Suppe aßen, bekam der Schlangenmann feines, köstlich duftendes Fleisch. Aber die neidische Frau fand nur Knochen, die abscheulich rochen. Sie wurde wütend und goß den Rest der Suppe im Garten aus.
Kurz danach wuchs an dieser Stelle ein hübscher, schlanker Bambus, der täglich schöner wurde. Wann immer der Schlangenmann Erfrischung brauchte, fand er es unter diesem Bambus kühl und angenehm. Und nicht nur das, es kamen auch von Zeit zu Zeit Silber und Eier herunter. Doch als die Frau sich dahin setzte, fielen Äste in ihr Haar und verwirrten es; und es kam ein Schwarm von Wespen, die ihr Gesicht zerstachen. Sie wurde wieder wütend und befahl, den Bambus abzuhauen und ein Bett daraus zu machen.
Damit war es aber seltsam: Legte sich der Schlangenmann auf dieses Bett, fand er es schön und sehr bequem. Legte sich die Frau darauf, war es, als ob spitze Nägel in sie stächen. Deshalb zerhackte sie das Bett und wollte es im Herd verbrennen. Als sie die Stücke in das Feuer steckte, gab es einen Knall, eine Flamme zischte aus dem Herd und brannte ihr das Auge aus. Nun war die böse Frau vollständig blind geworden.
Eines Nachts nach Mitternacht, schon schlug der Nachtwächter drei Mal seine Klapper, war's dem Schlangenmann, als hörte er vor seinem Zimmer ein Geräusch, wie beim Weben, und er wurde neugierig. Er verließ sein Bett und lugte durch einen Spalt in der Tür. Draußen saß ein wunderschönes Mädchen, das unermüdlich webte. Wie er genauer hinsah, sah sie genau so aus wie seine Frau, und er ging sie zu umarmen. Als

sie den Schlangenmann erblickte, sagte sie ihm unter Tränen alles, was mit ihr geschehen war. Als das der Schlangenmann erfuhr, brach ein Zorn in ihm auf. Er nahm ein großes Messer und erstach die pockennarbige, falsche Frau.

10. Drei Brüder und eine Fee

Einst lebte eine arme Witwe, die drei Söhne hatte: einer immer schöner und klüger als der andere, einer immer mutiger und stärker als der andere. Je älter sie wurden, um so enger wurde ihnen ihr Haus, bis schließlich kaum Platz war sich umzudrehen. Deshalb beschlossen sie, hinaus in die Welt zu ziehen, um etwas aus sich zu machen und sich eine glänzende Zukunft zu sichern.

Eines Tages hörten sie von einer schönen Fee an einem fernen Ort. Wem es gelänge, zu ihr zu kommen, bekäme sie zur Frau, und sein Leben wäre dann für immer voll Seligkeit und Glück. Um diese Fee zu finden, müßte man allerdings viel Mühsal und Gefahr ertragen, vielleicht sogar sein eigenes Leben opfern. Trotzdem wollten die Brüder ihr Glück versuchen. Sie drängten zum Aufbruch und brannten darauf, sich auf die Probe zu stellen.

Als erster sprach der älteste Sohn zur Mutter: »Da jeder Mann sein Glück sich selbst erschaffen muß, bin ich entschlossen, nach der schönen Fee zu suchen. Das soll die Probe meines Schicksals sein.« Die Mutter sprach: »Sein Schicksal macht sich jeder selbst. Um deine Wahl zu treffen, bist du alt genug. Laß aber Vorsicht deine Reiseregel sein.« Der Sohn nahm darauf Abschied von der Mutter und den Brüdern und ritt davon.

Nach einer Weile sprach der zweite Sohn zur Mutter: »Wir haben keine Nachricht von unserm großen Bruder. Ich will auf die Suche nach ihm gehen und möglichst auch die Fee zu uns nach Hause bringen.« Die Mutter sagte: »Gut, mein

Sohn, doch komm zurück, so schnell du kannst.« Der zweite Sohn nahm darauf Abschied von der Mutter und dem Bruder und ritt davon.

Ein paar Monate vergingen schnell, doch der jüngste Sohn zu Hause hatte nun genug vom Warten. Er sprach zu seiner Mutter: »Meine großen Brüder ritten aus, ihr Glück zu suchen. Mein Glück wird kaum von selbst auf den Kopf mir fallen, wenn ich weiter wie ein Dummer hier zu Hause sitze. Auch ich will deshalb fort. Meine Brüder und die Fee will ich holen, so daß das Glück in deinem Hause wohnt.« Die Mutter sagte: »Guter Sohn, du hast recht. Obgleich du noch so jung bist, will ich dich nicht halten. Doch ich will dir ein Geschenk mit auf die Reise geben.« Mit diesen Worten ging sie in den Hof hinterm Haus und nahm vom Rand des Hauses ein paar Hände Erde. Sie tat die Erde in ein Beutelchen und gab es ihm: »Auf dieser guten Erde sind unsere Vorfahren gelaufen. Im Fall der Not kann sie für dich von großem Nutzen sein.« Der Sohn empfing das Beutelchen und hängte es an seinen Gürtel. Dann nahm er Abschied von der Mutter, bestieg sein Pferd und ritt davon.

Er ritt durch Wälder, über Bergeshöhen; es war ein langer Ritt, und schließlich sah er eine offene Bodenspalte. Er stieg vom Pferd und schritt hinüber. Da war er plötzlich in einem Obstgarten mit vielen verschiedenen Bäumen, alle voll von schönen, frischen Früchten. Er spürte Durst und Hunger. Den Hunger stillte er mit ein paar Äpfeln, den Durst mit Wasser aus der Quelle.

Als er nach dem Trinken aufstand, um weiterzugehen, sah er auf einmal neben sich einen milden, alten Mann, der zu ihm sagte: »Durch den Wahrsagspruch für heute im Kalender wußte ich, daß zu dieser Stunde hier ein Mann mit Mut erscheinen würde, und so habe ich auf dich gewartet. Du hast Wasser getrunken aus der Quelle, deshalb können giftige Käfer und andere böse Tiere dir kein Leid mehr tun. Zwar wirst du noch vielen Gefahren begegnen, du brauchst dich aber nicht zu fürchten. Wenn du mit Mut und Klugheit handelst, kannst du sie überwinden. Hast du sie überwunden, wirst du die Fee gleich finden. Dann mußt du unbedingt dran denken, ihr heimlich einen Schuh zu stehlen. Nimm den Schuh und renne hierher zu mir, ohne dich umzusehen. Die Fee gehört dann dir.«

Der dritte Bruder dankte für den Rat und setzte seine Reise fort. Er kam in einen dichten Wald. In der Ferne hörte er Geräusche wie von Wagenrädern, aber laut wie ein Vulkanausbruch. Vor Schreck wich er zurück, doch er nahm sich schnell zusammen, gab seinem Pferd die Peitsche und ritt weiter. Er kam an einen breiten, reißenden Fluß. Die Strömung klang, als ob sich Heere von tausend, ja zehntausend Mann bekriegten. Am Ufer sprangen die Wellen mehrere Meter hoch und klatschten mit Macht auf die Felsen.

Der dritte Bruder schrie: »Wasser des Flusses! Trotz deiner hohen Wellen bist du flach! Niemals kannst du mich ertränken!« So sprach er, und als er kräftig vorwärts schritt, wurde das Wasser wunderbarerweise ruhig und wich zurück. Bald war das Flußbett sichtbar. Auf einmal sah er einen Stein sich bewegen und hörte, wie er stöhnte. Es kam ihm der Verdacht, daß ein Geist darin sein könnte.

Er steckte seine Hand in das Beutelchen an seinem Gürtel, nahm eine Handvoll Erde und warf sie auf den Stein. Sieh da! Es wurde aus dem Stein der erste Bruder! An dieser Stelle war er damals ausgerutscht; er fiel dabei ins Wasser, wo er zu Stein geworden war.

Der erste Bruder hatte nicht den Mut, sich weiteren Gefahren auszusetzen. Er kehrte lieber zu dem Obstgarten zurück, und der Jüngste mußte ohne Bruder weiterziehen. Er kam an eine Schlucht, aus der ein heißes Feuer loderte. Er wich jedoch nicht zurück, sondern sagte: »Was willst du, Schlucht? Mich verbrennen? Du bist ja gar nicht heiß!« Da ließ die Wucht des Feuers nach, und es ging aus. Es wurde kühl und angenehm.

Es wuchs ein Baum am Rand der Schlucht. Er war vom Feuer angegriffen und hatte kaum noch grüne Blätter, die nacheinander auf die Erde fielen, wie Tränen aus weinenden Augen. Der Jüngling fragte sich, was das bedeuten könnte. Wieder nahm er etwas Erde aus dem Beutelchen und warf sie auf den Baum. Sieh da! Sein zweiter Bruder sprang heraus aus diesem Stamm! Er hatte damals vor dem Feuer Angst gehabt und war in einen Baum verwandelt worden.
Der zweite Bruder war am Ende seiner Kraft und kehrte zu dem Obstgarten zurück, um sich auszuruhen. Der Jüngste mußte wieder ohne Bruder weiterziehen, die nächste Schwierigkeit zu überwinden. Dabei kam er schließlich an den Palast, den grünen. Links ans Tor gekettet war ein Löwe, und rechts war eine Ziege. Trocknes Heu lag vor dem Löwen, und rohes Fleisch lag vor der Ziege. Der Löwe schnappte nach dem Fleisch vor der Ziege, die Ziege nach dem Heu vor dem Löwen. Doch sie konnten ihr Futter nicht erreichen, denn die Ketten waren zu kurz. Beide waren hungrig und zerrten an den Ketten. Es fehlte wenig, daß sie sich gegenseitig aufgefressen hätten.
So war dem dritten Bruder der Weg durchs Tor versperrt, bis ihm etwas einfiel: Er nahm der Ziege das Fleisch und gab es dem Löwen; dann nahm der dem Löwen das Heu und gab es der Ziege. So hatten beide Tiere, was sie wollten, und machten sich friedlich ans Fressen.
Der dritte Bruder ging nun ohne weiteres in den Palast. An einem großen Teich im Schatten üppig grüner Bäume sah er die Fee. Schön war ihr Gesicht, wohlgebaut ihr Körper. Hier lag sie nach dem Bade, um sich auszuruhen. Verstohlen schlich er sich heran, nahm einen ihrer Schuhe, die ihr zur Seite lagen, und rannte mit dem Schuh davon. Sie wachte auf und lief ihm nach. Zu spät! Er war nicht einzuholen. Als der dritte Bruder den Obstgarten erreichte, standen dort, ihn zu empfangen, der alte Mann und die zwei Brüder. Kaum später kam die Fee. Sie kniete vor dem alten Mann und sagte, sie

sei gewillt, des dritten Bruders Frau zu werden. Beide baten nun den Alten, ihr Ehevermittler zu sein. Sie wurden also Mann und Frau und erreichten das Ziel des Lebenstraums. Nach der Hochzeit, am dritten Tag, kam der dritte Bruder mit der Fee und seinen Brüdern heim zur Mutter, und sie alle lebten nun im Glück.

11. Mond und Sonne

Vor langen Zeiten wollte der Himmelsherrscher die Mondgöttin dem Sonnengott zur Gattin geben. Der Sonnengott war ziemlich häßlich, und die schöne Göttin wollte nicht mit ihm verheiratet sein. Mehrmals ging der Himmelsherrscher zur Göttin des Mondes und sagte ihr Gutes über den Gott der Sonne. Nicht gut sei in der Tat sein Äußeres, sagte der Himmelsherrscher, aber sein Herz sei gut. Nachdem der Himmelsherrscher mehrmals zu ihr gekommen war, meinte die Göttin, es wäre nicht höflich, den Antrag abzuweisen. Und deshalb sagte sie: »Ich nehme den Antrag an, unter einer Bedingung.« Der Himmelsherrscher sagte: »Sprich die Bedingung aus!«

»Die Frau des Sonnengottes will ich sein,« erwiderte die Göttin des Mondes, »vorausgesetzt, daß er mich selber holen kann. Kann er es nicht, wird aus der Heirat nichts.« Sofort nach diesen Worten ging die Mondgöttin eilig auf ihren Nachtspaziergang. Der Himmelsherrscher brachte inzwischen dem Sonnengott die Nachricht, und augenblicklich rannte der Sonnengott hinter der Mondgöttin her. Doch als er im Osten ankam, hatte sie schon den Westen erreicht; und als er im Westen ankam, war sie schon wieder im Osten. Sie einzuholen gelang ihm nicht. Und deshalb sind bis heute Mondgöttin und Sonnengott nicht miteinander vermählt.

12. Die Pferdehundemenschen

In einer Ortschaft der Provinz Kanton gab es eine reiche Familie Li. Den Vater nannten alle Leute ›Ehrwürden Li‹. Er hatte nur ein Kind, eine Tochter, die schön wie eine Blume war. Er liebte sie, so wie man eine leuchtendhelle Perle liebt, wenn man sie im Handteller betrachtet.

Ehrwürden Li litt sehr an einer Krankheit, durch die am Knie ihm eine große Beule wuchs. Die Beule eiterte mehr als zehn Jahre und wollte gar nicht heilen. Er bat die Götter, wandte sich an Buddha, holte Ärzte und befragte das Orakel. Viele tausend Schnüre Geld gab er aus, und es wurde doch nicht besser. Er stöhnte ohne Unterlaß und weinte viel.

Eines Tages, als er auf dem Klo saß, sagte er: »Wer meine Beule heilen kann, dem geb ich meine Tochter zur Frau«. Da kam ein Hund, der mit im Hause lebte, angesprungen, wedelte mit seinem Schwanz, wackelte mit seinem Kopf. Ehrwürden sah ihm zu und fragte: »Kannst du meine Krankheit heilen?« Er wedelte noch stärker, der weiße Hund, als ob er ›ich kann es‹ sagen wollte. Ehrwürden streckte ihm sein Bein entgegen und ließ den Hund die Beule einige zehnmal lecken. Ehrwürden fühlte sich dabei sehr wohl, sein Lebensmut nahm zehnfach zu, und in kaum vier, fünf Tagen war das seltsame Geschwür ganz abgeheilt.

Jetzt begann der Hund, Ehrwürden Li wie wild anzubellen oder seinen langen Rock zu schnappen, als ob er die versprochene Belohnung forderte. Li befahl den Dienern, dem Hund besondre Leckerbissen zu geben, aber der bellte weiter und lief weiter wild herum. Der arg geplagte Li wußte sich nicht mehr zu helfen und rief nach seiner Tochter, um sie zu befragen. Sie kam zu seinem Sitzplatz hin, und er sagte: »Meine Tochter! Ohne zu überlegen habe ich einmal gesagt: ›Wer mich heilen kann, dem geb ich dich zur Frau.‹ Nun hat der Hund bei uns im Haus mich geheilt, doch ich will mein Wort nicht brechen. Ich ließ dich rufen, um die Sache zu besprechen.« Die Tochter sagte: »Was der Vater sagt, muß die Tochter tun. Wenn es auch ein Tier ist, ich will ihm folgen.« Die Tochter hatte zugestimmt, und also blieb Herrn Li nichts anderes übrig, als sie dem Hund zur Frau zu geben.

Das Sprichwort sagt: Schande im eignen Haus macht man draußen nicht bekannt. Daher dachte sich Herr Li etwas aus. Er lud die Tochter und den Hund auf ein großes Segelschiff, das er mit Hausgeräten, sowie Reis, Korn, Gold und Silber und andern Sachen ausgestattet hatte, und ließ das Schiff mit dem Wind aufs Meer treiben. Nach einer Zeit kam es an eine menschenleere Insel. Die Tochter, die gar nicht bereute zugestimmt zu haben, nahm den kleinen Hund in ihre Arme und ging an Land. Sie fand, daß Mensch und Tier, Mann und Frau auf dieser wilden Insel leben könnten.

Viel später, nachdem sie drei Söhne und vier Töchter hatte, konnte sie für diese keine Heiratspartner finden, denn die andern Leute sahen auf sie herab und wollten sie nicht haben. So mußten sie miteinander in derselben Blutlinie heiraten. Als die Insel voll von ihnen war, gab es Schwierigkeiten, und ihr frohes Nest auf dieser wilden Insel wurde auch vernichtet. Sie mußten fort, schweiften fortan umher und suchten ihren Lebensunterhalt innerhalb und außerhalb des Meeres. In der Sprache der Menschen bekamen sie den Namen Pferdehundemenschen.

13. Zwei schöne Frauen

Es lebten einst zwei Frauen, beide schön und tugendhaft, aber ganz verschieden: die eine war schroff und stolz, die andere verständnisvoll und lieb. Die zweite, die ein wenig älter aussah, war schon verheiratet. Sie war die Schwägerin der Jüngeren, die unverheiratet und Jungfrau war. Wegen ihrer Schönheit ließen sie sich beide gern bewundern und verehren, aber sie verhielten sich auch darin ganz verschieden.

Die Jungfrau war so stolz, daß man nur heimlich mal ihr schönes Gesicht betrachten konnte. Sie ließ sich nicht ohne weiteres ansehen, wie das die Schwägerin tat. Sie unterhielten sich darüber, und jede hatte ihre Gründe. Die Jungfrau sagte: »Wer mir frech und offen ins Gesicht zu sehen wagt, dem steche ich mit meiner Sticknadel die Augen aus. Dann wissen alle, wie ich bin, und sind gewarnt!« Die Schwägerin war anderer Meinung: »Warum soll ich nicht erlauben, daß mich jemand sieht? Natürlich muß es Grenzen geben. Wenn mich jemand ansehen will, zeige ich mich langsam, nach und nach. Nur so bleibt man reizvoll und tugendhaft zugleich. Wenn immer gleich alles zu sehen ist, finden es die Männer langweilig.«

Eines Tages sah ein ahnungsloser Jüngling der Jungfrau ins Gesicht, und sie geriet tatsächlich in solche Wut, daß sie ihm mit der Sticknadel die Augen ausstach. Dafür, daß sie einen Mann ohne guten Grund verwundet hatte, kam sie ins Gefängnis, wo sie schließlich starb. Die Schwägerin, die ihre tägliche Gefährtin verloren hatte, wurde sehr, sehr traurig. Sie weinte unaufhörlich und konnte beinahe gar nicht weiterleben.

Eines Nachts erschien die tote Jungfrau der Schwägerin im Traum und sagte: »Sei nicht traurig, Schwägerin! In Anerkennung meiner Keuschheit hat der Jadekaiser hier im Himmel mich zur Sonnengöttin gemacht, und weil ich dich liebe, habe ich gebeten, dich zur Mondgöttin zu machen. Der Jadekaiser hat schon zugestimmt. Morgen wird er jemand schicken, dich abzuholen. Sei nicht traurig, Schwägerin! Bald sehen wir uns im Himmel wieder!«

Als die Schwägerin erwachte, verwundert über ihren Traum, glaubte sie nicht recht daran. Aber bald ließ der Jadekaiser sie durch einen Boten holen, und er ernannte sie zur Mondgöttin. Nun sahen sich die beiden Frauen oft im Himmel wieder, und man braucht nicht zu erzählen, daß sie fröhlich und auch traurig waren.

Im Charakter aber blieben beide unverändert: die Mondgöttin zeigt langsam, nach und nach, ihr schönes Gesicht, und nach und nach verdeckt sie es dann wieder. Das Mondgesicht ist nie gleich ganz zu sehen, und nie verschwindet es auf einmal ganz. Dagegen hat die Sonne tausendmillionen Stecknadeln als Strahlen, mit denen sie den Menschen in die Augen sticht, so daß keiner wagt, ihr gerade ins Gesicht zu sehen.

14. Der Bienenkönig

Es war einmal ein Mann, der kaiserlicher Zensor geworden war. Er lebte schon seit Monaten in der Hauptstadt, weit entfernt von den blauen Bergen und grünen Wassern seiner Heimat. Jeden Morgen, wenn es taute, ging er zur Audienz in den Palast und versäumte seine Pflichten nie.

Außer seinem Arbeitseifer hatte er auch noch eine andere Liebe, und obgleich es weit bis in seine Heimat war, kam er abends stets nach Hause und verbrachte jede Nacht mit seiner Frau. Aber niemand wußte es, nicht mal seine eigene Mutter.

Eines Tages merkte seine Frau, daß sie ein Kind bekommen würde, und auch die Schwiegermutter merkte es. Sie sagte: »Du ehrloses Geschöpf! Du verdorbenes Ding! Du Ehebrecherin! Woher bist du schwanger, ohne deinen Mann? Wer kommt zu dir? Wenn das die Leute hören, wie können wir hier noch weiter leben? Wenn wir ins Gerede kommen, werden wir nicht ganz und gar Gesicht verlieren? Was hast du mir zu antworten? Gestehe!« So sprach die Schwiegermutter scharf.

»Liebe Mutter, du irrst! Wie könnte ich es wagen, so etwas zu tun! Es ist mein Mann, der jede Nacht nach Hause kommt!« Die Schwiegertochter sagte es mit rotem Kopf.

»Unsinn«, wütete die Schwiegermutter, »rede keinen Unsinn! Wie kann er jede Nacht so eine weite Reise machen? Kommt er vielleicht geflogen? Erzähl mir keine Lügen!« – »Es ist

wirklich wahr«, sagte die Schwiegertochter, »er kommt zu mir. Wie kann ich dich belügen! Ich habe wirklich nicht ...«, und Tränen erstickten ihr das Wort.
»Unmöglich! Er ist kein Geist! Du lügst! Brauchst gar nicht so zu heulen. Niemals kannst du mich von diesem Unsinn überzeugen.« – »Liebe Mutter, laß es mich erklären! Er ist kein Geist, aber er hat Wunderschuhe! Zieht er sie an, dann kommt er übers Meer, als ob er flöge.« – »Und das ist wahr? Ich kann es gar nicht glauben! Wie ist es möglich?« – »Es ist die Wahrheit.« Die Schwiegermutter sagte: »Wenn es die Wahrheit ist, dann laß mich einen seiner Schuhe sehen; dann erst kann ich mich beruhigen.«
Da die Frau ihre Schwiegermutter nicht anders überzeugen konnte, beschloß sie, ihrem Mann einen seiner Schuhe wegzunehmen, nicht ahnend, was für Unglück daraus entstehen würde.
Am Abend kam der Mann, wie gewöhnlich. Sie stahl ihm einen Schuh und gab ihn seiner Mutter. Am anderen Morgen, als der Mann sich angezogen hatte und nur noch seine Schuhe anziehen wollte, konnte er den einen nicht finden. Er lief zum Strand, um einen Schuh aus Schlamm zu machen, damit er pünktlich zur Audienz beim Kaiser wäre. Er war am Strand und noch dabei, den Schuh aus Schlamm zu machen, da kam die Sonne strahlend hoch am Horizont. Ärgerlich, doch ohne jede Absicht, zeigte er mit einem Finger nach der Sonne, worauf sie wieder unterging. Und als sein Schuh nun fertig war, begab er sich wie üblich zur Audienz.
An diesem Morgen waren, wie immer, alle Würdenträger und Minister zur Audienz gekommen, nur der eine Zensor fehlte noch. Man fragte sich, warum er heute wohl nicht käme, und jemand sagte nun zum Kaiser: »Heute früh geschah ein Wunder mit der Sonne. Erst war sie aufgegangen, dann ging sie wieder unter. Wer weiß, was das bedeutet!« Kaiser und Minister erschraken. Alle dachten nach und waren still. Auf einmal kam der Zensor, ganz wie abwesend, in die Audienz-

halle hinein. Alle drängten sich um ihn herum, und man bemerkte: einer seiner Schuhe war ganz naß und glänzend, der andere nicht! Der Kaiser fragte ihn: »Warum bist du verspätet? Warum warst du so eilig, daß du nicht die richtigen Schuhe angezogen hast?« Der Zensor konnte auf diese Frage nicht gleich Antwort finden. Er zögerte, aschfahl im Gesicht. Schließlich hängte man ihm auch die Sache mit der Sonne an! Man verhörte ihn, und am Ende wurde er des Betrugs am Kaiser angeklagt und zum Tod verurteilt.

Nach der Köpfung stand sein Körper wieder auf, hob den Kopf zurück auf seinen Hals und trat den Heimweg an. Unterwegs sah er eine Frau, die Gras abschnitt. Er fragte sie: »Lebt das Gras noch weiter, wenn es abgeschnitten ist?« Die Frau erwiderte: »Gewiß, bald wächst es wieder nach.« Da ging er weiter, bis er wieder eine Frau am Wege sah, die in ihrem Garten Knoblauch schnitt. Er fragte sie: »Lebt der Knoblauch weiter, wenn er abgeschnitten ist?« Die Frau erwiderte: »Gewiß, er lebt noch besser als zuvor.« Nun fragte er nicht weiter, sondern kehrte heim zu seiner Mutter. Er fragte sie: »Mutter, kann ein Mann weiterleben, wenn ihm der Kopf abgehauen ist?« Die Mutter war entsetzt und sagte: »Mein Sohn, das ist unmöglich. Wie kann denn einer wiederauferstehen?« Da sank der Mann in sich zusammen. Er fiel zu Boden, und sein Blut strömte aus ihm heraus.

Nun war er tot, doch seine Seele konnte nicht zur Ruhe kommen, weil er zu Unrecht getötet worden war. Nachdem sein erster Plan, ins Leben zurückzukehren, mißlungen war, versuchte er den zweiten: Er erschien seiner Frau im Traum und sagte: »Ich hätte eigentlich nicht sterben müssen, deshalb kann ich wieder lebendig werden. Doch darfst du meinen Kopf auf keinen Fall begraben. Lege ihn in einen Topf und warte, bis er Würmer kriegt. Jeden Tag mußt du dann die Würmer füttern. So kann ich wieder auferstehen.« Als seine Frau das hörte, wurde sie bei allem Schmerz und Kummer doch ein bißchen froh. Sie tat, was er im Traum befohlen

hatte, und als die Würmer dann erschienen, fing sie an zu hoffen, er würde bald wie früher mit ihr zusammenleben.
Eines Tages mußte sie zu ihren Eltern gehen und bat die Schwiegermutter, unterdessen die Würmer zu füttern. Die Schwiegermutter fand das Ganze eklig und hielt es auch für zwecklos. Also goß sie kochend heißen Reis in den Topf, und all die Würmer, die die Frau mit so viel Mühe aufgezogen hatte, starben. Sie goß die toten Würmer draußen im Freien aus, und nach kurzer Zeit wuchs dort ein feiner, zarter Bambus.
Dann kam die Frau zurück. Als sie sah, daß kein Wurm mehr da war, und als sie hörte, was geschehen war, weinte sie sich fast zu Tode und wollte ihrem Leben ein Ende machen. Da gab ihr Mann ihr wieder einen Traum: »Liebe Frau, stirb nicht! Es gibt noch eine dritte Möglichkeit. Der Bambus vor dem Fenster dort ist meine verwandelte Seele. Schütze ihn gut! Erst nach hundert Tagen darfst du ihn benutzen. Will ihn jemand kaufen, sollst du genau hundert Kupferstücke fordern, nicht mehr und nicht weniger. Und vergiß auf keinen Fall, es müssen hundert Tage sein!« Das beruhigte die Frau ein bißchen.
Wie ein Wasserstrom saust die Zeit vorbei. Die hundert Tage waren beinahe um. Eines Vormittags kam durchs Dorf ein hoher Würdenträger, der auf einer Inspektionsreise war. Plötzlich brach den Trägern seiner Sänfte eine der Tragestangen. Da sie nicht zu reparieren war, schickte der Beamte seine Diener eine neue Stange suchen. Sie suchten hier und suchten da und konnten keine finden, bis sie bei dem Haus der Frau den schönen, starken Bambus sahen. Sie gingen hin, um ihn zu kaufen. Erst wollten sie nur neunzig Kupferstücke zahlen. Nachher gingen sie auf neunundneunzig, mehr aber keinesfalls. Da verlor die Schwiegermutter die Lust zum Handeln, und sie verkaufte ihn für neunundneunzig.
Zu dieser Zeit saß die Frau im Haus. Als sie die vielen Stimmen hörte, schaute sie heraus und hörte, daß sie um den

Bambus handelten. »Wieviel wollt ihr zahlen?« fragte sie. »Ich verkaufe ihn nur für hundert Kupferstücke, nicht mehr, nicht weniger. Er ist jedoch noch gar nicht alt genug, ich kann ihn deshalb jetzt noch nicht verkaufen.« – »Deine Schwiegermutter hat uns den Bambus schon verkauft, für neunundneunzig Kupfer. Da ist nichts zu handeln, wir schlagen ihn jetzt ab.« So fielen ihr die Diener ins Wort.
»Nein, oh nein, hundert Kupfer muß ich fordern, nicht mehr, nicht weniger! Wenn ihr ihn fällt ...« – »Sei still«, unterbrach die Schwiegermutter, »mach nicht so viel Lärm wegen eines Kupferstückes! Was hat denn das für einen Sinn? Wozu noch weiterreden? Geht hin und haut ihn ab! Kümmert euch nicht um diese hier!«
Die Diener kamen schnell und schlugen mit Messern auf den Bambus ein. Sie hatten ihn noch nicht zur Hälfte durchgehauen, da zerplatzte er, von oben nach unten, in zwei Teile. Merkwürdig: in jedem Bambusknoten stand ein winzig kleiner Mann oder ein winzig kleines Pferd. Manche davon hatten offene Augen, manche nicht. Im letzten Knoten saß eine lange Biene. Die flog mit lautem Brummen weg! Da konnten nun die Leute nur noch reden, denn gebrauchen konnte man den Bambus nicht.
Die lange Biene flog davon. Sie flog in die Audienzhalle im Palast, stach den Kaiser und ließ sich nicht vertreiben. Der Kaiser fragte alle Staatsbeamten und erfuhr, daß die Biene die Verwandlung des zu Unrecht hingerichteten Zensors war. Als der Kaiser keine Ruhe vor der Biene fand, beschloß er, sie zum Bienenkönig zu machen und drei Tage auf dem Kaiserthron sitzen zu lassen.
Die Männer und die Pferde in den Bambusknoten wären nach den vollen hundert Tagen ausgewachsen gewesen. Sie wären mit Schwertern in die Hauptstadt eingedrungen, wo sie den Kaiser aus Rache getötet hätten. Da noch keine hundert Tage um gewesen waren, konnte der Zensor bloß Bienenkönig werden. Das war der ganze Erfolg all seiner Mühen!

15. Kohle, Bohne und Reisstroh

Eine alte Großmutter kam einst mit Bohnen heim, die sie in einem Topf zum Rösten auf das Feuer stellte. Nach einer Weile sprang eine Bohne aus dem Topf heraus und ließ sich auf das Reisstroh am Boden fallen. Kurz darauf sprang ein Stückchen glühende Kohle aus dem Feuer. Die Alte hatte nichts von alledem gemerkt. Die drei – Kohle, Bohne, Reisstroh – redeten darüber, zusammen wegzulaufen, und diesmal hörte es die Alte und rannte ihnen nach. Doch sie war zu alt, und die drei entkamen.

Sie rannten an ein Flüßchen, das keine Brücke hatte, und überlegten, wie sie ans andere Ufer kommen könnten. Reisstroh sagte: »Ich lege mich aufs Wasser, und ihr könnt auf mir nach drüben laufen.« Kohle war damit einverstanden, aber Bohne war dagegen: »Wir sind immer hier gewesen; warum auf einmal auf die andere Seite gehen?« Bohne wollte also nicht. Inzwischen legte Reisstroh sich aufs Wasser, und Kohle war dabei, auf ihm den Fluß zu überqueren.

Als sie zur Hälfte drüben war, bekam sie Angst und traute sich nicht weiter. Sie blieb an einer Stelle stehen, und das Reisstroh brannte deshalb durch. Die beiden Enden fielen in den Fluß und wurden schließlich auf ein Feld gespült. Als Kohle in das Wasser fiel, sank sie sofort zu Boden. Bis heute erntet man deshalb das Reisstroh auf den Feldern und muß die Kohle aus dem Boden holen.

Vom Ufer aus sah Bohne, wie Kohle und Reisstroh ins Wasser fielen. Sie lachte laut und lachte toll, so daß ihr Kleid zerplatzte. Zu dieser Zeit kam eben ein Schneider vorbei und setzte sich hier hin, um sich auszuruhen. Er sah, daß Bohnes Kleid zerrissen war, nahm Nadel und Faden und nähte es zu. Das Garn, das er benutzte, war schwarz, und darum haben diese Bohnen, bis heute, schwarze Narben entlang der einst geplatzten Naht.

16. Warum wird der Pferdemaulbeerbaum nicht hoch?

In der Urzeit war alles anders als jetzt. Die Vögel waren wie Menschen und sangen schöne Lieder. Die wilden Tiere fraßen keine Menschen. Alle Pflanzen wuchsen wild in großer Fülle, und alle Blumen blühten ohne Pause. Weder Herbst noch Winter gab es auf der Erde. Immer war es schön, wie im Frühling oder Sommer. Und die Bäume wuchsen mindestens zweihundertmal so hoch wie heute.

Das ist durchaus nicht übertrieben, wenn ich sage: zweihundertmal so hoch wie heute. Sie wissen sicher, daß es unter den Maulbeerarten den Pferdemaulbeerbaum gibt, von dem man sprichwörtlich sagt: »Der Pferdemaulbeerbaum wird niemals hoch.« Hören Sie seine Geschichte! Dann werden Sie sich nicht mehr darüber wundern.

Ursprünglich war es noch zu wenig, wenn man den Pferdemaulbeerbaum als hoch beschrieb. Nämlich er war so hoch, daß man ihn gar nicht messen konnte, wohl noch höher als die höchste Spitze des Himalaya, oder wie das Gebirge sonst damals geheißen haben mag. Jedenfalls, der Pferdemaulbeerbaum war damals höher als alle andern Bäume. Er war ganz wirklich der Baum Nummer Eins auf der Erde.

Aber später wuchs der Pferdemaulbeerbaum nicht mehr in die Höhe. Alles zu Große muß fallen, das war der tiefere Grund. Man könnte vielleicht auch sagen, er hätte sich zurückgebildet oder wäre verkümmert, doch das sind nicht wirkliche Gründe. Der wichtigste Grund war dies: er hatte den Jadekaiser beleidigt, den Jadekaiser, der im dreiunddreißigsten Himmel wohnt.

Als nämlich die Welt erschaffen wurde, bekamen Himmel und Erde viele Stockwerke. Daher sind im Himmel dreiunddreißig Stock und in der Erde achtzehn. Jedes Himmelsstockwerk hat seinen Gott, und jedes Erdstockwerk (die Unterwelt) hat seinen Teufel. Der Jadekaiser aber hat die höchste Macht über alle. Er regiert die Erde, die Götter in den andern Himmeln und die Teufel in der Unterwelt. Daher ist es besonders schlimm, wenn man den Jadekaiser beleidigt.

Nach der Welterschaffung gab es auf der Erde Tiere, Pflanzen, Vögel und Wasserwesen. Eins der Landwesen war der Mensch, und eins der Tiere war der Affe. Vom Affen kann man sagen, er sei klug, aber das Wort »verschlagen« paßt eigentlich besser. Er ist so listig wie der Fuchs und doch ganz anders: der Fuchs denkt sich eigens seine Listen aus, während der Affe immer listig-verschlagen ist, einfach von Natur.

Der Affe also spielte vergnügt auf der neu erschaffenen Erde. Er wollte auch mal zum Himmel aufsteigen und sagte deshalb zur Kiefer: »Wenn du noch etwas höher wachsen würdest, könntest du ein fliegender Drache werden.« Nämlich damals war die Kiefer schon erstaunlich groß. Die Kiefer sagte: »Ach nein, das will ich nicht! Das Leben eines Drachen paßt mir nicht!«

»Ich glaube, du könntest leicht noch etwas wachsen, du bist ja so stark!« So sagte der Affe diesmal zu einem großen, dicken Gummibaum. Aber der Gummibaum sagte: »Es tut mir leid, mein lieber Herr, ich kann es nicht, ich bin zu dick, und Dicke ist nicht Stärke.«

»Lieber Bambus, du mußt dir überlegen, wie ich hinauf zum Himmel kommen kann«, sagte nun der Affe zum Bambus, der ihm noch am aussichtsreichsten vorkam, denn der Bambus ist das Symbol des Edelmanns, der immer höflich und hilfreich sein soll. »Jawohl, sehr wohl, ich will mein Bestes tun«, sagte der Bambus. Aber das Sprichwort »Das Herz bleibt immer gleich« galt offenbar schon damals, und Edelmänner fingen wohl schon damals an, ihr Wort zu brechen. Jedenfalls der Bambus, nachdem er bis auf einen Klafter an den Himmel herangekommen war, hörte auf zu wachsen, obwohl er gut noch weiter hätte wachsen können.

Wieder war der Affe enttäuscht und wendete sich ab. Er fragte noch viele andere Bäume, die ihm aber alle nicht dienen

konnten. Am Ende fragte er nur so nebenbei den Pferdemaulbeerbaum: »Du wirst mir sicher auch nicht helfen können?«, denn er hatte kaum noch Mut zum Fragen. »Warum denn nicht?« – »Fast alle Bäume habe ich gefragt, und keiner kann den Kopf bis in den Himmel strecken! Meist haben sie nicht mal den Mut, bis in die Wolken zu wachsen.« – »Da bist du wohl betrogen worden«, sagte der Pferdemaulbeerbaum, »du hättest besser . . .« – »Du willst mir helfen?« zweifelte der Affe und dachte, der Maulbeerbaum wollte sich über ihn lustig machen. »Ich denke, ich kann leicht bis in den Himmel wachsen, sogar bis in den obersten, den dreiunddreißigsten«, so sprach der Pferdemaulbeerbaum, der dumm und ehrlich war. »Gut, und ich wette meinen Schwanz darauf, daß dir dein Mut dazu nicht reichen wird!« Und darauf wurde diese merkwürdige Wette abgeschlossen.
Nun wuchs der Pferdemaulbeerbaum stolz bis in die Halle des Durchdringenden Lichtes, die eine der Hallen im dreiunddreißigsten Himmel ist. Eigentlich wollte er noch höher, bis zu den kupfernen Dachziegeln der Halle wachsen, aber das gelang ihm nicht. So stand er also stolz in der einen Ecke der Halle und verbeugte sich vor dem Tisch des Jadekaisers und vor dem goldenen Räucherofen, aus dem beständig ein feines Rauchwölkchen stieg.
Unterdessen wanderte der Affe vergnügt durch alle Hallen des Himmels. Er ging zu jedem Stern am Himmel, zu jedem Geist und jedem Gott, und all die Götter waren nett zu ihm, so nett, daß er auf ihre Schultern springen und mit ihnen spielen durfte. Er traf auch andere Tiere und Vögel, wie den dreibeinigen Raben aus dem Palast der Sonne, oder den jadenen Hasen aus der Höhle des Mondes, oder den blauen Wasserbüffel des Laotse, denn im Himmel gibt es keine Scheidung zwischen Tieren und Göttern.
Schließlich wollte der Affe auch den Jadekaiser sehen und kam deshalb in den dreiunddreißigsten Himmel geklettert. Es war zu früh am Morgen, und der Jadekaiser war noch

nicht da. Doch da war ja der Pferdemaulbeerbaum, und der Affe rief ihn an. Hier in der Halle des Durchdringenden Lichtes herrschte heilige Stille; der Affe aber kümmerte sich nicht darum und sprach mit lauter Stimme. Der Pferdemaulbeerbaum träumte gerade, wie er sich mit andern Pflanzen über die Zustände im Himmel unterhielt: »Ja, ich bin im obersten Himmel, und die kupfernen Ziegel auf der Halle...«, er hatte bis hierher geträumt und wollte eben sagen, die Ziegel seien fürchterlich, und er dürfe nie wieder hinauf, da wurde er durch den Affen aufgeweckt, und er sagte: »Ja, ich bin's, der Pferdemaulbeerbaum, sagtest du etwas?« – »Ja, lieber Maulbeerbaum, was hast du denn?« – »Ich sprach wohl über deinen Schwanz, der jetzt mir gehört«, sagte der Maulbeerbaum, der jetzt gänzlich wach geworden war und den Affen ärgern wollte.

Der Affe wurde rot. »Verehrter Herr, das läßt sich nicht mit einem roten Kopf erledigen«, sagte der Maulbeerbaum, ernst tuend und ohne jedes Lächeln. Der Affe wehrte sich: »Das geht doch nicht! Ich...« – »Aha, hast du die Wette etwa nur im Scherz gemacht?« – »Ja, um es dir zu sagen...« – »Es hilft dir nichts, du mußt mir deinen Schwanz jetzt geben!«

Wir können uns leicht denken, wie dem Affen angst und bange war in der Bedrängnis. »Bitte, lieber Maulbeerbaum«, sagte er, »willst du mich einen Augenblick entschuldigen!«, denn er dachte, es wäre gut, wenn er schnell aus dem Blickfeld des Maulbeerbaums verschwände. Er kletterte sofort auf das Dach von der Halle des Durchdringenden Lichtes, aber so hoch am Himmel weht ein starker Wind, und deshalb kam er gleich zurück und hüpfte auf den Amtstisch des Jadekaisers. Der Maulbeerbaum lachte: »Haha! Der Affe rückt aus!«

Auf dem Tisch des Jadekaisers stand ein Räucherbecken und einige andere Dinge, die der Affe nicht kannte. Auffallend war ein runder weißer Topf. Der Affe dachte: »Was soll ein Reistopf auf dem Amtstisch eines Kaisers? Götter scheinen wirklich dumme Wesen zu sein!« Dann fiel ihm ein, der Topf

sei vielleicht gut dazu, ihn eine Weile vor Gefahr zu schützen. Das dumme Wesen war in Wirklichkeit der Affe, denn der runde weiße Topf war des Jadekaisers Wassertopf, und er enthielt alles Wasser auf der ganzen Welt.
Plumps! sprang der Affe, um sich zu verstecken, in den Topf. »O weh, das ist Wasser!« rief er und hopste wie ein Huhn, das ins Wasser gefallen ist, wieder heraus. Dabei stieß er mit einem seiner Hinterbeine den weißen Wassertopf um. Das Wasser strömte aus, es füllte alle Stockwerke in der Erde, bis zum obersten, wo die Menschen wohnen, und immer noch war es nicht erschöpft. Es stieg und stieg, bis zu der Halle des Durchdringenden Lichtes, und fast alle Menschen ertranken. Die Götter hatten zwar keine Angst vor dem Wasser, aber auch ihnen war es nicht angenehm. Das soll die große Flut gewesen sein, von der die Bücher immer reden.
Das Unglück war ja eigentlich die Schuld des Affen, der den Wassertopf des Jadekaisers umgeworfen hatte. Aber der Jadekaiser gab die Schuld einzig und allein dem Pferdemaulbeerbaum. Dem Affen wurde zur Strafe der Schwanz zwar abgeschnitten, aber das war alles. Der Pferdemaulbeerbaum dagegen wurde schwer bestraft, indem er niemals wieder in die Höhe wachsen durfte. Außerdem erließ der Jadekaiser ein allgemeines Gesetz, nach dem alle Bäume nur bis zu bestimmter Höhe wachsen dürfen. Wenn Menschen meinen, dieses Urteil sei doch gar zu ungerecht, läßt sich nur eines sagen: Es war des Jadekaisers Wille, der Mensch kann nicht dagegen murren.
Weil der Himmel hoch ist, verlief sich dort das Wasser schnell. Aber auf der Erde dauerte die Flut neun Jahre. Selbst Kaiser Yao, der damals herrschte, konnte nichts dagegen tun. Später gab es einen Mann mit Namen Yü, den es weitere drei Jahre Mühe kostete, bis es allmählich besser wurde auf der Erde. Was an Wasser übrig blieb, wurde zu den Ozeanen, deren ganze Fläche vor der Flut Festland gewesen war.
Seitdem muß der Pferdemaulbeerbaum gemäß der strengen

Strafe leben: noch heute steht er klein wie ein Zwerg auf der Erde und stirbt auch dort. Und seitdem hat der Affe keinen Schwanz, was ihm zuerst sehr peinlich war. Inzwischen mißachtet er, was üblich war, und erklärt die Schwanzlosigkeit sogar als Fortschritt. Auch die Menschen, sagt der Affe, hätten früher einmal ihren Schwanz verloren.
Das Merkwürdigste an der Geschichte ist, daß Pferdemaulbeerbaum und Affe noch immer befreundet sind. Das Wasser dagegen ist des Maulbeerbaums Feind, und wenn er ins Wasser fällt, wird er schrecklich giftig. Bis auf den heutigen Tag nehmen daher Fischer, die sich nicht viel Mühe machen wollen, die Pferdemaulbeersamen und werfen sie ins Wasser. So können sie leicht viele Fische fangen.

17. Die hölzerne Ahnentafel

Es lebte einst ein armer Mann, der Mu-lien hieß. Um Holz zu schlagen ging er täglich tief ins Gebirge, und seine Mutter brachte ihm das Mittagessen. Er war ein schlechter Sohn ohne Pietät. Wenn die Mutter sich verspätete, schlug er sie; wenn sie zu früh kam, war er wieder unzufrieden und schlug sie ebenfalls. Auf diese Weise gab es viele Schläge für die Mutter, und sie gewöhnte sich daran.
Eines Tages, als der Sohn beim Brennholzschlagen war, sah er ein Lämmchen und ein Mutterschaf. Das Lämmchen kniete, um bei der Mutter Milch zu trinken. Dieser Anblick wirkte stark auf Mu-lien. Das Lämmchen kniete, und die Mutter säugte es. Er mußte an die Güte seiner eigenen Mutter denken: sie hatte ihn ja auch genährt! Und er, er schlug sie, schlug sie immer wieder! Er war ein schlechter Sohn! So kam ihm Reue, und er nahm sich vor, der Mutter seine Dankbarkeit zu zeigen.
Als er sie von ferne sah, wie sie mit dem Essen kam, lief er ihr entgegen, in echtem Mitgefühl mit ihren Leiden. Als die viel-

geschlagene Mutter sah, wie er auf sie zulief, dachte sie, es würde wieder Schläge geben. Sie hatte Angst, kehrte um und lief nach Hause, und der Sohn verfolgte sie. Sie lief und lief in einen tiefen Teich. Der Sohn kam gleich danach, doch konnte er sie nicht mehr finden. Was er fand, war bloß ein Stückchen Holz, und um seinen Mangel an Pietät auszugleichen, nahm er dies Holzstück mit nach Haus. Er schrieb darauf den Namen seiner Mutter und verbeugte sich von nun an täglich vor dem Holz.

Das ist der Ursprung unserer Ahnentafel, wie wir sie heute noch benutzen.

18. Erllang nimmt Berge und drückt Sonnen aus

Seht hier: Pferdekräuter. Warum vertrocknen sie denn nicht, wenn man sie ausreißt? Und warum sind alle Felsen in den Yüntai-Bergen nach Nordwesten ausgerichtet?

Also, es soll in alter Zeit am Himmel zehn Sonnen gegeben haben. Gewöhnlich steckten sie verborgen in den Wolken, aber eines Tages kamen sie heraus und gossen ihre Feuer auf die Erde. Der tapfere Erllang kam gerade aus dem Himmelsschloß und sah, daß auf der Erde alle Pflanzen und Bäume am Vertrocknen waren. Die Menschen, rot wie Kohlenglut, schnappten schwer nach Luft, verdrehten ihre Augen und waren nah am Sterben. Erllang erschrak und dachte: »Was ist denn das?« Er hob den Kopf, guckte herum und wurde mächtig böse! Er zog sich seine lange Jacke aus und machte sich die Arme frei. Mit der linken Hand ergriff er einen Berg und drückte damit eine Sonne aus. Mit der andern Hand ergriff er einen zweiten Berg und drückte eine zweite Sonne aus. Die andern Sonnen sahen die Gefahr, die ihnen drohte, und stoben auseinander, und am Himmel gab es davon lange, wild sich schlängelnde, rote Linien. Aber »bum-bum-bum«, und Erllang hatte neun von zehn Sonnen begraben unter großen

Bergen. Nur eine floh, wie ein gehetzter Hase, so schnell sie konnte nach Südwesten. Wie konnte Erlland sie entlaufen lassen? Er nahm zwei Berge untern Arm und lief in Windeseile hinterher.
Bald hörte die verfolgte Sonne hinter sich ein »Taps-taps-taps«. Sie sah sich um: Erllang war hinter ihr! Da strahlte sie ein schneidend helles Licht um sich aus. Erllang war davon geblendet und kniff die Augen zu. Als er sie wieder öffnen konnte, sah er, wie die Pflanzen auf der Erde langsam wieder grün, die Menschen wieder lebendig wurden. Von der Sonne war trotz allen Suchens nichts mehr zu sehen. Da setzte er die beiden Berge ab, sprang auf eine Wolke und fuhr zurück zum Himmelsschloß. Diese beiden Berge sind der vordere und der hintere Yüntai-Berg.
Aus einem Haufen Pferdekrautblätter kroch eine grau gewordene Sonne hervor und sagte: »Lieber Bruder Pferdekraut! Wenn ich mich nicht in deinen Blättern hätte verstecken können, hätte Erllang auch mich erdrückt. Ich habe nichts für dich zum Dank. Aber wirst du nicht oft von Menschen ausgerissen und mußt vertrocknen? Ich will von jetzt an meine heißen Strahlen nie auf deinen Körper schicken.«
Seht hier: Unkraut auf dem Feld. Pflügt man es um und scheint die Sonne, dann vertrocknet es. Aber Pferdekraut kann man aus der Erde reißen und in die Sonne legen: es bleibt am Leben. Das kommt von damals her!

19. Warum der Mensch nach dem Tode nicht wieder lebendig wird

Vor langen Zeiten war der Richter Bao der Fürst der Ersten Hölle. Wenn jemand starb und man dann viel und heftig weinte, hörte es der Richter Bao in sieben Tagen. Er war sehr gütig und konnte es nicht mitansehen, daß jemand von Vater,

Mutter oder Frau durch den Tod hinweggerissen wurde; und wenn die Verwandten heftig weinten, schickte er den Toten zurück auf die Welt, wo sein Körper ja noch frisch genug zur Wiederbelebung war. So gab es damals auf der Welt wenige Leute, die wirklich starben. Daher kommt auch die Sitte, viel zu weinen, wenn jemand gestorben ist.

Schließlich merkte es der Höllenkönig Yenlo, denn weil der Richter Bao die Leute wieder lebendig werden ließ, kamen die Zahlen der Lebenden und der Toten aus dem Gleichgewicht. Daher versetzte Yenlo den Richter Bao aus der Ersten in die Siebente Hölle. Von nun an mußten die Menschen sieben mal sieben Tage weinen, bis Bao es hörte; dann war der Körper schon verwest, und die Seele konnte nicht mehr in ihn fahren. Wenn Bao auch noch so starkes Mitleid hatte, er konnte nun den Menschen nicht mehr helfen. Daher weiß man seit dieser Zeit, daß es zwecklos ist, bei einem Todesfall allzusehr zu weinen.

20. Der 15. Tag des 1. Monats

Unruhen und Aufruhr im ganzen Reich, so sah es aus in den letzten Jahren der Mongolenherrschaft. Alle Männer, die ihre Heimat liebten, wollten die Mongolen vernichten. Anzeichen dafür, daß jemand Soldaten um sich sammelte, gab es überall. Aber in dieser Zeit, als Kaisertreue und Verehrung des Kaisers noch tief im Volk verwurzelt waren, fanden Aufruhrbewegungen wenig Anhang und führten deshalb nie zum Erfolg.

Auch Dschu Yüan-dschang, der ja später Kaiser wurde, hatte zunächst kein Glück mit seinen Aufruhrversuchen gegen die Mongolen. Zu dieser Zeit ging eine Seuche übers Land. Niemand wußte ein Mittel dagegen, und Mengen von Menschen starben daran. Schließlich gelang es Dschu auf irgendeine Weise, ein Heilmittel herzustellen. Als Mönch verkleidet zog er herum und verkaufte diese Medizin. Jeder, der dies Mittel genommen hatte, wurde gesund, und Dschu war bald berühmt im ganzen Land.

Als eine Zeit vergangen war, ging er von neuem herum und bot Medizin zum Verkauf. Die Leute fragten, wozu er jetzt Arznei verkaufe, da doch niemand mehr krank sei. Er sagte: »Bald wird es wieder eine Seuche geben, vielleicht eine noch schlimmere.« Angst befiel die Leute, und sie kauften ihm all seine Medizinen ab. Dschu erklärte ihnen, daß diese Medizin nicht die gleiche wie die vorige sei: man müsse sie schon vor dem Ausbruch der Krankheit nehmen. Sie sollten die Medizin am 15. Tag des 1. Monats auspacken und einnehmen. Da die Leute an ihn glaubten wie an einen Gott, taten sie dann genau, was er geraten hatte. Dschu, der seinen ganzen Vorrat an Medizin abgesetzt hatte, war inzwischen zu seinen Soldaten zurückgekehrt.

Der 15. Tag des 1. Monats kam, und alle Leute, die Dschus Arznei besaßen, machten die Verpackung auf. Innen fanden sie, statt einer Medizin, einen roten Zettel, auf dem stand: »Heute müssen die Mongolen vernichtet werden. Kommt alle zusammen und schlagt sie tot.« Da sie alle die Mongolen haßten, fiel es ihnen wie Schuppen von den Augen. Sie griffen nach ihren Waffen und rotteten sich zusammen zum Aufstand.

Dschu Yüan-dschang, der schon bereit war mit seinen Truppen, schloß sich dem Aufstand an und vernichtete die Mongolen.

21. Die Ahnentafel

Einst lebte eine Familie in einem Haus mit einem Dach aus Schilf. Der alte Vater war eines Tages auf dem Dach, um es zu flicken, als ein Gast zum Essen kam. Die Söhne und Enkel riefen nach ihm: »Vater, wo bist du? Wir haben

Besuch, wir wollen schlachten.« Der Vater hörte ihr Rufen und rannte schleunigst fort. Er rannte weit ins Land, und schließlich sprang er in einen Teich, wo er ertrank. All dies, damit die Hausgenossen ihn nicht schlachteten und eine Mahlzeit aus ihm machten. Nach drei, vier Tagen kam seine Leiche hoch und trieb daher. »Treibleiche« sagt man dazu, und seine Hausgenossen zogen ihn aus dem Wasser. Wie Trauernde weinten sie und stampften mit den Füßen, doch weinten sie bloß, weil sein Fleisch nun nicht mehr eßbar war. Nur einer unter ihnen war ein getreuer Sohn. Er fand am Berghang eine Holzsandale des Ertrunkenen, nahm sie mit nach Hause, stellte sie auf den Tisch und erwies ihr täglich seine Ehrerbietung. Im Lauf der Zeit wurde daraus die heutige Ahnentafel.

22. *Das Jahr*

Der erste Tag des neuen Jahres, an dem ein großes Fest gefeiert wird, heißt bei uns Hakka ›Das Jahr‹. Nach einer alten Überlieferung war ›Das Jahr‹ ursprünglich der Name eines wilden Tieres von ungewöhnlicher Gestalt, mit einem einzigen Horn und wüstem Wesen. Alle dreihundertfünfundsechzig Tage kam das Tier zur Erde und brachte Unglück. Die Menschen mußten seinetwegen viel Leid ertragen. Endlich fiel den Menschen ein Ausweg aus dieser Lage ein. Jedes Jahr am Tag, nachdem das Tier erschienen war, wurde ein Strich auf eine Wand gepinselt, und jeden Tag ein weiterer Strich. Kurz bevor es dreihundertfünfundsechzig Striche waren, stellte man große Schüsseln mit Süßspeisen, Dampfnudeln und Trockenfrüchten auf. Dann versteckten sich die Leute in ihren Häusern. Später hörte man, daß sich das Tier vor roter Farbe fürchtete. Man klebte daher auf Türen und über Schwellen rote Streifen aus Papier, die man ›Frühlingsworte‹ nannte. Diese hielten das Tier davon ab, ins Haus zu kommen. Schließlich erfand auch jemand die Feuerschwärmer, und wenn das Tier das Knallen hörte, wagte es nicht, sich zu nähern. Auf diese Weise ist es zu unsern verschiedenen Neujahrssitten gekommen.

23. Der Ursprung des Feuers

Früher, vor sehr, sehr langer Zeit, wußten die Menschen nicht, wie man Feuer macht, und sie aßen alles roh. Zufällig sah ein Mensch eines Tages eine zwischen Bäumen eingeklemmte Liane. Er faßte sie und zog daran mit Macht, und zuletzt gab es ein paar Funken. Daraufhin begannen alle Menschen, trockene Lianen an Bäumen zu reiben, um Feuer anzuzünden, und man fing an, Gekochtes zu essen. Aber jedesmal war das Feuermachen eine große Mühe, und man dachte nach, wie man es anders machen könnte.

Unter diesen Menschen gab es einen, der die Vogelsprache sprach. Eines Tages sagte er zu einem Vogel: »Vogel, weißt du, wo es Feuersaat gibt?« Der Vogel sagte: »Auf der Heiligeninsel, da gibt es Feuersaat.« Der Mensch bat nun den Vogel, ihm etwas davon mitzubringen, und der Vogel versprach es ihm. Nach einer langen Wartezeit kam der Vogel endlich zurückgeflogen, aber unglücklicherweise fiel die mitgebrachte Feuersaat in eine Wasserlache auf der Erde. Da war sie nutzlos.

Der Mensch war sehr enttäuscht und gleichzeitig auch wütend. Um seine Wut auszutoben, hob er einen Stein von der Erde auf und schmiß ihn mit Wucht von sich. Zufällig traf der Stein auf einen andern Stein, und es entstanden Funken. So fand der Mann eine neue Art, Feuer zu machen, und seitdem benutzen die Menschen zum Feuermachen Steine, die sie aneinander reiben.

24. *Die achtköpfige Schlange*

Ein alter Mann war Vater von acht Töchtern. In derselben Gegend gab es eine Schlange mit acht Köpfen, die jedes Jahr zum Fraß einen Menschen forderte. Sie bekam die Töchter dieses Unglücksmannes, eine Tochter jedes Jahr, sieben Jahre lang. Im achten Jahr nun war der alte Vater sehr, sehr traurig, denn er wußte, daß die Schlange bald zum Menschenfraß wiederkommen würde. Er suchte überall nach einem Mann, der die Schlange töten könnte, und es fand sich schließlich ein Soldat. Dieser ließ den alten Mann acht Schalen Wein besorgen.

Bald kam die Riesenschlange an und sah den Wein in den acht Schalen. Da hielt sie jeden ihrer Köpfe je in eine Schale und trank, bis sie betrunken war – so betrunken, daß sie reglos liegen blieb. Der tapfere Soldat benutzte die Gelegenheit und tötete die Schlange, womit er eine große Plage beseitigt hatte. So rettete der alte Mann das Leben seiner achten Tochter.

25. *Das Heldenmädchen*

In der Provinz Kuanghsi liegt der Fünfdonnerberg, dessen Gipfel hoch in die Wolken ragt. In seinen Felsen gibt es eine Höhle, wo sich eine Riesenschlange versteckt hielt. Einen Klafter war sie dick und mehr als zehn Klafter lang. Immer wieder kam sie heraus, um einen Menschen aufzufressen. Die Eingeborenen der Gegend hatten Angst vor ihr, und es wurde ihr geopfert, als ob sie der Schlangengott wäre. Jedes Jahr zum Frühlingsfest brachte der Kreisbeamte ein Rind oder Schaf als Opfer dar.

Aber eines Tages um die Frühlingswende behauptete der Zauberpriester, der Schlangengott hätte ihm gesagt, daß der Kreisbeamte jedes Mal eine zwölf bis dreizehn Jahre alte Jungfrau darbringen sollte, indem er sie vor die Höhlenöffnung setzte, zum Fraß für die Schlange; täte er es nicht, gäbe es hier Unheil. Der Kreisbeamte war sehr unglücklich! Er kaufte mit viel Geld jeweils eine Tochter von Verbrechern oder eine Tochter armer Leute, zog sie auf und brachte sie zur Zeit des Festes in großer Ausstattung mit Weihrauch, Kerzen, bunten Kleidern und Musik zur Höhle; dort setzte er sie auf den Opferplatz des Schlangengottes.

Mit der Zeit hatte man auf diese Weise schon neun Jungfrauen verbraucht. Als es wieder Zeit zum Opfern war, suchte der Kreisbeamte wieder nach einem Mädchen, konnte aber keine finden. Nun lebte in der Stadt eine Familie Yü. Herr Yü war arm und hatte sieben Töchter. Die zweite Tochter war schon fünfzehn Jahre alt. Sie bat den Vater, sich zum Opfer melden zu dürfen. Die Eltern waren ganz entsetzt und ließen sie nicht gehen. Sie sagte: »Die Schlange weiß gar nichts von der Wahl des Opfers für ihr Fressen! Der Zauberpriester hat die Unwahrheit gesagt! Ich, eure Tochter, widerspreche ihm, und ich weiß, was zu tun ist. Gelingt es mir, dann wird die ganze Gegend glücklich. Gelingt es nicht, dann schadet es nur mir. Für die Eltern eine Last zu sein, ist nicht so gut, wie sich selbst zu verkaufen und die Familie mit dem Geld zu unterstützen.«

Sie bat eindringlich um Erlaubnis fortzugehen, doch der Vater sagte nein. Da lief das Mädchen mitten in der Nacht heimlich weg, ging ins Kreisamt und meldete dem Kreisbeamten ihren Entschluß. Sie bat um ein scharfes Schwert sowie vergiftete Reiskuchen und Honigbrote, die sie mitnehmen wollte. Der Kreisbeamte hielt sie für ein starkes Mädchen, behielt sie bei sich im Amt und ließ alles für sie vorbereiten. Als die Zeit gekommen war und er das Mädchen eben zur Höhle schicken wollte, kam der Zauberpriester und erklärte wieder und wieder, daß dies Mädchen nicht zu brauchen sei. Der Kreisbeamte wurde schließlich wütend auf ihn, und er schickte einfach das Mädchen mit den Reiskuchen und allem andern zur Höhle.

Um Mitternacht erschien die Schlange am Eingang. Groß wie ein Kübel war ihr Kopf, feurig leuchteten die beiden Augen – wie eine Hängelampe. Gleich roch die Schlange die Reiskuchen und Honigbrote, fiel darüber her und fraß sie auf. Das Mädchen hatte sich beizeiten neben der Höhle versteckt und wartete, was kommen würde. Bald fing das Gift zu wirken an, und die Schlange wälzte sich am Boden. Das Mädchen nahm ihr Schwert, um sie zu erstechen. Der Stich drang ihr ins Auge, das mehr als einen Klafter heraussprang. Die Schlange wurde wütend, und mit einem Satz war sie außerhalb der Höhle. Da hieb das Mädchen von rückwärts den Schwanz der Schlange ab, und sie war tot.

Noch in derselben Nacht lief das Mädchen zurück zum Kreisamt, wo sie vor Erschöpfung ohnmächtig wurde. Man übergoß sie mit Wasser, und sie kam zu sich und erzählte, wie sie die Schlange getötet hatte. Alle Leute rannten nun zur Höhle, zerstückelten die Schlange und verteilten sie. Dann wurde eine Strafe für den Zauberpriester festgesetzt. Der Kreisbeamte bewunderte das Heldenmädchen und nahm sie als Braut für seinen Sohn.

26. Er traf einen Geist

Jemand hatte einen Onkel, der ein Zauberdoktor war und häufig ausging, kranke Leute zu behandeln. Eines Tages war er wieder mal an einem fernen Ort, und erst spät in der Nacht, um Mitternacht herum, kehrte er zurück nach Hause. Er ging auf seinem Weg daher, da sah er plötzlich ein dunkles Ding, so ähnlich wie ein schwarzes Schwein. Er warf einen Stein nach dem Ding.

Es wäre besser gewesen, er hätte dies nicht getan! So aber kam er in große Not, denn viele Steine flogen von dem Ding zurück auf ihn! Mit seinem Regenschirm versuchte er, die Steine abzuwehren, doch es gelang ihm nicht, denn der Schirm brach ab.

Plötzlich sah er sich umgeben von Geisterfeuern. Er versuchte alles, was er an Zaubermitteln kannte, doch half ihm nichts. Er kniete schließlich nieder, flehte um Gnade und sagte zu dem Geist: »Wir sind uns gegenseitig nie im Wege. Bitte laß mich frei!« Da war das Ding verschwunden.

27. *Ein Geist wird ein Schaf*

In Dschu-dung lebten einst zwei Spieler. Eines Tages wurde dort ein großes Seelenfest gefeiert, und die beiden Spieler wollten es sich ansehen gehen. Als sie an eine Brücke kamen, sahen sie, daß unter der Brücke Männer beim Knobeln saßen. Sie wurden ganz erregt, gingen hinunter und knobelten mit. Sie gewannen jede Runde bis zum Ende.

Als sie weiterziehen wollten, wurde ihnen klar, daß die andern Spieler Geister von ertrunkenen Menschen waren. Die Spieler gingen also eilig fort, aber bald hörten sie, daß jemand hinter ihnen war. Sie sahen sich um: Ein kopfloser Geist kam auf sie zu! Die beiden Spieler ergriffen das kopflose Wesen, hielten es fest, fesselten es mit einem Gürtel und brachten es zum Priester, der eben beim Seelenfest amtierte. Man hielt das Wesen gefangen, und am sechsten Tage wurde dieser Geist zu einem Schaf. Die Leute kamen, um das Schaf zu sehen; viele Leute sahen es sich an, und einer kaufte es und ging damit nach Haus. In einem Bambuswäldchen band er es fest, aber plötzlich war es weg!

Mit andern Worten: erst verwandelte der Geist sich in ein Schaf, und dann verwandelte das Schaf sich zurück in den Geist und verschwand.

28. *Der Berggeist*

Zwei Brüder lebten, vor langer Zeit, tief im Gebirge. Sie ernährten sich durch Brennholzsammeln und waren kläg-

lich arm. In eben diesen Bergen lebte auch ein Geist, der sich jedes dritte Jahr in einen Mann verwandelte und den Menschen Böses tat.
Eines Tages, als der jüngere der beiden Brüder beim Brennholzsammeln war, traf er einen fremden Mann, der eine Frau auf dem Rücken trug. Die Frau sah ganz verängstigt aus und wagte nicht zu sprechen; durch Zeichen flehte sie den Jungen an, sie zu retten. Er war erstaunt, folgte ihnen nach und sah, daß der Mann die Frau in eine tiefe Höhle sperrte. Es war der Berggeist! Die Tochter einer ehrbaren Familie hatte er geraubt! Der junge Mann wartete ein Weilchen, bis der Geist nicht guckte, riß sein Oberkleid in Streifen, die er zusammenknüpfte, und kletterte daran hinunter in die Höhle. Er trug die Frau nach oben, und dann rannten sie zusammen fort.
Später erst erfuhr er, daß das Mädchen die Tochter des Kaisers war, eine richtige Prinzessin! Zum Dank für ihre Rettung bot der Kaiser dem jungen Mann Silber, Gold und andere Kostbarkeiten. Der brave Junge lehnte aber alles ab. Der Kaiser respektierte seine Tugend, aber schenkte ihm zum Schluß eine Bronzeglocke. Obgleich der Junge diese Gabe seltsam fand, nahm er sie an und ging nach Haus.
Dann fing es an zu regnen. Dreihundert Tage lang, ein ganzes Jahr fiel der Regen pausenlos. Alle Täler standen voll von Wasser, und man konnte nicht mehr weg. Als der jüngere der beiden Brüder seinen Hunger kaum noch ertragen konnte, fing er mit der Glocke zu spielen an, und er sagte laut zu ihr: »Falls du was zu essen hast, bring es her!« Kaum hatte er gesprochen, da stand vor ihm ein Tisch mit lauter guten Sachen! So entdeckte er die Zauberkraft der Glocke, und von nun an brauchten sich die Brüder niemals mehr ihr Essen zu besorgen.

29. Der Wassergeist

Einst kam ein Wandersmann an eine kleine Brücke, die er überqueren wollte. Aus Ungeschick fiel ihm sein Bündel in den Fluß. Gleich lief er runter, um das Bündel aus dem Wasser herauszuholen, doch ein Fischer dort hielt ihn fest und sagte, er dürfe seine Arme nicht ins Wasser stecken. Unter dieser Brücke wohne nämlich ein Wassergeist, und er warte bloß auf einen lebenden Menschen, den er ins Wasser ziehen wolle, denn dann könne er wiedergeboren werden.
Der Wassergeist war wütend auf den Fischer, weil er verhindert hatte, daß er den Wandersmann ins Wasser ziehen konnte. Der Fischer mußte schließlich den Wassergeist noch um Verzeihung bitten, und er versprach den Bau von einem Stadtgott-Tempel, wo der Wassergeist zur Ruhe kommen könnte. Tatsächlich wurde später, so habe ich gehört, dieser Wassergeist zum Stadtgott, dem die Leute heute noch Opfergaben bringen.

30. Der Fischgeist

Als ein Bettler einmal über eine Brücke ging, hörte er die Brückengeister miteinander sprechen. »Morgen«, sagten sie, »morgen früh kommt hier ein Heiliger vorbei. Wir wollen schnell alles sauber fegen!« Das merkte sich der Bettler, und früh am nächsten Morgen ging er wieder hin zur Brücke und wartete.
Viele Leute kamen da vorbei, und er wußte nicht, wer von ihnen wohl der Heilige war. Schließlich kam ein Bettler mit verkrüppeltem Fuß auf die Brücke zu, und es fiel ihm ein, daß Li Tjiä-guai, einer der Acht Heiligen, stets mit verkrüppeltem Fuß erscheint. ›Das muß er sein!‹ dachte der Bettler, und als der andere herangekommen war, kniete er vor ihm nieder und bat: »Heiliger, rette mich!« Der Heilige sagte böse: »Rede keinen Unsinn! Was heißt hier ›Heiliger‹?« Aber der

Bettler sagte: »Ich weiß, du bist ein Heiliger! Rette mich!« Der andere sagte schließlich: »Wenn du darauf bestehst, ich sei ein Heiliger: meinetwegen.« Mit diesen Worten nahm er etwas Eiter von seinem Fuß, vermischte ihn mit Schmutz und rollte daraus eine Pille. »Schluck diese Pille!« sagte er und gab sie ihm.

Beim Anblick dieses ekligen, schmutzigen Dings kamen dem Bettler Zweifel, aber dann sagte er sich, die Pille sei doch von einem Heiligen gemacht, und er müsse sie eben schlucken. Kaum hatte er die Pille in den Mund getan, da wurde ihm so übel, daß er sie wieder ausspuckte, und sie rollte unglücklicherweise von der Brücke ins Wasser. Dort kam gerade ein Fisch geschwommen. Er sah die Pille und verschluckte sie. Dadurch wurde er ein Geist, der sich in einen Menschen verwandeln konnte.

Einige Jahre später kam ein Beamter mit seiner Frau auf einer amtlichen Reise zu Schiff auf diesem Fluß dahergefahren. Aus Versehen fiel der Frau ein goldener Armreif ins Wasser. Unten lag er auf dem Grund des Flusses, deutlich sichtbar. Aber die Diener, die ihn holen sollten, konnten es nicht, und schließlich sagte der Beamte: »So eine einfache Sache, und ihr könnt es alle nicht? Dann hole ich ihn selbst heraus!« Doch im Wasser unten war der Fisch, der den Beamten auffraß, sich dann in ihn verwandelte und mit dem Armreif nach oben kam. Die Frau hielt ihn natürlich für ihren Mann und freute sich, als er zurück ins Schiff geklettert kam.

Der Fisch, verwandelt nun in den Beamten, ging am Tage den Geschäften des Beamten nach, und in der Nacht war er bei dessen Frau. Alles war wie immer, nur fiel ihr auf, daß er so seltsam kühl am Körper war, nicht wie sonst die Menschen; und jede Nacht ließ er die Diener einen großen Kübel Wasser bringen. Er stieg hinein und plätscherte beim Baden. Alle Fenster, alle Türen ließ er vorher fest verschließen; alle Fugen, alle Ritzen ließ er mit Papier verkleben, so daß niemand hineinsehen konnte.

Dies alles hatte ihr Mann früher nicht getan, und je mehr die Zeit verstrich, um so mehr kam Argwohn in das Herz der Frau. Eines Nachts, als er gerade wieder beim Baden war, bohrte sie mit ihrer Haarnadel heimlich ein Loch in die Tür und schaute hinein. Da sah sie einen großen Fisch im Kübel schwimmen, und vor Schreck wurde ihr ganz schwindelig.

Da ließ sie gleich den Himmelsmeister holen, um den Fischgeist auszutreiben. Der Himmelsmeister steckte eine Nadel in den Kopf des Fisches, wodurch er sich nicht wieder in den Mann verwandeln konnte. Der Fischgeist fragte nun den Himmelsmeister, wann er wieder in Menschengestalt erscheinen könnte. Der Himmelsmeister gab zur Antwort: »Sowie die Leute hier zu allen fünf Nachtwachen die Klapper schlagen, darfst du wieder als Mensch erscheinen.«

Daher schlägt der Nachtwächter in Hsin-schih seine Klapper nur zu vier Nachtwachen, nie zur fünften.

31. Geburt im Sarg

Es war da mal ein Mann, der war sehr reich. Er verguckte sich in ein Mädchen und heiratete sie. Es dauerte nicht lange, bis sie schwanger war, aber leider wurde sie bald krank und starb. Da es in einem ungewöhnlich reichen Haus geschah, wurde ein besonders schöner Sarg benutzt, und man brach auf, sie zu begraben. Auf dem Weg zu dem Berg, wo ihr Grab sein sollte, gerieten sie in starken Sturm und großen Regen. Die Sargträger kriegten Angst und liefen weg. Da begruben die Totengräber sie an Ort und Stelle, so gut es ging.

Kurz darauf bekam die Frau im Sarg ein Kind. Danach bohrte sie ein kleines Loch in den Sarg, nahm ihr Kind und ging aus, um Brot zu kaufen. Der Brotverkäufer verlangte Geld, aber die Frau bestand darauf, daß er anschrieb. An den nächsten

Tagen, Tag für Tag, sagte sie dem Brotverkäufer, er solle sich das Geld bei ihrer Schwiegermutter holen. Der Mann ging hin, und die Schwiegermutter sagte, ihre Schwiegertochter sei doch schon lange tot. Der Mann beschrieb nun ganz genau, wie die Schwiegertochter angezogen war. Da ging die Schwiegermutter mit ein paar Leuten zu dem Grab und ließ den Sarg aufmachen. Im Sarg fand sie die Kleider, die der Mann beschrieben hatte; dazu ein Kind und etwas Brot, das wohl vom Essen übrig geblieben war. Die Schwiegermutter bezahlte nun die Rechnung für das Brot. Das Kind nahm sie nach Haus, zog es auf und nannte es ›Geist Nummer Fünf‹.

32. Die Aschenbürstebrücke

In Yüntai lebte einst ein wunderlicher Mann mit Namen Pengdsu. Er konnte sich verwandeln, so viel er wollte. Schon achthundertachtzig Jahre war er auf der Welt, und noch immer sah er aus wie ein junger Mann von zwanzig Jahren. Bei seinen achthundertachtzig Jahren hatte Pengdsu sich schon wer weiß wie oft verheiratet. Aber keiner seiner Frauen hatte er verraten, warum er nicht zu sterben brauchte. Immer wieder, alle zehn, zwanzig Jahre, kam die Seele einer Frau in die Unterwelt und sagte zu dem Höllenkönig, sie wäre Pengdsus Frau. Der Höllenkönig machte schließlich große Augen: »Wieviele Frauen hat denn dieser Pengdsu?« fragte er und schlug das Buch mit den Geburts- und Sterbelisten auf. Den Namen Pengdsu fand er aber nicht darin, und so ließ er die Sache auf sich beruhen.
Nachdem nun Pengdsu achthundertachtzig Jahre alt geworden war, nahm er eine neue Frau, die war nun wirklich eine Schönheit, wie eine Fee vom Himmel. Eines Tages fragte sie: »Wie kommt es, daß du so lange leben kannst?« Betört von ihrer Schönheit sagte Pengdsu: »Der Richter in der Unter-

welt ist mein Freund, und er hat meinen Namen in den Geburts- und Sterbelisten so geschrieben, daß der Höllenkönig ihn nicht findet. Daher kann ich ruhig weiter auf der Erde leben.«

Etwa ein Jahr später wurde diese Frau nun krank und starb. Sie kam zum Höllenkönig und erzählte ihm genau, warum Pengdsu nicht gestorben war. Der Höllenkönig wurde wütend, verprügelte den Richter und befahl zwei Höllendienern, Pengdsu abzuholen. Als die Höllendiener zu Pengdsu kamen, nahm er nacheinander die verschiedensten Gestalten an, und sie konnten ihn nicht fassen. Unverrichteter Dinge kehrten sie zurück zum Höllenkönig, der sie schlug und schalt. Es wurde ihnen streng befohlen, den Auftrag auszuführen.

Eines Abends kam nun Pengdsu an eine kleine Brücke. Dort sah er zwei Männer, die schwarze Asche bürsteten. Er wunderte sich sehr und fragte: »Warum bürstet ihr die schwarze Asche?« Die Männer sagten: »Wir möchten gern die schwarze Asche sauber bürsten.« Pengdsu lachte laut: »Ich, der Pengdsu, bin nun achthundertachtzig Jahre alt und habe nie gesehen, daß jemand schwarze Asche sauber bürstet!« Da schüttelten die beiden Männer ein Mal ihre Köpfe, und schon hatten sie sich in die Höllendiener verwandelt. Aus ihren Taschen zogen sie eiserne Ketten und warfen sie Pengdsu um den Leib. »Wir haben schon lange hier auf dich gewartet!« sagten sie.

Noch heute gibt es diese Brücke. Sie liegt westlich vom Tempel des Rinderkönigs. Seit die Höllendiener dort die Asche gebürstet haben, heißt sie die Aschenbürstebrücke. Immer, wenn das Flüßchen ausgetrocknet ist, sieht man unter der Brücke ganz schwarzen Sand.

33. Die drei Kupferstücke

Es war einmal ein Tabakhändler. Er zog mit seiner Tragstange umher und verkaufte Tabak auf den Straßen, mit geringem Gewinn. Eines Tages traf er einen alten Mann in schlechten Kleidern, mit weißem Haar und langem Bart. Der Alte rief ihn an: »Junger Mann, gib mir eine Prise!« Und schon griff seine ausgestreckte Hand in die Tabakskiste. Dies Benehmen ärgerte den Tabakhändler. Wenn es nicht auf offner Straße gewesen wäre, hätte er ihm eine runtergehauen. Dann aber sagte sich der Händler, daß der Mann ein hohes Alter hätte, und er unterdrückte seine Wut.

Der Alte stopfte nun seine Pfeife mit einer großen Prise Tabak, die sofort darin verschwand, und ebenso die nächste Prise, die er nahm. Schließlich stopfte er die gesamte Traglast in die Pfeife, und jetzt war sie endlich voll. Er zündete sie an, blies den Rauch gemächlich in die Luft, warf dem Händler ganze drei Kupferstücke hin und war verschwunden.

Der Tabakhändler schmiß die Münzen ärgerlich in seinen Korb und ging nach Haus. Aber je weiter er ging, um so schwerer wurde ihm der Korb, und auf halbem Wege fiel er ihm hin. Er schaute nach: der Korb war voll mit Kupfermünzen! Er verteilte nun die Last auf beide Körbe und ging weiter. Als er zu Hause ankam, waren beide Körbe voll! Jetzt verteilte er das Geld auf alle Kisten und Kästen im Haus, und auch die waren bald alle voll, und er mußte den Getreidespeicherkübel nehmen; aber der war auch in ein paar Tagen voll. Nun gab er seinen Tabakhandel auf. Mit dem vielen Geld machte er ein Pfandhaus auf, und da saß er nun den ganzen Tag gemütlich und genoß sein Glück.

Nach einer Weile kam ein alter Mann mit ein paar Sachen zum verpfänden. Er wollte dafür drei Kupferstücke haben, nicht mehr, nicht weniger, kein Silbergeld, kein Dollarstück, nur genau drei Kupferstücke. Der Händler dachte: ›Ein Mann, der nur genau drei Kupferstücke haben will und nicht den

vollen Wert des Pfandes – da stimmt was nicht!‹ Er machte aber seine Kasse auf, nahm die drei ersten, besten Kupferstücke heraus und gab sie ihm. Der Alte nahm sie und ging.
Seltsam, seltsam: von jetzt an nahm das Geld in der Kasse nicht mehr zu; es blieb genau so viel, wie man hineingegeben hatte. Denn der Alte war derselbe alte Mann, der damals so viel Tabak nahm. Und die drei Kupferstücke, die er haben wollte, waren dieselben, die er damals für den Tabak gegeben hatte.

34. Bienen als Ehevermittler

Am westlichen Ufer des Flusses Lo, mehr als zehn Meilen südlich der Kreisstadt Hua-hsien, liegt das Dorf Fen-botsun. Am Ende der Ming Dynastie, also vor rund dreihundert Jahren, lebten dort nur Leute der Familie Wang. Aber nach der Sache mit den Bienen zogen sie alle fort, denn man könne nicht an einem Orte leben, sagten sie, wo eine Heilige entstanden sei. Heutzutage leben in diesem Dorf lauter Leute der Familie Li.
Zur Zeit der Wangs lebten alle im Dorf von Ackerbau und Seidenzucht. Keiner hatte ein anderes Gewerbe, und natürlich gab es nur sehr wenige studierte Leute. Zu Beginn der Mandschu-Zeit gelang es einem von ihnen, den Doktortitel zu bekommen. Er hieß Wang Da-yeh. Als er vierzig oder fünfzig Jahre alt war, hatte er nur eine sechzehnjährige Tochter, mit Namen Wolke. Weil kein anderes Kind da war, liebten beide Eltern sie wie eine Perle.
Als sie sechzehn geworden war, lernte sie von ihrer Mutter spinnen und weben und ähnliche Mädchenarbeiten, aber Wolke hatte diese Art von Arbeit gar nicht gern, und mehrmals bat sie ihren Vater, ihr lesen und schreiben beizubringen. In dieser Zeit, als man in China noch auf Frauen herab-

sah, hatte man es gern, wenn ein Mädchen dumm blieb, und fand es für sie unnütz, lesen und schreiben zu lernen. Das traf natürlich hier besonders zu, in diesem zurückgebliebenen Kreis Hua-hsien. Deshalb erfüllte der Vater den Wunsch seiner Tochter zunächst einmal nicht, obgleich sie drei, vier Mal gebeten hatte. Schließlich ließ er sich durch ihr Bitten erweichen und brachte ihr am Abend ein paar einfache Schriftzeichen bei. Aber am Tage mußte sie weiter spinnen und weben, und dagegen konnte Wolke gar nichts anderes tun, als am Abend besonders eifrig bei ihrem Vater zu lernen.

Da sie so fleißig studierte, hatte sie schon nach zwei kurzen Jahren ein tiefes Verständnis für Literatur. Der Vater freute sich nun doch, als er sah, wie klug seine Tochter war. Im Beisein der Mutter lobte er sie häufig und bedauerte, daß sie ein Mädchen war. Denn wäre sie ein Mann, brächte sie der Familie zweifellos Ruhm. Die Mutter, ihrerseits, lobte Wolkes Anhänglichkeit und Liebe zu den Eltern. Auch im Eheglück würde Wolke später ihre Eltern nicht vergessen, meinte sie. So betrachteten beide Eltern ihre Tochter als einen Schatz und suchten nach einem passenden Ehemann.

Aber etwas Außergewöhnliches ist schwer zu finden! Obwohl sich manche Familien um Wolke bewarben, gaben die Eltern sie nicht her. Andererseits, die Familien, die den Eltern gefielen, bewarben sich nicht um Wolke. So wurde Wolke allmählich neunzehn Jahre alt und war noch nicht verlobt. Ein Jahr später wurde der Vater krank und starb. Solange er lebte, war er mit seinem Doktortitel hochgeehrt, und die Heiratsvermittler kamen in hellen Haufen. Nach seinem Tode verarmte die Familie, und keine der etwas reicheren Familien hielt um die Tochter an. Und wegen der Abneigung gegen gebildete Mädchen kam dann auch von den andern Familien keiner mehr. Da die Mutter nicht darauf aus war, ihre Tochter um jeden Preis zu verheiraten, war Wolke noch mit zwanzig Jahren unverlobt.

Eines Tages war Wolke beim Weben von Sommerkleiderstoff für ihre Mutter, als ein paar Bienen durchs Fenstergebälk hereingeflogen kamen. Dicht an ihrem Ohr hörte sie Worte, als ob die Bienen sprächen: »Willst du, ja oder nein? Eine Schachtel Schminke und zwei Schachteln Puder.« So fragten die Bienen mehrere Male und flogen dann wieder fort. Wolke hörte sie wohl, aber kümmerte sich nicht darum. Nun aber kamen jeden Tag ein paar Bienen und sagten jeden Tag die gleichen Worte, fünf oder sechs Tage hintereinander.
Da wunderte sich Wolke doch so sehr, daß sie alles ganz genau ihrer Mutter erzählte. Die Mutter war ebenfalls verwundert, und nach einer Weile sagte sie: »Falls die Bienen morgen wiederkommen, gib ihnen ›ja‹ zur Antwort. Paß auf, was sie dann tun!« Die Tochter versprach es, und als am nächsten Tag die Bienen wirklich wiederkamen, gab sie ›ja‹ zur Antwort, wie es die Mutter haben wollte. Als die Bienen das Jawort des Mädchens hatten, flogen sie freudig fort. Am nächsten Tag erschienen plötzlich – niemand wußte, woher – zwei Schachteln Puder und eine Schachtel Schminke, und von da an kamen die Bienen nie wieder. Bald dachten Mutter und Tochter kaum noch an die Sache und gingen ihrer täglichen Arbeit nach.
In diesem Dorfe ist es Sitte, den fünften Tag des fünften Monats noch mehr zu feiern, als es in den Städten üblich ist. Die Leute ziehen in die Berge, um heilsame Kräuter zu sammeln, die man aufbrüht und ins Badewasser gießt. Die Mutter wollte, daß Wolke mit in die Berge ginge, und Wolke gehorchte ihr. Als man auszog, war der Himmel klar, kein Wölkchen war zu sehen. Aber oben auf dem Berg hinter dem Dorf, da krachten plötzlich Donnerschläge, und schwarze Wolken standen überall, und dann gab's Sturm und großen Regen. Wolke wollte zum Schutz nach Hause laufen, da hüllten sie Blitz und Regen ein, und ein Sturmstoß trug sie fort. An Flucht war nicht zu denken!
Am Abend merkte die Mutter, daß Wolke nicht zurückge-

kommen war. Sicher hat sie der Regen überrascht, dachte die Mutter, und sie hat bei andern Leuten Unterschlupf gefunden. Sie ließ überall nach Wolke suchen, konnte aber nichts erfahren. Da war sie ratlos und ging nun selbst auf die Suche. Aber nach mehreren Tagen Suchens hatte auch sie keine Spur gefunden. Da fiel ihr die Geschichte mit den Bienen ein, und sie meinte, da müßte ein Zusammenhang sein. War nicht der Himmel klar gewesen, als Wolke in die Berge zog? Wie konnten Sturm und Regen so plötzlich ausgebrochen sein? Bestimmt war das die Tat der Bienen! Je mehr sie sich darüber Gedanken machte, um so fester war sie davon überzeugt. Wie bereute sie es jetzt, daß sie damals zum Jawort geraten hatte, denn deshalb war die Tochter nun geraubt, und die Mutter konnte sie nur noch beweinen. Die Nachbarn aber erörterten in aller Breite und Länge, wie das Mädchen so plötzlich verschwinden konnte.
Die Tage vergingen, einer nach dem andern, und unversehens waren fünf, sechs Jahre um. Da gab es eines schönen Tages plötzlich einen Sturmstoß und einen Platzregen, und Wolke war wieder da im Hause ihrer Mutter! Das war eine Freude, als Mutter und Tochter sich wiedersahen! Die Mutter wollte alles wissen über den Raub und wie es Wolke in den letzten fünf Jahren ergangen war. Wolke erzählte alles ganz genau; aber kaum hatte sie zu Ende gesprochen, da kam wieder ein großer Sturm, und Wolke war wieder weg.
Danach kam Wolke niemals wieder. Als sie sich wieder von der Mutter, die sie liebte, trennen mußte, schaute sie von einem Stein vor dem Haus zurück zur Mutter, und der Abdruck ihres Fußes blieb auf dem Stein. Als die Leute sahen, daß Wolke mit Sturm und Regen kam und ging, sagte man allgemein, sie müsse eine Heilige geworden sein. Man baute für sie den ›Mädchen-Tempel‹ und stellte auch den Stein hinein; der steht noch heute dort. Und an jedem ersten und fünfzehnten Monatstage kommen abergläubische Männer und Frauen dorthin und bitten Wolke um Glück und Segen.

35. Der Richter Baogung

Eines Tages zog Baogung zur Prüfung in die Hauptstadt. Er nahm eine Menge schöner Kuchen aus Weizenmehl mit, die seine Tante besonders für ihn gebacken hatte. Er reiste zusammen mit vielen Freunden. Als sie am Fuß eines Berges waren, schickte der böse Geist des Berges einen Untergeist herunter, der ihnen ihre Gelder stehlen sollte. Der Untergeist hielt auch Baogungs Kuchen für Geld und nahm sie mit. Da sagte Baogung zu seinen Freunden: »Reisegeld und Proviant sind uns gestohlen. Was sollen wir nun tun? Weiter oder zurück?« – »Was können wir denn tun?« zauderten die Freunde. Baogung sagte: »Was können wir tun ohne Reisegeld? Und jedenfalls will ich meine Kuchen wiederhaben! Bitte wartet ein Weilchen, ich steige auf den Berg.« Also stieg er auf den Berg, ging zu dem Geist und sprach mit ihm. Dieser lachte ihn bloß aus und sagte: »Du dummer Schwarzkopf, du willst zur Prüfung gehen? Ich will dir deine Sachen zurückerstatten, aber wenn du die Prüfung nicht bestehst, mußt du wieder hierher kommen.«

Baogung fragte: »Und was geschieht, wenn ich die Prüfung bestehe?« – »Wenn du bestehst«, sprach der Geist, »darfst du mich mit einer schweren Bronzestange dreimal schlagen.« – »Gut«, sagte Baogung. Beide verpflichteten sich, und Baogung stieg den Berg hinunter.

Als er die Prüfung bestanden hatte, ging er wieder zu dem bösen Geist auf dem Berg. »Großer Herr«, sagte der Geist, »sein Wort muß man halten. Hier liegt die Bronzestange, schlag zu!« Baogung hätte ihn gern getötet und schlug zu mit voller Kraft. Der Geist blieb ruhig sitzen und lachte: »Viel zu wenig! Wie ein Mückenstich!« – »Laß mich zum Himmel beten«, sagte Baogung, »und dann noch einmal schlagen!« Der Geist gewährte es. Baogung betete und hob dann die Stange von neuem. Doch seltsam: die Stange hatte den Geist noch nicht berührt, als er schon tot zu Boden fiel. Natürlich

war er nicht von der Stange, sondern vom Himmel getötet worden.
Als nun Baogung sein erstes Amt antreten sollte, fürchtete seine Tante, er wäre zu jung, um Recht zu sprechen. Daher beschloß sie, ihn zu prüfen. Sie kochte ein Ei und richtete es ein, daß ihre Zofe Frühlingsduft es heimlich aß. Danach ging die Tante zu Baogung und sagte: »Ich habe ein Ei gekocht und im Hause liegen lassen. Doch jetzt ist es weg. Bitte untersuche die Sache!« Baogung dachte nach: ›Hier im Haus gehen nur die Zofen ein und aus. Eine von ihnen hat es bestimmt genommen.‹ Er ließ einen Tisch und Stühle in die Halle stellen und setzte sich hin wie ein Richter. Auf den Tisch ließ er zwei Schalen stellen, eine gefüllt mit Wasser, die andere leer. Dann ließ er die Zofen kommen.
Der Reihe nach mußte jede einen Schluck Wasser aus der einen Schale nehmen, den Mund damit spülen und in die andere Schale spucken. Jede Zofe tat es, und bei allen war das ausgespuckte Wasser klar, nur bei Frühlingsduft schwammen ein paar winzige Eireste darin. Baogung erhob seinen Pinsel und verkündete das Urteil: »Frühlingsduft hat das Ei gestohlen, und darauf steht Strafe nach dem Gesetz. Es sei ihr erstes Vergehen, sagt mir die Tante, die um größte Milde gebeten hat. Da noch dazu das Vergehen innerhalb des Hauses geschehen ist, wird die Täterin hiermit freigesprochen.« Als die Tante das Urteil hörte, freute sie sich über Baogungs Urteilskraft und war von nun an unbesorgt.
Baogung besaß ein Yinyang-Kissen. Legte man einen Toten darauf, dann wurde er wieder lebendig. Oft lieh er das Kissen andern Leuten, und auf diese Weise rettete er nicht wenigen Menschen das Leben. Eines Tages kam er vorbei an einem Ort, wo er Leute schmerzlich weinen hörte. Er schickte den Tiger-Dschao und den Drachen-Dschang mit dem Kissen hin, um ihnen zu helfen. Aber der Tote war gar kein Mensch, es war nur ein Hofhund. Weil dieser Hund sein ganzes Leben lang sehr treu gewesen war, beweinten ihn alle im Hause. Als

nun der Hund auf dem Kissen lag, wurde er wieder lebendig. Aber von jetzt an hatte das Kissen seine Wirkungskraft verloren.
Baogungs Schwiegervater verstand etwas von Astrologie. Als nun Baogung aus Gerechtigkeitssinn seine Nichte und seine Frau hatte hinrichten lassen, wurde sein Gestirn am Himmel immer schwächer, und der Schwiegervater fürchtete, die rachedurstigen Geister (der Hingerichteten) könnten Baogung etwas antun. Deshalb machte er sich Sorgen um Baogung und bat ihn außerdem, ihn einmal mitzunehmen in die Unterwelt zur Richterhalle. Lebende Menschen dürfen beim Gericht in der Unterwelt nicht anwesend sein, und auch der Richter Baogung ging nur in Form seiner Seele hinunter in die Unterwelt. Deshalb durfte er den Wunsch des Schwiegervaters nicht erfüllen. Aber es muß wohl vom Himmel anders vorbestimmt gewesen sein, denn auf des Schwiegervaters häufiges Bitten gab Baogung schließlich nach. »Wenn du dort zusehen willst«, sagte er, »mußt du zweierlei tun.«
»Was denn?« fragte der Schwiegervater. »Erstens mußt du dich unter meinem Stuhl verstecken. Zweitens darfst du kein Wörtchen sprechen, komme, was wolle.« Beides versprach der Schwiegervater.
In der folgenden Nacht hielt Baogung Gerichtssitzung in der Unterwelt, und sein Schwiegervater saß unter seinem Stuhl. Bald kamen der Reihe nach viele Geister, der Weiße Mönch, der Schwarze Mönch, Rindskopf und Pferdegesicht, der Unterweltsrichter und all die andern kleineren Geister, verbeugten sich vor Baogung und stellten sich zu beiden Seiten des Richtertisches auf. Bei diesem Anblick wurde dem Schwiegervater Angst, aber er konnte sich noch bezwingen. Dann erschien der Geisterkönig mit einem uralten, weißhaarigen und weißbärtigen Gespenst, und als der Schwiegervater genauer hinsah, erkannte er seinen eigenen Vater, zu seinem größten Schreck. Am Ende des Verhörs kam das

Urteil: »Öltopf«. Das heißt, er sollte in Öl gesotten werden. Rindskopf und Pferdegesicht spießten den Alten mit einer Gabel auf, um ihn in den Öltopf zu werfen. Da hielt es der Schwiegervater nicht mehr aus, vergaß Baogungs Worte und rief voll Schmerz: »Oh weh!« In Blitzeseile verschwanden alle Geister.
Zur gleichen Zeit starb Baogungs Körper auf der Erde, weil seine Seele nicht zurückkam. Der Schwiegervater wurde nach all dem Schrecken krank, und ein paar Tage später machte er seinem Leben selbst ein Ende.

36. Der Lebende Leichnam

Es war einmal eine Familie, deren Vater schon gestorben war. Er hatte seine Frau und zwei Söhne hinterlassen. Der Vater lag in seinem Sarg, der draußen auf dem Felde stand, und nach mehr als zwanzig Jahren wurde er ein Lebender Leichnam. Während seines Lebens war er in dem Städtchen Hui-dschou in der Provinz Anhui ein Geschäftsmann gewesen, und so flog der Lebende Leichnam eines Nachts dorthin. Er nahm die Gestalt eines reichen Mannes an, warb auf dem Markt ein paar Gehilfen an und machte eine Apotheke auf.
Schließlich stellte er noch einen Geschäftsführer an, und außer diesem einen wußte niemand, daß er ein Lebender Leichnam war. Am Tage ließ er sich nie sehen, sondern saß im Oberstock in einem Stübchen und tat, als ob er buddhistische heilige Schriften studierte. Am Abend, wenn es dunkel war, ging er aber hinunter in den Laden, verkaufte seine Waren wie jeder wirkliche Mensch, prüfte die Rechnungen und bemühte sich um die Kunden.
Damit war er noch nicht zufrieden, denn er wollte auch am hellichten Tag hervorkommen können. Wenn ein Lebender Leichnam auch am Tage lebendig sein will, muß er das Blut

seines eigenen Kindes trinken und dessen Haut auf seinen eigenen Körper streifen. Da fielen ihm seine Söhne ein, die inzwischen gewiß erwachsen waren. Wie wäre es, an sie zu schreiben und sie kommen zu lassen? Selbst wenn nur einer von beiden käme, wäre ihm gedient. Gedacht, getan. Also schrieb er einen herzlichen Brief an die beiden Söhne: »Meine Apotheke hier in Hui-dschou hat sich sehr entwickelt, und allein kann ich die Arbeit nicht mehr schaffen. Ich bitte euch daher, beide nach Hui-dschou zu kommen und mir zu helfen. Solltet ihr nicht beide kommen können, würde ich mich freuen, wenn einer käme.«

Als die Söhne diesen Brief erhielten, wunderten sie sich, denn ihr Vater war doch schon über zwanzig Jahre tot. Stand nicht sein Sarg ruhig und friedlich draußen auf dem Feld? Gingen sie nicht jedes Jahr zum Gräberfegefest da hin und erwiesen ihm Verehrung? Wie konnte er auf einmal am Leben sein? Wahrscheinlich steckte dahinter ein Bösewicht, der ihnen schaden wollte, oder ein Witzbold, der sich einen Scherz erlaubte. Die Brüder kamen überein, sich nicht um den Brief zu kümmern, sondern zu tun, als hätten sie ihn nicht erhalten.

Als nach einem halben Jahr keiner der beiden Söhne bei dem Lebenden Leichnam in der Apotheke in Hui-dschou erschienen war, fragte sich dieser, was wohl der Grund sein könnte. Hatten sie vielleicht kein Reisegeld? Er schickte ihnen deshalb dreihundert Silberstücke. Sowie sie das Geld erhielten, würden sie sicherlich kommen, dachte er. Mit dem Geld zusammen schickte er einen Brief: »Über ein halbes Jahr habe ich vergeblich auf euch gewartet. Das bekümmert mich sehr, denn ich bin alt und halte die Mühen eines Ladeninhabers nicht mehr lange aus. Hier sende ich euch dreihundert Silberstücke und hoffe, daß ihr nach Empfang des Geldes sofort nach Hui-dschou kommen werdet.«

Als die beiden Söhne das Geld und den Brief erhielten, wunderten sie sich noch viel mehr und erzählten die Sache ihrer

Mutter. Am Ende fragten sie: »Beim Tode unseres Vaters waren wir noch klein und können uns deshalb an nichts mehr gut erinnern. Ist er überhaupt gestorben?« – »Wieso sollte er nicht gestorben sein?« sagte die Mutter. »Leben und Tod sind Dinge, über die man nicht leichtfertig redet.« – »Wer hat dann den Brief geschrieben und das Geld geschickt? Welch fremder Mensch wird uns mir nichts, dir nichts Geld schicken, und gleich so viel?« So überlegten sie lange, ohne sich die Sache erklären zu können. Schließlich sagte der etwas klügere ältere Sohn zur Mutter: »Vielleicht hast du noch einen alten Brief vom Vater, den er dir von einer seiner Reisen geschickt hat. Wir könnten die Schrift vergleichen. Ist die Schrift dieselbe, dann lebt er noch.« Der Jüngere war einverstanden. In einer alten Truhe fand die Mutter wirklich einen Brief des Vaters und ließ die Söhne die Schriften vergleichen. Tatsächlich, es zeigte sich, daß beide Briefe von derselben Hand geschrieben waren. »Dann lebt unser Vater, bestimmt, dann lebt er noch!« riefen die Söhne voll Freude. »Nein«, sprach die Mutter, »nein, etwas stimmt da nicht. Er ist gestorben, ohne jeden Zweifel. Wie kann er auf einmal am Leben sein?«

Aber die beiden Söhne, mit dem Geld in der Hand und noch dazu mit der Hoffnung auf eine Apotheke, hörten nicht auf sie und fingen an zu streiten, wer zuerst hinreisen sollte. Der Ältere fand, er als der Erstgeborene sollte gehen. Der Jüngere meinte, der Platz des Älteren wäre hier zu Hause, und Huidschou wäre der Platz für ihn, den Jüngeren.

Die Mutter sagte: »Es heißt im Brief, ihr solltet beide kommen. So geht nur alle beide! Den Haushalt hier kann ich allein besorgen, das braucht euch nicht zu kümmern. Doch merkt euch meine Worte: Es ist ein Haken an der Sache, denn ein Toter kann nicht lebendig werden. Womöglich hat ein Bösewicht die Handschrift eures Vaters nachgemacht und will euch nun betrügen. Seid auf der Hut auf jeden Fall, seid niemals unvorsichtig!« Beide Söhne versprachen es.

Am nächsten Tag packten sie ihr Gepäck und zogen los. Damals war der Verkehr nicht so bequem wie heute. Schiffe und Wagen nach überall hin gab es damals noch nicht. Sie mußten über Berge steigen und durch Flüsse waten, bis sie endlich nach einem Monat nach Hui-dschou kamen. Die Apotheke des Vaters fanden sie nicht gleich, und weil sie müde waren, beschlossen sie, in einer Herberge zu übernachten und am Morgen zur Apotheke zu gehen.
Glücklicherweise war in der Nähe ein großer Tempel, in dem sie übernachten konnten. Der Abt kam heraus und begrüßte sie. Als er hörte, daß sie reisende Kaufleute waren, bot er ihnen gute Unterkunft und Essen an. Dann unterhielten sie sich. Woher sie kämen, fragte der Abt, und was sie in Hui-dschou wollten. Da erzählten ihm die Brüder ihre ganze Geschichte. Nun klärte der Abt sie auf: »Das ist bestimmt ein Lebender Leichnam. Wenn ihr zu ihm geht, wird er euch sicher töten.« Die Brüder bekamen Angst und fragten gleich, ob man sich vor ihm schützen könnte. »Das kann man wohl«, sagte der Abt, »wenn ihr bei ihm seid, wird er euch bestimmte Betten anweisen. Darin dürft ihr keinesfalls schlafen. Kauft vorher zwei Schweine ohne Borsten, legt sie auf die Betten und versteckt euch selbst woanders. Sollte er euch verfolgen, dann kommt schnell hierher zu meinem Tempel, wo ich euch schützen kann.«
Die Brüder merkten sich die Worte des Abts, übernachteten und standen am nächsten Morgen früh auf. Sie dankten dem Abt und nahmen Abschied. Dann gingen sie durch die Hauptstraße und fanden auch den Laden des Vaters. Der Lebende Leichnam hatte sich schon ausgerechnet, wann sie ungefähr kommen würden, und hatte seinem Geschäftsführer aufgetragen, sie an seiner Statt zu empfangen. Als die Brüder in den Laden kamen, wurden sie denn auch von dem Geschäftsführer begrüßt. »Ist dies der Laden unseres Vaters?« fragten sie. »Dann hole unsern Vater gleich hierher!« – »Euer Vater«, sagte der Geschäftsführer, »liest am

Tage buddhistische Schriften und kommt nicht herunter vor dem Abend. Bis dahin stehe ich zu euern Diensten.« – ›Der Abt hat recht gehabt mit seiner Vermutung‹, dachten die Brüder im Stillen, ›natürlich kann der Vater als Lebender Leichnam nicht am hellichten Tag erscheinen. Nun müssen wir doppelt vorsichtig sein.‹ Sie erinnerten sich auch an die andern Ratschläge des Abts und sagten deshalb zu dem Geschäftsführer: »Bitte besorge uns zwei weiße, glatte Schweine. Alle Borsten müssen sorgfältig entfernt sein. Wir brauchen sie heute Abend.« Der Geschäftsführer gehorchte natürlich den Worten der jungen Herren.

Am Abend führte der Geschäftsführer die Brüder ins obere Stockwerk zum Schlafen. Jeder bekam ein Zimmer angewiesen, so hatte es der Vater bestimmt. Kaum war der Geschäftsführer wieder nach unten gegangen, da nahmen sie ihre Schweine, und jeder legte eins auf sein Bett. Dann zogen sie ihre Oberkleider aus und bedeckten damit die Schweine, damit das Gespenst nicht gleich sah, was da lag. Dann gingen sie aus den Zimmern heraus, und durch einen Spalt in der Bretterwand hofften sie zu sehen, was für ein Gespenst wohl käme und was es täte.

Sie hatten wohl bis Mitternacht gewartet, als plötzlich ein Windzug wehte, und hereingeflogen kam der Lebende Leichnam, fürchterlich anzusehen, mit Krallen über einen Zoll lang. Er flog in das Zimmer des älteren Sohnes, zog sich aus, riß dem Schwein mit einem Zug die Haut vom Leibe und streifte sie sich über. Aber wie er auch zog, die Haut saß ihm nicht an, nicht so wie seines Sohnes Haut ihm angesessen hätte; er warf sie von sich und stürzte in das andere Zimmer, wo dasselbe noch einmal geschah. Da wußte das Gespenst, daß es betrogen war, schrie einen schrillen Ton, warf die zweite Schweinehaut auch von sich und stürzte auf die Suche nach den Brüdern.

Als die Brüder merkten, daß das Gespenst sie suchte, hatten sie große Angst! Sie rannten treppab und hin zum Tempel des

alten Abts und schrien laut um Hilfe: »Hilfe, Hilfe! Das Gespenst ist hinter uns her!« – »Schnell, kommt herein«, rief der Abt, »versteckt euch unter der großen Glocke und laßt mich das Gespenst empfangen.«
Also versteckten sie sich, und schon kam das Gespenst auf den Tempel zugeflogen. Der Abt stand am Tor, und das Gespenst forderte seine Söhne. Der Abt aber sagte: »Gespenst, du unersättliches Gespenst, dir ist es nicht genug, während der Nacht umherzugehen. Jetzt willst du auch noch am Tage ausgehen, und dazu brauchst du die Haut eines deiner Söhne. Doch deine Söhne sind bei mir im Tempel, du kannst sie nicht bekommen.« Da schlug das Gespenst mit seinen Krallen nach dem Abt. Aber der hatte auch ein Zaubermittel: Er ließ aus seinem Mund ein Zauberwasser kommen und bespritzte das Gespenst damit. Das konnte der Lebende Leichnam nicht vertragen. Er sank zur Erde und verwandelte sich in einen blutigen Haufen mit ein paar Haaren.
Als das Gespenst nun tot war, ließ der Abt die Brüder unter der Glocke hervorkommen. Sie waren vor Angst ganz blaß! Er sagte zu ihnen: »Der Lebende Leichnam ist endgültig tot. Ihr könnt beruhigt fortgehen.« Die Brüder dankten viele Male, nahmen Abschied und gingen dann zur Apotheke, wo sie nichts von den Ereignissen erzählten. In aller Stille übernahmen sie das Geschäft, das sie von nun an führten. Noch heute gibt es diese Apotheke!

37. Der Aschenkönig

Einst zog ein Student von seiner Heimat fort, zur Prüfung in der Hauptstadt. Bei Anbruch der Nacht kam er an einen verlassenen Tempel. Ein Haus, wo er um Nachtquartier hätte bitten können, war nirgends zu sehen. Also beschloß er, im Tempel zu schlafen und ging hinein.

Im Oberstock stand eine Götterstatue, und unten standen drei Särge. Der Student ging nach oben, fegte den Schmutz ein bißchen beiseite und legte sich hin. Bis Mitternacht schlief er in Frieden, doch dann auf einmal sprangen aus den drei Särgen drei Gespenster und kamen, eins nach dem andern, nach oben. Er wachte auf durch das Geräusch. Er horchte und dachte sich gleich, es müßten Gespenster sein. Er wollte die Tür verschließen und suchte nach einem Schlüssel, es war aber keiner da. Jetzt standen die drei Gespenster bereits an der Tür! Er kletterte schnell auf den Sockel und versteckte sich hinter der Götterfigur. Die Angst trieb ihm kalten Schweiß aus den Poren!

Die drei Gespenster hießen Goldgesicht, Schwarzgesicht und Blaugesicht, und nachdem sie hereingekommen waren, sagte jedes der drei seinen Namen. Dann standen sie ein Weilchen still. Auf einmal sagte Goldgesicht: »Hier riecht es herrlich nach Menschenfleisch!« Die beiden andern fanden es auch. Als der hinter der Götterfigur versteckte Student das hörte, fiel er vor Schreck herunter von dem Sockel, genau in die Asche des Weihrauchbeckens, das neben den Gespenstern stand. Ganz voll Asche war er jetzt! In seiner Not kam ihm ein guter Gedanke. Er nahm sich zusammen, stand auf, ging entschlossen auf die Gespenster zu und rief laut: »Ich bin der große Aschenkönig!« Das erste Gespenst gab zur Antwort: »Wir haben schon lange auf dich gewartet. Wie gut, daß du endlich gekommen bist! Wir haben hier etwas, das wollen wir dir übergeben: hier ist ein Schlüssel, mit dem du den Silberschatz unten ausgraben kannst. Der Schatz geht somit in deine Verwaltung über.« So sprach das Gespenst und gab ihm den Schlüssel. Er nahm ihn mutig an.

Gerade jetzt begann es, im Osten hell zu werden. Überall krähten Hähne. Da rannten die drei Gespenster nach unten und krochen in ihre Särge. Dann war alles ruhig.

Dem Studenten kam es vor wie ein böser Traum, aber in der Hand hielt er noch den Schlüssel, den ihm das Gespenst ge-

geben hatte. Bald war es taghell, und er sah auf seine Hand: aus dem Schlüssel war plötzlich ein Spaten geworden! Zwar glaubte er nicht so ganz an die Worte des Gespenstes, aber versuchen wollte er die Sache doch und ging mit dem Spaten nach unten. Als er neben den Särgen die Erde etwas beiseite schaufelte, war dort tatsächlich eine Kiste vergraben, in der über zehn Gold- und Silberstücke lagen! Er nahm sie mit nach Hause und vergaß darüber seine Prüfung.
Nie hätte er es sich träumen lassen, daß sein Pech sich so schnell in Glück verwandeln könnte.

38. Zwei Brüder und zwei Schwestern

Unter blauem Himmel waren früher einmal alle Felder wüst und leer, und nirgends gab es Menschenrauch, denn die Menschen wurden damals von bösen Vögeln und wilden Tieren aufgefressen. Es lebten noch zwei Brüder, die aus Angst vor diesen Vögeln und wilden Tieren nicht zur Feldarbeit zu gehen wagten. Sie stellten am Palisadenzaun des Dorfes eine Falle auf und fingen Spatzen und ernährten sich auf diese Weise.
Seltsamerweise wurde es bald anders. Anfangs waren immer Spatzen in der Falle, die sie essen konnten, aber plötzlich war die Falle leer, und sie wußten nicht, wer da wohl täglich kam und die Spatzen aus der Falle nahm. Also beschlossen sie, den Dieben ihrer Spatzen aufzulauern. Der jüngere der beiden Brüder sagte: »Wir beide sollten uns verstecken und Wache halten; dann sehen wir, wer uns bestiehlt.« Der zweite Bruder stimmte zu, und er rief absichtlich laut: »Also gehen wir jetzt nach Haus!«, und sie versteckten sich in einer Höhle, vor der hohe Gräser wuchsen. Es wurde Nacht, voller Sterne war der Himmel, glänzend schien der Mond und machte alles silbrig. Die ganze Nacht lang schliefen die zwei Brüder nicht, sondern starrten auf die Stelle mit der Spatzenfalle.

Um Mitternacht erschienen von weit her zwei schwarze Schatten, die sich langsam auf die Falle zu bewegten. »Da sind die Diebe!«, und die Brüder brausten auf vor Wut, rannten hin und packten die zwei Schatten. Aber als sie diese von nahem sahen, da waren es zwei hübsche Mädchen. »Wer hat euch erlaubt, unsere Spatzen hier zu stehlen?« fragten die zwei Brüder. »Wer hat euch erlaubt, unser Eigentum zu stehlen?« fragten die zwei Mädchen. Und jetzt stritten sie und stritten, vom Himmel bis zur Erde, vom Altertum bis in die Gegenwart, und keiner gewann.

Als es Morgen wurde, ruhten sie sich etwas aus, und dann fingen sie von neuem an zu streiten, bis die Mädchen sagten: »Warum müssen wir uns eigentlich so streiten? Auf der Welt gibt es keine Menschen mehr! Ihr zwei seid unverheiratet, auch wir sind unverheiratet. Laßt uns tauziehen, und wenn wir euch über diesen Berggrat ziehen können, dann müßt ihr unsere Ehemänner werden; wenn es euch gelingt, uns hinüberzuziehen, dann müssen wir eure Ehefrauen werden.« Die Brüder sahen, daß die Mädchen, die so gut reden konnten, von großer Schönheit waren, und so stimmten sie zu. Die Schwestern sagten: »Also fangt an!« Die Brüder zogen an ihrem Ende, doch mit aller Kraft gelang es ihnen nicht, die Mädchen wegzuziehen. Jetzt kam die Reihe an die Mädchen, die mit einem ganz leichten Zug die Brüder zum Hinfallen brachten. Sie rollten auf der Erde und wurden über den Berg gezogen. Nun konnten sie nichts anderes tun, als die Ehemänner der zwei Schwestern zu werden.

Sie gingen nun zusammen fort, gingen und gingen und kamen nach sehr vielen Tagen zu der Wohnung der zwei Schwestern. Was war das für ein Ort? Eine große Höhle war es, vor der Höhle Wald und nahebei ein Brunnen, in dem sich blauer Himmel und Bäume spiegelten. Wüste Strohhaufen bedeckten den Fußboden der Höhle, wie in einem Rinderstall. In dem Stroh lag eine blinde alte Frau, die von den Brüdern für die Mutter der Mädchen gehalten wurde. Sie dachten: ›Wahrscheinlich sind sie alle hierher geflohen.‹ Während sie noch so vor sich hin dachten, sagten die Mädchen: »Morgen feiern wir die Hochzeit. Wir gehen jetzt aus, um unsere Freunde und Verwandten einzuladen. Ihr wartet hier zu Haus.«

Als die Mädchen fortgegangen waren, wendeten die Brüder sich an die alte Frau und erzählten ihr, wie sie hierher in die Höhle gekommen waren. Die Alte seufzte und sagte: »Oh, das ist schlimm. Dies ist keine Menschenwohnung, dies ist eine Tigerhöhle! Die beiden Frauen, die euch hierher brachten, sind zwei Tigerinnen! Sie sagten, sie wollten Freunde zur Hochzeitsfeier bitten; aber sie laden nur die andern Tiger ein, um euch aufzufressen. Schlimm, zu schlimm! Lauft schleunigst weg! Ich bin hier Hauswart, aber weil sie fürchten, daß ich weglaufen könnte, haben sie mit weißem Kraut meine Augen zugeklebt.« Dann fügte sie hinzu: »An den Schlafplätzen der beiden Schwestern sind zwei große Messer. Nehmt euch jeder eins und lauft dann eiligst weg!« Die Brüder suchten in dem Stroh herum und fanden wirklich zwei lange Messer. Jeder nahm sich eins.

Den Brüdern wurde klar: die alte Frau war von den Tigerinnen geraubt, und so wollten sie sie mitnehmen. Doch die Alte sagte: »Das schafft ihr nicht. Die Tigerinnen kommen gleich zurück. Versteckt euch lieber, indem ihr schnell auf den großen Baum am Brunnen klettert.«

Die Brüder saßen kaum oben auf dem Baum, als die Schwestern fröhlich kichernd ankamen und in die Höhle gingen. Sie sahen sich um: keine Brüder da! Sie suchten hier und dort und waren sehr bestürzt: von den Brüdern keine Spur! Schließlich fragten sie die Alte, die aber sagte, sie wüßte nichts. Und als die Schwestern die Alte schlugen, sagte sie: »Ihr habt meine Augen so verklebt, daß ich kein bißchen Licht mehr sehen kann. Wie kann ich wissen, was hier vor sich geht?«

Die Schwestern waren wütend, rannten in der Höhle herum:

bald würden Gäste kommen, und was dann? Sie waren wütend, aber schließlich dachten sie: ›Lassen wir die Alte. Wichtig ist jetzt nur, daß wir uns auf die Gäste vorbereiten!‹ So gingen die zwei Schwestern hin zum Brunnen, den sie als Spiegel benutzen wollten, um sich zurechtzumachen. Zuerst trat die jüngere Schwester an den Brunnenrand unter dem Baum, und sie sah im Spiegelbild die beiden Brüder, deren Kleider flatterten. Sie rief: »Ältere Schwester! Ich habe sie gefunden!« Die Schwester trat dazu, und auch sie erkannte die zwei Brüder. Nun sprangen beide Schwestern mit Kleidern in den Brunnen, um die Brüder einzufangen; aber durch ihr Springen gab es Wellen, und das Wasser spritzte nach allen Seiten, so daß sie die Brüder nicht mehr sehen konnten. Sie sprangen hin und her und fingen nichts, und es blieb für sie nichts anderes übrig als herauszuklettern und sich am Brunnenrand ein bißchen auszuruhen.

Nach einer Weile war das Wasser still, und das Spiegelbild der Brüder war wieder deutlich sichtbar. Da sprangen die zwei Schwestern nochmals in den Brunnen und fingen wieder nichts. Als die Brüder auf dem Baum bemerkten, wie dumm die Schwestern waren, konnten sie ihr Lachen nicht länger halten. Die beiden Schwestern schauten nach oben: Ah! Die Brüder auf dem Baum! Die jüngere der Schwestern sagte: »Kommt herunter! Wir beide lieben euch!« – »Kommt beide schnell herunter«, sagte dann die ältere, »Freunde und Verwandte kommen gleich. Kommt schnell zur Hochzeitsfeier!« Trotz ihrer schönen Worte kamen aber die Brüder nicht herunter. Da sagten beide Schwestern zusammen: »Kommt sofort herunter, sonst kommen wir hinauf, und das bekäme euch nicht gut!« – »Wir kommen nicht herunter, lebendig oder tot: wir bleiben auf dem Baum.«

Die Schwestern wurden wütend und liefen in die Höhle nach ihren Messern, die sie nirgends finden konnten. Sie kamen in voller Wut zurück zum Brunnen, wo sich die Jüngere ein Haar ausriß und in den Hintern steckte, und im Nu war es ein

Tigerschwanz. Dann zog sie eine Haarnadel aus der Frisur und nahm sie in den Mund, und im Nu waren es sägescharfe Zähne. Schließlich drehte sie sich um sich selbst, und im Nu war sie eine Tigerin! Sie sprang nach links und sprang nach rechts und setzte an zum Sprung nach oben, um die Brüder auf dem Baum zu fassen.

Diesen Augenblick benutzte ihre Schwester und sagte: »Kommt schnell herunter! Sterben müßt ihr beide sonst auf diesem Baum!« Die Brüder gaben keine Antwort.

Als die Brüder nicht herunterkamen, sprang die Tigerin mit einem Satz auf den Baum. Gleich beim ersten Mal hätte sie den jüngeren der beiden Brüder beinahe erwischt. Der aber fürchtete sich nicht, nahm sein Messer in die Hand und stieg einen Schritt nach unten. Jetzt sprang die Tigerin nochmals auf den Baum. Da schwang der Mann das Messer und versetzte ihr zwei Hiebe. Sie fiel tot zu Boden.

Als die ältere der Schwestern sah, daß die jüngere gestorben war, rief sie den zwei Brüdern von unten zu: »Meine Schwester war sehr dumm, und deshalb kam sie auch zu Tode. Ich bin nicht so wie sie. Also kommt jetzt mal herunter.« – »Wir kommen nicht herunter. Wir werden hier auf diesem Baum leben oder sterben.« Da wurde diese Schwester auch sehr wütend, verwandelte sich gleich in eine Tigerin und sprang stracks auf den Baum. Der erste Bruder hieb sie in zwei Teile, mit nur einem Messerschlag!

Nachdem sie die zwei Tigerinnen getötet hatten, kamen sie vom Baum herunter, machten Wasser heiß in einem Kessel und wuschen dann der alten Frau das weiße Klebekraut aus ihren Augen, so daß sie wieder sehen konnte. Sie ergriffen ihre Messer und verließen zusammen mit der Alten diesen fürchterlichen Ort.

Die drei erreichten einen Fluß, wo eine Schwalbe ständig um ihre Köpfe flog und klagte: »Dong-go-lo, schong-go-lo, Tiger werden kommen, das Boot müßt ihr umkippen.« Sie erschraken: »Sollten das die Verwandten von den Tigerinnen sein?«, und die Brüder überlegten, wo sie sich verstecken könnten. Da kam gerade ein Boot den Fluß herunter, und als es näher kam, sahen sie, es war kaputt, so daß sie damit nicht zum andern Ufer fahren konnten. Also kippten sie es um und verbargen darunter die alte Frau. Sie selbst versteckten sich an einer stillen Stelle.

Wirklich tauchte bald danach ein Trupp von Tigern auf. Sie kamen aus derselben Richtung, aus der das Boot gekommen war, das kaputte Boot, das jetzt die alte Frau bedeckte. Nach einer Weile war der Trupp vorbei. Nur ein lahmer Tiger hinkte hinterher, kam an das Boot, schnüffelte daran und rief den weit vorangegangenen Tigern zu: »Heh! Es riecht hier drin nach Menschenfleisch! Kommt her! Laßt uns das Boot umdrehen und nachsehen, was es gibt!« Die Tiger vorn verstanden seine Worte wohl; sie wollten aber schnell zum Fest im Hause der Verwandten kommen und riefen ihm verärgert zu: »Was schreist du, lahmer Kerl, dahinten? Wenn wir bei den Schwestern sind, kriegst du dein Fleisch, ein großes, fettes Stück! Los, beeile dich!« Als der lahme Tiger merkte, daß die andern sich gar nicht um ihn kümmerten, bekam er Angst, zu weit zurückzubleiben, und er humpelte schnell weiter.

Alle Tiger waren jetzt vorbei und außer Sicht, und die Brüder liefen nun zum Fluß, hoben das Boot, halfen der Alten auf und gingen mit ihr weiter. Sie waren noch nicht weit gekommen, als die alte Frau, sowieso schon krank, durch den eben durchgemachten Schrecken starb. Kurz vor dem Tode sagte sie noch zu den Brüdern: »Ihr werdet bald an einen Kreuzweg kommen. Geht ihr nach links, werdet ihr liebe Menschen treffen. Geht ihr nach rechts, kommt ihr nicht ins Menschenland. Merkt euch meine Worte.« Nachdem die beiden Brüder die alte Frau begraben hatten, wanderten sie weiter und kamen bald an einen Kreuzweg. Gemäß dem Rat der Alten gingen sie nach links, und nicht nach rechts.

Sie gingen und gingen. Alles, was sie sahen, waren wüste

Felder, kein Dorf mit Menschenhäusern. Schließlich kamen sie eines Tages in eine Siedlung, wo aber auch kein Mensch zu sehen war. In einem Garten fanden sie zwei Schilfflöten und freuten sich darüber: »Wir wollen diese Flöten blasen; dann wird sich zeigen, ob im Dorf noch jemand wohnt.« Und so drangen schöne Flötentöne durch die ganze leere Siedlung. Die Brüder bliesen und bliesen, bis sie endlich jemanden rufen hörten: »Ihr Flötenbläser, seid ihr Menschen oder Geister? Wenn ihr Menschen seid, spielt weiter! Wenn nicht, hört bitte auf!« Als dies die Brüder hörten, sagten beide: »Hier gibt es Menschen«, und ohne es miteinander zu besprechen, spielten beide weiter.

Sie bliesen eine Weile, und dann hörten sie dieselbe Stimme: »Wenn ihr Geister seid, blast weiter! Wenn ihr Menschen seid, hört auf!« Die Brüder hörten auf, und jemand sagte jetzt noch deutlicher: »Wenn ihr wirklich Menschen seid, kommt bitte her, wir wollen mit euch sprechen.« Die Brüder, hocherfreut, liefen in die Richtung, aus der die Stimme kam. Sie liefen und fragten: »Wo seid ihr denn? Wo seid ihr denn?« – »Wir sind hier, wir sind hier«, kam die Antwort ständig aus einem Haus heraus. Die Brüder liefen vor das Haus, stellten sich dort hin und sagten: »Hier sind wir!«

Langsam ging das Tor des Hauses auf. Die, die es öffneten, waren zwei sehr schöne Mädchen. Da erschraken die zwei Brüder: ›Sind das etwa wieder verwandelte Tigerinnen?‹ Aber dann bemerkten sie, daß es im Hause aussah wie bei Menschen, nicht so wie in der Tigerhöhle im tiefen Wald. Die Brüder faßten also Vertrauen zu den Mädchen und hörten auf sich zu fürchten.

Die zwei Mädchen baten die zwei Brüder, im Hause Platz zu nehmen und fragten sie, wieso sie in ihr Dorf gekommen wären. Darauf erzählten sie, was ihnen alles geschehen war. Dann fragten sie die Mädchen: »Wohin sind denn die Leute aus diesem Dorf gezogen? Warum ist diese Siedlung so verlassen?«

Die beiden Mädchen sagten: »Auf dem Ostberg leben hier zwei Adler, die am hellichten Tage herkommen und Menschen fressen. Früher wohnten hier sehr viele Leute, aber alle sind schon aufgefressen. Nur noch wir zwei sind übrig. Wir verstecken uns den ganzen Tag, damit wir nicht auch noch gefressen werden.« Da faßten die zwei Brüder den Entschluß, die Adler zu töten, und sie fragten bei den Schwestern an: »Zu welcher Tageszeit erscheinen diese Adler?« – »Sie kommen sofort angeflogen, wenn man im Dorf das Klopfgeräusch von Stößel und Mörser hört.« Die Brüder sagten: »Wir werden uns ausdenken, wie wir sie hierher locken können.« – »Dann werden sie uns fressen«, meinten die zwei Schwestern. »Habt keine Angst«, beruhigten die Brüder, »wir haben gute Messer. Wenn sie kommen, machen wir sie tot.«

Also ließen die zwei Schwestern einen Stößel klopfen, *ka-gu-lou, ka-gu-lou!* Die beiden Brüder nahmen ihre Messer und warteten im Tor. Bald kam ein großer Adler angeflogen. Seine Flügel waren mehrere Klafter groß, so groß wie ein Paar Trockenmatten, und sein Schnabel war einen Fuß lang. Er landete direkt am Haus der beiden Schwestern, und eine Staubwolke wirbelte hoch auf. Den Augenblick, in dem das Tier noch nicht fest stand, benutzten die zwei Brüder und stießen ihm das halbe Tor in seinen Schnabel, bis tief hinunter in den Schlund. Voller Schmerzen rollte sich der Adler auf der Erde. Da schlugen die zwei Brüder mit den Messern auf ihn ein, und er war tot.

Jetzt riefen die zwei Brüder die Mädchen heraus, den toten Adler anzusehen. Die Schwestern sagten: »Dieser ist das Männchen. Jetzt gibt es noch ein Weibchen. Erst wenn beide tot sind, können wir beruhigt sein.« Also klopften sie noch einmal mit dem Stößel, und noch einmal warteten die Brüder im Tor mit ihren Messern. Es dauerte nicht lange, da war der zweite Adler ebenfalls getötet.

Das große Unheil war beseitigt, und die Mädchen wußten

nicht, wie sie den Brüdern danken sollten. Schließlich sagten sie: »Ihr Brüder! Geht nicht fort, bleibt bei uns im Dorf! Die Welt ist menschenleer, und wo ihr jetzt auch hingehen würdet, Verwandte trefft ihr nicht. Ihr seid noch nicht verheiratet, und wir sind auch noch frei. Laßt uns heiraten und unser Leben froh genießen.«
Weil die Brüder fanden, daß die Mädchen hübsch waren, freundlich sprachen und gute Herzen hatten, sagten sie gleich »ja«. Auf dem Land, das ihre Eltern erschlossen hatten, pflügten sie nun wieder im hellen Sonnenlicht. Söhne kamen, Enkel kamen, und sie schafften sich ein Leben voll von Glück.

39. Das Türklopfgespenst

Es lebte früher mal in einer ganz bestimmten Gegend ein Mann, der ein böser Vorgesetzter war. In seinen jungen Jahren tat er viel Böses, und erst im Alter besserte er sich. Kurz vor seinem Tod sagte ein Taoist zu seinen Kindern: »Der Herr Vater hat in seiner Jugend viel Böses getan. Daher wird aus ihm nach seinem Tod sicher ein Gespenst, das Menschen umbringt. Steckt ihm, während er im Sterben liegt, ein Messer aus Papier in seinen Mund! Nur so kann man vermeiden, daß er sich nach dem Tode in ein Gespenst verwandelt.« Aber seine Kinder kriegten es nicht fertig, das zu tun.
Nicht lang nachdem der Mann gestorben war, kam es wirklich in der Gegend zu höchst seltsamen Ereignissen. Jeden Abend klopfte es an irgendeine Tür. Wer die Tür dann öffnete, war in Gefahr, ohne weiteres tot umzufallen. Die Zahl der Leute, die so starben, war nicht klein; jeder hatte Angst, und niemand wagte mehr, abends aufzumachen. Schließlich luden ein paar Leute den Taoisten zur Beratung ein. Er sagte: »Dies Türklopfgespenst entstand aus dem alten Mann, der in seiner Jugend ein böser Vorgesetzter war.« Dann besorgte der Taoist zehn Männer mit Gongs und

Trommeln, dazu acht Jungfrauen und acht unberührte Jungen, und am Abend gegen Mitternacht führte er sie alle zu des Mannes Grab. Sie gruben es nun auf und öffneten den Sarg, und alle sprangen zurück vor Schreck! Zwar war der Mann schon länger als zwei Jahre tot, aber seine Leiche sah so aus wie ein lebendiger Mann, nichts von Verwesung! Der Taoist befahl nun den acht Jungfrauen und acht Jungen, vor dem Grab zu stehen, und den zehn Männern, ihre Gongs und Trommeln laut zu schlagen, während er selbst ein Beschwörungsritual begann. Plötzlich stieg aus dem Grab ein schwarzer Rauch! Mit seinem Schwert aus Pfirsichholz kämpfte der Taoist lange Zeit gegen diesen Rauch, bis er ihn zerschlug. Der Rauch verteilte sich, und die Leiche in dem Sarg zersetzte sich. Der Taoist sagte: »Das ist gut! Jetzt kann das Klopfgespenst nicht wiederkommen.« So beseitigte er einen großen Schaden für diese Gegend.

40. Drei Kostbarkeiten

Es lebte einst ein Jüngling, der ein junges Mädchen liebte. Ihre Eltern, die das Herz des jungen Mannes prüfen wollten, gaben ihm drei schwere Aufgaben: Einen goldnen Faden, eine goldne Nadel und eine goldne Perle sollte er besorgen; nur wenn er diese drei Kostbarkeiten brächte, dürfte er die Tochter heiraten.

Der Jüngling hörte zufällig: ganz oben auf dem Großberg wohne ein alter Heiliger, der den Menschen gern behilflich sei. So machte er sich auf, von ihm Belehrung zu erbitten. Er wanderte bei Tage, ruhte aus bei Nacht, viele Tage lang. Eines Abends fand er Unterkunft für die Nacht bei einer alten Frau, die wissen wollte, warum er diese lange Reise machte. Er sagte ihr die ganze Wahrheit, und die Alte sagte: »Ich ziehe Seidenraupen, aber schon seit Jahren haben meine Raupen keine Seide mehr gespuckt. Da du sowieso den Heiligen be-

suchst, frage ihn doch bitte für mich um Rat.« Der junge Mann versprach es, und am nächsten Morgen setzte er die Reise fort.
Er ging und ging wie vorher. War er hungrig, aß er trockene Körner; war er durstig, trank er Wasser aus dem Bach. Eines Tages kam er an ein Dorf, und unter seinem Eingangstor saß ein Bauer, der unaufhörlich ächzte und stöhnte. Der Jüngling fragte ihn nach seinem Kummer, und der Bauer sagte: »Guter Junge, mein Ochs, den ich zehn Jahre lang gefüttert habe, will seinen Hals nicht beugen, so daß ich nicht pflügen kann und mein Feld verwildert ist. Weißt du warum?« Der Jüngling tröstete den Bauern und versprach, sich bei dem Heiligen, falls er ihn fände, für den Bauern zu erkundigen.
Wieviele Tage er noch laufen mußte, bis er an den Großberg kam, weiß man nicht genau! Endlich kam er an den Fuß des Berges und begann den Aufstieg. Auf halber Höhe lief ein Bach quer über seinen Weg. Das Wasser war so tief, daß man den Grund nicht sehen konnte, und so breit, daß man das andre Ufer nicht erkannte. Wie in aller Welt sollte er hinüberkommen? Das konnte einem wirklich an die Nerven gehen! Da erschien ein Jäger, der schon wußte, daß der junge Mann den Heiligen aufsuchen wollte, und er sagte: »Ich habe einen Hahn, der nie mehr kräht. Bitte frage, was ich tun soll, daß er wieder kräht.« Nach diesen Worten schickte er dem Jüngling einen Falken, der ihn im Flug zum andern Ufer brachte.
Der Jüngling kletterte bis auf den Großberggipfel, fand den alten Heiligen in einer Höhle, die in weiße Wolken eingewickelt war, und erzählte ihm den Grund seines Kommens. Der Heilige erklärte: »Nichts auf der Welt ist fertig und zugleich vollkommen. Nur zur Hälfte kann ich helfen: Entweder erfährst du, wie man die drei Kostbarkeiten findet, oder was mit Seidenraupen, Ochs und Hahn zu machen ist. Die zweite Hälfte mußt du selber durch Fleiß und Klugheit finden.«
Das war ein Konflikt! Wonach sollte er bloß fragen? Er dachte nach und dachte nach und kam zu dem Entschluß, daß

seine eigene Sache nicht so wichtig sei wie die der andern Leute. Er sei ja jung und stark und könne sich gewiß noch etwas anderes ausdenken, um die drei Kostbarkeiten zu bekommen. Er bat also um den Rat zur Lösung der Probleme der drei andern, verließ danach die Höhle und ging denselben Weg zurück.
An dem Bach erwartete ihn schon der Jäger, und der Jüngling sagte: »Dein Hahn kräht nicht, weil ihm in der Kehle eine Perle steckt.« Als der Hahn dies hörte, fing er an zu husten, und eine goldne Perle fiel heraus. Dann krähte er, und das Problem des Jägers war gelöst! Zum Dank bekam der junge Mann die Perle, und er wurde außerdem von dem Falken wieder ans andre Stromufer gebracht.
Als der junge Mann das Bauerndorf erreichte, erklärte er dem Bauern: »Etwas Spitzes steckt im Nacken deines Ochsen. Wenn er sich bückt zum Ziehen deines Pflugs, tut es ihm weh, und darum will er es nicht tun.« Der Bauer untersuchte das Fell im Nacken seines Ochsen, fand eine dünne goldne Nadel und zog das Ding heraus. Jetzt spannte er den Ochsen vor den Pflug, und da der Ochse keinen Schmerz mehr hatte, war er gleich bereit zu arbeiten. Nicht nur, daß der Bauer sich bedankte, er gab dem Jüngling auch die goldne Nadel.
Schließlich kam der Jüngling wieder zu dem Haus der alten Frau mit den Seidenraupen, und er bestellte ihr: »Deine Raupen liegen paarweise gerollt zusammen; das macht sie faul, und sie spucken daher keine Seide.« Die Alte trennte nun die Raupen voneinander, und die weiblichen begannen, goldglänzende, ganz dünne Fäden auszuspucken. Die alte Frau war sehr erfreut! Sie spann die dünnen Fäden zu goldnem Garn und schenkte es dem jungen Mann. So bekam der Jüngling alles, was er für sich selber brauchte, dadurch, daß er sich für andre Leute Mühe gab! Er kehrte in sein Dorf zurück und schickte die drei Kostbarkeiten in das Haus des jungen Mädchens. Das junge Mädchen freute sich und mit ihr ihre Eltern, und es dauerte nicht lange, bis sie Hochzeit machten.

41. Die frommen Bettler

Es lebten einst zwei Bösewichte. Diebstahl und Raub war ihr Geschäft. Als sie gestorben waren, wurden sie wiedergeboren als Mann und Frau, die nach göttlichem Plan zu Bettlern wurden. Sie durften nicht mal Kleider haben und hatten nichts als eine Decke. Nur einer von den beiden konnte sich in diese Decke wickeln und ausgehen, um Essen zu erbetteln. Im Winter mußten sie erbärmlich frieren.

Zum Glück kam eines Tages ein Buddha vorbei. Er wußte, daß die beiden dort als Bettler lebten, zur Strafe für ihre Missetaten im vorigen Leben. Eben wollte er in ihre Hütte kommen, aber sie riefen ihm zu, es ginge nicht, weil sie nackend wären. Der Buddha sagte, er wäre gekommen, um fromme Spenden zu sammeln. Die Bettler fragten, was er haben wollte. Und als der Buddha sagte, er nähme alles, gaben sie ihm ihre Decke. Denn etwas anderes hatten sie ja nicht.

Mit der Decke ging der Buddha zu dem Versammlungsplatz vor einem Tempel. Er trug dem Wächter auf, den Tempelgong zu schlagen, um das Volk zusammenzutrommeln: er wolle eine Predigt halten. Als der Wächter den Gong anschlug, kamen die Leute zu Zehntausenden. Der Buddha sagte: »Ich weiß einen Buddhatempel, der braucht eine Menge Geld. Ihr Leute alle, seid großzügig in euern Spenden! Und wenn ihr gegeben habt, will ich meine Predigt halten.« Ein Mann in der Menge sagte, er wolle 500 Silberstücke geben. Aber der Buddha sagte: »Fünftausend ist das Wenigste, und Bargeld muß es sein.« – »Wer hat so viel Geld?« fragten alle, »und noch dazu in bar?« Der Buddha sagte: »Tut, was ihr wollt. Heute morgen habe ich bereits eine große Spende bekommen, und das genügt.«

Man wollte wissen, wieviel er bekommen hätte, und der Buddha sagte: »Man kann den Wert nicht schätzen. Zwischen tiefstem Meeresboden und höchstem Himmel gibt es keine

Möglichkeit, den Wert der Spende zu berechnen.« Jetzt wollten die Leute sehen, was es war, und er zeigte ihnen die Decke, die so stank, daß niemand sie anfassen wollte. Plötzlich war der Buddha unsichtbar. Da wußte jeder, daß er eine Erscheinungsform des wahren Buddha gewesen war, und jeder wollte nun die stinkende Decke haben. Als der Tempelwächter sah, wie sich die Menschen um die Decke rissen, schlug er vor, sie zu zerteilen.

Als man sie zerschnitten hatte, geschah ein Wunder: Auf jedem Stück erschien der Name des Bettlers und seiner Frau und die Adresse! Jedermann verstand nun Buddhas Absicht, und viele gingen zu den Bettlern hin, zogen ihre Kleider und Jacken aus und schenkten sie dem Paar. Jeder, der ein Stückchen Decke bekommen hatte, lud das Paar zu sich nach Hause ein und ließ für beide Kleider nähen. Das ging drei Jahre lang so weiter, bis die Bettler schließlich sagten, man möchte nicht mehr kommen. Am nächsten Tage starben alle beide, und die Leute gaben ihnen ein prächtiges Begräbnis.

Trotz ihrer Armut hatten diese Bettler eine fromme Spende gemacht, und daher ist die Moral von der Geschichte: Gute Tat bringt guten Lohn.

42. Die achtzehn Erleuchteten

Ein Heiliger stieg einstmals vom Himmel herab auf die Erde. Er reiste überall herum, ohne etwas zu sehen, das ihm gefiel. Nur die großen Schiffe der Menschen machten schließlich Eindruck auf ihn. Er nahm sich davon fünf und kehrte zurück zum Himmel. Aber der Wächter am Himmelstor ließ ihn nicht herein. »Es war nicht recht von dir«, sagte er, »heimlich den Himmel zu verlassen und herumzulaufen. Und wozu hast du den Menschen fünf große Schiffe weggenommen und hier heraufgebracht? In den Himmel kannst du jetzt nicht wieder herein. Noch heute mußt du zurück zur

Erde gehen und wiedergeboren werden.« Der Heilige konnte nichts anderes tun, als zur Erde zurückzukehren. Zwischen zwei Bergen legte er seine Heiligengestalt ab und ging auf die Suche nach einer passenden Wiedergeburt.

Er suchte und suchte lange Zeit, ohne das Richtige zu finden. Schließlich sah er einen reichen Mann mit einer trächtigen Kuh. Er ging in den Körper der Kuh hinein und wurde als Kälbchen wiedergeboren. Dem reichen Mann gefiel das Kälbchen, und er verliebte sich in das Tier. Morgens und abends ging er in den Stall, um es sich anzusehen. Er machte den Stall sogar selber sauber, und manchmal wusch er das Kälbchen und rieb es trocken.

So ging es zwei, drei Jahre lang, und das Kälbchen wuchs heran. Eines Tages sagte es zu seinem Herrn: »Übermorgen werden achtzehn Brüder hierher kommen. Mach zwei Tische fertig mit Wein darauf; leg dazu noch einen Sack Reis, einen Sack Silber und einen Sack Gold. Dann geh ihnen fünf Meilen entgegen.« Der reiche Mann tat, was das Kalb ihm aufgetragen hatte. Am übernächsten Tage kamen wirklich achtzehn Brüder mit einem großen Schwert. Höflich sagte der reiche Mann: »Ich habe euch Brüder bereits erwartet. Bitte kommt zu mir zum Wein und zum Essen. Auch habe ich für euch einen Sack Reis, einen Sack Silber und einen Sack Gold.« – »Woher wußtest du denn, daß wir achtzehn Brüder heute hier vorbeikommen würden?« fragten erstaunt die Brüder. »Wie sollte ich nichts davon wissen?« – sagte der reiche Mann, in der Absicht, den achtzehn Brüdern die Wahrheit nicht zu sagen. Aber die Brüder fragten immer wieder, und schließlich erzählte er ihnen, wie es sich mit ihm und dem Kalb verhielt. Die Brüder rührten darauf weder den Wein noch die Geschenke an, sondern gingen mit dem Mann gleich zu seinem Kalb.

Da redete das Kalb die achtzehn Brüder an: »Was habt ihr achtzehn Brüder dieses Mal im Sinn? Als ich damals mit großen Schiffen von der Erde zurück zum Himmelstor kam, ließ der Torwächter mich nicht hinein und befahl, daß ich auf der Erde wiedergeboren würde. Aus diesem Grunde seht ihr mich heute in dieser Gestalt. Nun sagt, was wollt ihr denn heute tun?« Ein Weilchen dachten die Brüder nach, und einer von ihnen sagte: »Hier gibt es zwei ziemlich hohe Berge. Hochheben könnten wir sie, und wenigstens könnten wir auf den Gipfel springen.« Die andern Brüder lobten diesen Vorschlag, und alle zusammen hüpften auf die Bergspitze.

Als sie vom Gipfel nach unten schauten, sahen sie die Scheide ihres Schwertes, das sie dort unten vergessen hatten. Nun überlegten sie, was sie tun sollten. »Tritt jemand auf das Schwert, wird er sich schwer verletzen oder sogar sterben«, sagten sie, »was soll man tun? Wird man uns nicht am Ende für schuldig halten? Wir dürfen nicht alle Regeln vergessen, bloß weil wir diese beiden Berge bezwungen haben.« Einer der Brüder meinte: »Wir könnten das Schwert ja holen und von hier hinunterwerfen in das tiefe Tal.« Sie stiegen also alle hinunter und holten das Schwert.

Kaum hatten die Brüder das Schwert in die tiefe Schlucht geworfen, als dort unten ein Fischer seines Weges kam. »Oh weh«, schrien alle achtzehn Brüder, und sie dachten: ›Verletzt das Schwert den Fischer, dann kann er nicht mehr laufen und wird womöglich in der Felsschlucht sterben. Dann können wir nicht einmal Ameisen werden, ganz zu schweigen von einer besseren Wiedergeburt.‹ In dieser gespannten Minute fiel einem der Brüder ein Vorschlag ein: »Laßt uns alle Hand in Hand hinuntergehen zum Bach und das Schwert aus dem Wasser nehmen.« Manche der Brüder konnten schwimmen, manche aber nicht, so daß ihre Lage wieder mal nicht einfach war. Aber jeder sah ein: das Wichtigste war, ein menschliches Wesen zu retten, und so beschlossen sie, ins Wasser zu springen. Als gerade alle im Wasser waren, erschien ein Boot. Sie sprangen in das Boot und wurden damit erlöst von ihrem Erdendasein. Sie fuhren auf zum Himmel und wurden die Achtzehn Erleuchteten.

43. Unterweltsbesuch

Zwei Männer, die im Sommer einen Ausflug machten, kletterten auf einen Berg. Weil die Freunde unvorsichtig waren, stürzten beide ab und fielen in ein tiefes Tal. Sie verloren die Besinnung, und ihre Seelen flogen fort an einen fremden Ort mit viel Betrieb. Dort sah der eine Freund ein hübsches Mädchen und wollte, wie man sagt, ihren Bohnenkäse essen. Da er nicht ahnte, wo er war, nämlich in der Unterwelt, ließ er sich mit ihr ein. Am Ende riet sie ihm aus Spaß, in der Umdrehungshöhle auf das Geburtsrad aufzuspringen. Er wußte nicht, was das bedeutete, und so wurde er in einen kleinen Hund verwandelt.

Der andre Freund begriff: es ging hier nicht mit rechten Dingen zu! Er wollte fliehen, traf dabei einen längst verstorbnen Onkel, der ihm sagte: »Dies ist die Unterwelt. Mach, daß du wegkommst!« Aber er erzählte seinem Onkel doch noch schnell das Mißgeschick des Freundes. Der Onkel sagte: »Nach deiner Rückkehr sieh gleich nach, in welchem Haus ein kleiner Hund geboren ist; wenn er auf den Namen deines Freundes reagiert, töte ihn. Dann kommt die Seele deines Freundes wieder auf die Welt zurück.«

44. Ma-dsu-Regen und Sturm des Da-dao Gung

Vor langen, langen Zeiten waren Da-dao Gung und Ma-dsu bittre Feinde. Beide waren Heilige, beide mächtig; doch wie oft sie auch mit ihren Zaubermitteln sich gegenseitig übertrumpfen wollten, gelang es weder ihm noch ihr, den andern zu besiegen, nicht mal mit dem besten Zaubertrick. All ihre Kämpfe blieben unentschieden, worüber sie sich beide ärgerten.

Eines Tages dachte Da-dao Gung: ›Irgend etwas muß ich ihr doch antun! Jedes Jahr, wenn sie Geburtstag hat, will ich

einen großen Regen zu ihr schicken, so daß ihr aller Puder vom Gesicht gewaschen wird. Dann wird sie meine Macht erkennen!‹
Auch Ma-dsu machte sich Gedanken: ›Was hat er schon für Macht? Mich schreckt er nicht. Warte nur! Jedes Jahr, wenn er Geburtstag hat, will ich einen Sturmwind zu ihm schicken, so daß ihm die Taoistenmütze vom Kopf geblasen wird. Das wird ihn ärgern!‹
Deshalb also gibt es jedes Jahr, bis heute, den sogenannten Ma-dsu-Regen am 23. des 3. Monats, der ihr Geburtstag ist. Und deshalb gibt es jedes Jahr den sogenannten Sturm des Da-dao Gung am 15. des 3. Monats, der sein Geburtstag ist.

45. Buddha füttert den Adler

Buddha hat ein gutes Herz! Beim Wandern im Gebirge sah er eines Tages, wie ein Adler eine weiße Taube verfolgte. Die weiße Taube war nicht imstande, so schnell zu fliegen wie der Adler. Als sie merkte, daß der Adler sie gleich packen würde, sah sie Buddha. Sie flog zu ihm, und Buddha nahm die weiße Taube in seinen Schutz.
Der Adler setzte sich auf einen Baum und sagte: »Die Taube willst du retten, und mich läßt du verhungern. Du bist grausam.« Buddha fragte: »Was brauchst du gegen deinen Hunger? Ich kann dir alles geben.« Der Adler sagte: »Ich brauche Fleisch.«
Da schnitt Buddha ein Stück von seinem eigenen Körper ab und reichte es dem Adler. Er tat es, weil sein Herz so gut ist, daß er jedes Lebewesen retten möchte, und er bereute sein Versprechen nicht. Auch wuchs das Stück, das er sich abgeschnitten hatte, gleich wieder nach.

46. Das Heiratsregister

Es war einmal ein Mann, der auf Reisen ging. Eines Abends beim Spazierengehen sah er einen Alten, der am Boden saß, neben sich ein dickes Bündel aus vielen roten Fäden. Er laß in einem großen Buch. Der Mann wunderte sich über diesen Alten, ging an ihn heran und fragte, was für ein Buch er läse. Der Alte gab zur Antwort: »Dies ist das Heiratsregister.« Der Mann wurde neugierig und fragte, wozu die roten Fäden in dem Bündel wären. Der Alte gab zur Antwort: »Die Fäden sind dazu, Mann und Frau miteinander zu verknüpfen. Wenn ich einen Männerfuß und einen Frauenfuß mit einem roten Faden zusammenbinde, dann werden sie ein Paar, was immer auch geschehe.« Der Mann glaubte es nicht ganz und wollte von dem Alten Beweise haben.

Der Alte führte ihn zum Markt, wo sie ein blindes Weib mit einem kleinen Mädchen sahen. Der Alte zeigte auf das Kind und sagte: »Dies kleine Mädchen wird mal deine Frau.« Da wurde unser Mann sehr böse. Er schickte einen Kerl, das Kind zu töten, denn die Tochter dieser Bettlerin wollte er nicht heiraten. Der von ihm ausgesandte Kerl stach nach dem Kind mit einem Messer und rannte fort.

Mehr als zehn Jahre später fand dieser Mann die ideale Braut und machte sich bereit zur Hochzeit. Seine Braut war schön, obgleich sie zwischen ihren Brauen eine Narbe hatte. Er war verwundert und befragte ihren Vater. Der Vater sagte: »Vor mehr als zehn Jahren, als deine Braut ein kleines Mädchen war, nahm ihre Amme sie mit zum Markt. Ohne Grund stürzte sich ein Kerl auf sie und stach nach ihr mit einem Messer. Zum Glück ist sie nicht gestorben, doch die Narbe ist geblieben.«

Starr vor Staunen fragte nun der Mann, ob die Amme blind gewesen wäre, und der Schwiegervater sagte: »Ja.« Da wußte unser Mann, daß der Alte damals die Wahrheit gesprochen hatte: Ehen sind vorherbestimmt!

47. Die Versiegelung der Reichtumstür

Einst lebte ein Beamter im Ruhestand, der viel besaß an Geld und Gut. Er faßte eines Tages den Entschluß, die Zeit, solange er noch lebe, zu benützen, den Besitz an seine Söhne zu verteilen. So würde er verhindern, daß nach seinem Tode sie sich streiten und das Erbe vernichten würden. Er verteilte also den gesamten Reichtum, bis auf zehn große Silberstücke, die er für sich behielt.

Eines Nachts erschienen ihm im Traum zehn große Kerle, weiß gekleidet und mit rotem Seidenband gegürtet, die von ihm Abschied nahmen und dabei sagten: »Wir gehen fort und kehren auch später nicht in dein Haus zurück.« Erschrocken wachte er gleich auf und überlegte einen halben Tag, wer könnten die zehn Kerle sein? Es fiel ihm aber gar nichts ein, und auch durch viele Tage des Nachdenkens fand er es nicht heraus.

Unversehens kam die Neujahrszeit. Am letzten Tag des Jahres fühlte sich der Mann benommen und hatte einen Traum. Es waren wieder die zehn großen Kerle, die ihm erschienen, sich aber diesmal gar nicht um ihn kümmerten, sondern stracks ins Hinterdorf zum Hause von Herrn Wang hingegen. »Heh«, rief der Mann im Traum, »wer seid ihr? Wohin geht ihr denn?« Aber die zehn Kerle beachteten ihn nicht.

Erschrocken wachte der einstige Beamte auf, aber weil es der Tag vor Neujahr war und es viel zu tun gab, dachte er nicht weiter nach. Im Kreise der Familie aß er abends das letzte Mahl, verschloß das Tor und machte sich bereit, die Nachtwache zu halten.

Plötzlich hörten seine Söhne ein Geräusch am Tor; einer lief hin und machte wieder auf; niemand war da! Dann aber sah er zehn große Kerle, weiß gekleidet und mit rotem Seidenband gegürtet, auf das Tor zukommen. »Wer seid ihr?« fragte sie der Sohn, doch die zehn großen Kerle kümmerten sich nicht

um ihn, sondern gingen an dem Tor vorbei, stracks zum Hinterdorf. Der Sohn schloß das Tor wieder zu, lief dann zu seinem Vater und fragte, wer die zehn Kerle wohl gewesen wären. Als der einstige Beamte dies hörte, sprang er auf vor Schreck. Dann dachte er gründlich nach.
Plötzlich ging er nach hinten in sein Schlafzimmer, machte die Truhe auf und nahm die Geldkasse heraus. Er guckte rein: die zehn großen Silberstücke waren weg! Sofort fragte er den Sohn: »Wo sind die zehn großen Kerle hingegangen?« – »Ins Hinterdorf sind sie gegangen«, erwiderte der Sohn. »Los«, sagte jetzt der Vater, »wir gehen zu den Wangs ins Hinterdorf.« – »Was sollen wir denn bei den Wangs?« Der Vater sagte: »Frage nicht. Laß uns hingehen, du wirst schon sehen.« Und eilig machten sie sich auf den Weg.
Im Hinterdorf im Hause Wang war man in diesem Augenblick dabei, dem Reichtumsgott zu opfern. Weihrauch und Kerzen wurden angezündet. Sofort danach lagen plötzlich auf dem Opfertisch zehn große Silberstücke. Die ganze Familie war höchst verwundert! Nach einer Weile klopfte jemand an die Tür, und Herr Wang machte auf. Es war der einstige Beamte. Er trat ein. Mit dem ersten Blick sah er die Silberstücke auf dem Opfertisch und fragte: »Sind die zehn Silberstücke deine?« Herr Wang erwiderte: »Nein. Ich weiß nicht, wie sie auf den Tisch gekommen sind. Wir haben gar nicht so viel Geld!« Der Beamte sagte, er vermisse zehn große Silberstücke, genau die gleichen wie diese hier. »Gut, dann nimm sie«, sagte gleich Herr Wang. Der Beamte griff nun nach den Silberstücken, aber aufnehmen konnte er sie nicht! Er kriegte Angst und wagte nicht, noch einmal zuzugreifen. »Laß uns nach Hause gehen«, sagte er zu seinem Sohn. »Nimmst du denn die Silberstücke nicht?« fragte Herr Wang. »Sie gehören gar nicht mir«, sagte der Beamte.
Zu Hause angekommen, dachte der Beamte einen halben Tag lang nach und konnte sich die Sache doch nicht erklären. Aber nachts im Traum erschien ihm ein alter Mann und sagte:

»Trotz deines Reichtums hast du nie ein gutes Werk getan. Dein ganzes Leben lang hast du kein warmes Herz gezeigt, hast nichts zum Wohl des Volkes beigetragen. Herr Wang dagegen hat, trotz seiner Armut, Brücken gebaut und Straßen ausgebessert, zum Wohl der Nachwelt. Darum stand ihm Belohnung zu. Als er heute dem Reichtumsgott opferte, schenkte ihm der Reichtumsgott zum Lohn zehn große Silberstücke.«
Seit diesem Tage opfert man dem Reichtumsgott zu Neujahr, und zur gleichen Zeit versiegelt man die Haustür, genannt die Reichtumstür, um zu verhindern, daß das Geld aus dem Hause läuft.

48. Eine Liebesgeschichte

Es war einmal ein reicher Mann, der nur eine Tochter hatte. Sie war verliebt in einen armen Bauernsohn, und die beiden wollten heiraten. Die Tochter fragte ihre Eltern, was sie darüber dächten. Der reiche Mann und seine Frau waren beide dagegen: »Ein armer Mann wie dieser Bauer paßt doch nicht in unsre reiche Familie.« Und als der arme Mann den Ehevermittler schickte, wiesen die Eltern ihn ab.
So also war die Sache ein paar Jahre lang, und noch immer verweigerten die Eltern ihre Zustimmung zur Heirat. Die Tochter aber liebte den Bauernsohn von ganzem Herzen; sie wurde traurig und immer trauriger, bis sie sich schließlich das Leben nahm. Als der Bauernsohn dies hörte, war er tiefbetrübt. Plötzlich kam ihm ein toller Gedanke: ›Wenn sie wieder lebendig werden könnte, das wäre herrlich!‹ Dann lief er schnell zu dem Hügel, wo das Grab seiner Liebsten war. Dort fiel ihm ein, in das Grab ein Loch zu bohren. Und wirklich, er hörte da drinnen atmen. Seine Liebste war lebendig! »Ich bin es«, sagte der Bauernsohn. Von innen kam die gleiche Antwort: »Ich bin es.« – »Bist du auch wirklich kein Gespenst?« –

»Ich bin ein Mensch. Ich bin zurückgekehrt ins Leben.« – »Dann will ich das Loch vergrößern, damit du herauskommen kannst«, sagte der Bauernsohn und fing gleich an zu graben. Das Mädchen kam heraus, und die beiden liefen fort und wurden Mann und Frau. Sie waren einer Meinung, daß sie es den Eltern nicht sagen wollten.

Nach dem Tode ihrer Tochter weinten ihre Eltern kummervoll den ganzen Tag. Als nun das Mädchen wieder lebte, ging der junge Mann jeden zweiten Tag hin, um zu fragen, wie es ihnen ginge. Er erfuhr, daß sie ständig weinten, und er dachte: ›Solange ihre Tochter lebte, erlaubten sie die Heirat nicht. Wenn sie wüßten, daß ihre Tochter zurückgekommen ist ins Leben, würden sie immer noch dagegen sein? Auf welche Weise könnte ich sie wissen lassen, daß sie nicht mehr zu trauern brauchen? Vielleicht erkennen sie dann unsere Heirat an.‹

So ging er also zu den Eltern und sagte: »Ich habe ein Mädchen gesehen, das große Ähnlichkeit mit eurer Tochter hat. Seht sie euch einmal an!« Und er nahm die Eltern mit zu sich nach Hause. »Wirklich«, sagten sie, als sie das Mädchen sahen, »sie sieht genau so aus wie sie!« Dann weinten sie noch mehr. »Ich wünschte, wir hätten nie dies Mädchen gesehen!« sagte böse die Mutter. Sie ging mit ihrem Mann nach Hause, wo die beiden nun noch betrübter waren als zuvor, die Frau besonders, und eines Tages sagte sie zu ihm: »Je mehr ich grüble, um so größer wird mein Schmerz. Es wird wohl bald mit mir zu Ende sein.«

Als der Bauernsohn bemerkte, wie sehr sie litten, wollte er nicht länger schweigen. Er lief zu ihnen hin und sagte: »Ich muß die Wahrheit sagen: Das Mädchen, das ihr neulich saht, ist eure wahre Tochter.« – »Erzähl uns keine Geistergeschichte«, sagte die Mutter, »du weißt genau, daß unsere Tochter längst begraben ist.« Der Bauernsohn erwiderte: »Schwiegermutter! Wenn ihr mir nicht glaubt, dann kommt herüber und sprecht mit eurer Tochter!«

Dann führte er die Eltern in sein Haus und ließ die Tochter selbst erzählen, wie sie zurück ins Leben kam: »Der Bauernsohn hat mich geliebt, und als ich tot war, kam er an mein Grab und hoffte, ich würde wieder lebendig werden. Plötzlich, ich weiß nicht warum, kam ihm der Gedanke, in mein Grab ein Loch zu bohren. Da konnte ich wieder atmen! Wir sprachen miteinander, und schließlich machte er das Loch so groß, daß ich herauskommen konnte. Wir hatten Angst, ihr wäret weiter gegen unsere Heirat. So beschlossen wir, in aller Heimlichkeit Mann und Frau zu werden. Dann aber hörte er, daß ihr seit dem Tode eurer Tochter ständig weintet. Da kam uns der Gedanke, euch damit zu trösten, daß ein anderes Mädchen ähnlich aussah wie ich. Wir ahnten nicht, daß euer Kummer dadurch noch größer werden würde. Wir konnten euer Leid nun nicht länger mit ansehen, und deshalb haben wir euch heute hierher gebeten.«
Die Eltern waren so erstaunt und glücklich, daß sie kein Wörtchen sagen konnten. So fuhr die Tochter fort: »Vater und Mutter! Gebt uns bitte die Erlaubnis, Mann und Frau zu sein! Ich schlage vor, daß wir den Reichtum der Familie gemeinsam benutzen, so daß auf jede unserer beiden Familien die Hälfte fällt.«
So kam es also, daß die Familie des reichen Mannes und die Familie des armen Mannes Verwandte wurden.

49. Zwei Kupfermünzen

Ein fauler Jüngling lebte einst im Hause seiner armen Eltern, die sich vom Ackerbau ernährten. Der Vater und die Mutter mühten sich das ganze Jahr; trotzdem war ihr bitteres Mahl nie mehr als ein paar Mundvoll, und zu manchen Zeiten reichte es für niemanden. Doch der faule Sohn ging seinen Launen nach und lungerte herum. Er half den Eltern nie und erwartete sogar, daß sie ihn bedienten!

Als er einmal die Bedienung nicht genügend fand, geriet er außer sich. Er schmiß mit Gegenständen und machte solchen Krach, daß selbst die Hühner und die Hunde im Haus keine Ruhe hatten. Die beiden Alten versuchten, ihn durch Reden zur Vernunft zu bringen, aber er hörte nicht darauf, sondern schrie ihnen ins Gesicht: »Der Himmel schafft die Menschen, der Himmel nährt sie auch. Es kommt euch zu, für mich zu sorgen.« Der Vater wurde maßlos wütend, aber was konnte er schon tun gegen den eignen Sohn! Er fühlte sich so wie der Stumme, der Medizin aus Bitterkraut einnehmen mußte: er konnte niemandem sein Leid erzählen, sondern mußte es ertragen und herunterschlucken! Also hielt der Vater das Feuer seiner Wut zurück, in der Hoffnung, daß der Sohn beim Älterwerden sich ändern und schließlich ein mit seinem Schicksal zufriedener Bauer werden würde. Dann würde er, der Vater, ebenfalls zufrieden sein.

Erbarmungslos verging die Zeit, und während der faule Sohn beständig älter wurde, verfiel von Tag zu Tag die Kraft der Eltern. Noch immer war man bettelarm, und es war kein Geld da, um den Sohn mit einem Mädchen zu verheiraten, die bei der Landarbeit geholfen hätte. Die Eltern hatten früher fremde Felder gepachtet und bebaut; jetzt reichte ihre Kraft nicht mal mehr für *ein* kümmerliches Feld. Allmählich wurde ihnen auch die Hausarbeit zu viel, doch der Sohn blieb faul; Gewohnheiten sind schwer zu ändern! So lief er wie bisher den ganzen Tag herum! Nicht nur seinen Eltern kam dies schwer an, sondern auch die Nachbarn begannen ihn zu hassen. Sie rieten seinen Eltern, ihn davonzujagen, damit er sähe, wie der Himmel ihn ernährte. Der Jüngling aber war nicht einmal traurig, als er hinausgeworfen wurde. Er nahm es gleichmütig hin und wandte sich zum Gehen, als ob nichts vorgefallen wäre. Beim Weggehen sagte er: »Der Himmel schafft die Menschen, der Himmel nährt sie auch.«

Einen Ort, zu dem es ihn gezogen hätte, gab es nicht, und er hatte keinen Plan, wohin er gehen sollte. So ging er einfach los, voll Hoffnung und in dem Glauben, daß der Himmel ihm schon geben würde, was ihm zukam. ›Der Himmel schafft die Menschen, der Himmel nährt sie auch‹, dachte er, ›das ist ein Prinzip, das niemand ändern kann, nicht mal durch Hammerschläge.‹ So lief er also tagelang durchs Land, drang durch blauschwarze Wälder, watete durch grüne Wasser, aber Nahrung fand er nicht. Sein Magen knurrte ›lu-lu‹, und im Darm verspürte er die Not ununterbrochen. Außerdem gehorchten ihm die Beine nicht wie sonst! Selbst mit zehntausend Gedanken hätte er sich früher solche Not nicht denken können, und er geriet in eine seltsame Art von Angst. Es war zur Sommerszeit; heiß wie Feuer schien die Sonne; aufregend tönte aus den Bäumen das Zirpen der Zikaden. Todmüde war der junge Mann. Schwankend von rechts nach links strauchelte er mühsam weiter bis in den Schatten eines großen, alten Baumes. Da verließen ihn die Kräfte, und er setzte sich an dieses Baumes Wurzel nieder, um sich auszuruhen. Wie er mit gesenktem Kopf da saß, fiel sein Blick zu Boden, und er sah zwei Kupfermünzen. Gierig griff er danach und riß sie an sich, und während er mit ihnen spielte, überlegte er: ›Wahrscheinlich ist dies eine Himmelsgabe. Aber was sind schon zwei Kupfermünzen? Noch nicht einmal genug, um ein Stück Zuckerrohr zu kaufen! Aber: keine Sorge! Bestimmt betrügt der Himmel niemals einen Menschen. Später kommt vielleicht noch mehr! Diese beiden Kupfermünzen sind recht schmutzig; ich will sie erst mal in dem Fluß dort drüben sauber waschen und dann weiter sehen. Auch brennt mein Hals vor Trockenheit; so will ich auch gleich Flußwasser trinken, um meinen Durst zu stillen.‹

Er lief zum Fluß, und als er gerade eine der beiden Münzen gewaschen hatte, geschah ein Wunder: Das Flußwasser wurde ständig flacher, er wußte auch nicht wie es geschah, daß die Steine auf dem Grund zum Vorschein kamen. Er konnte sich kaum halten vor Erstaunen, als vor seinen Augen ein Gesandter des Meeresdrachenkönigs stand. Er verbeugte sich vor dem jungen Mann und erklärte ihm, der Palast des Drachenkönigs wäre durch das Waschen seiner Kupfermünze schwer erschüttert und würde unter Umständen sogar aus dem Wasser auftauchen. Alle Arten Wesen im Palast des Drachenkönigs befänden sich in größter Angst. Drachensöhne und Drachenenkel weinten und klagten, und der Drachenkönig selbst wäre tiefbetrübt. Er hätte keinen andern Rat gewußt, als ihn, den Gesandten, abzuschicken und darum zu bitten, daß er, der junge Mann, auch die zweite Kupfermünze ins Wasser legte und wüsche. Das Wasser würde dadurch steigen und der Fluß wie früher sein, und der Palast des Drachenkönigs wäre dann in Frieden. »Danach«, erklärte der Gesandte, »will der Drachenkönig dich für deine gute Tat belohnen.«

Hätte er das nicht gehört, wäre es wohl gut gewesen! Sowie der junge Mann aber wußte, daß die beiden Kupfermünzen in seiner Hand Kostbarkeiten waren, ja, daß das Leben des Drachenkönigs und aller Wasserwesen abhing von seinen Kupfermünzen, da dachte er, er könnte solch seltene Ware gut benutzen, um Bedingungen für die Belohnung festzusetzen. Erst nach Gewährung seiner Forderungen, sagte er, würde er des Drachenkönigs Wunsch erfüllen. Andernfalls würde er das ganze Wasser unbedingt vertrocknen lassen.

»Was immer es für Schätze im Palast des Drachenkönigs gibt, der Drachenkönig gibt dir alles, was du willst«, erwiderte der Abgesandte ohne Zögern, um schnell das Unglück abzuwenden.

»Ich will nur eins: Der Drachenkönig, hörte ich, hat eine ungewöhnlich schöne Tochter. Gibt er sie mir zur Frau, dann können wir verhandeln.«

Jede andre Forderung wäre annehmbar gewesen, aber diese brachte den Gesandten in Verlegenheit; er wurde blaß vor lauter Peinlichkeit, trat von einem Fuß auf den anderen und wußte keine Antwort. Wie konnte er die Prinzessin, die der

Drachenkönig liebte wie eine Perle, diesem gewöhnlichen und nichtsnutzigen Mann versprechen? Aber die Lage war ernst, und an Aufschub konnte man nicht denken. So bat er, nur einen Augenblick zu warten und begab sich zum Bericht in den Palast.

Der Drachenkönig hörte den Bericht und berief sofort alle Wasserwesen zur Versammlung in seinen Palast, wo das Problem behandelt wurde. Da die Versammelten ihr eignes Leben gefährdet sahen, ermahnten sie den Drachenkönig, seinen Schmerz zu überwinden, sich die Liebe zur Tochter aus dem Herz zu reißen und dem Mann zu geben, was er verlangte, um das Unheil der Vernichtung aller Wasserwesen zu vermeiden. Der Drachenkönig war schon ganz erschöpft und unter Tränen schickte er die vielgeliebte Tochter zu dem jungen Mann. Weil ihr Geschick so bitter war, gab er ihr eine überreiche Mitgift: die goldenen Haarnadeln, wertvollen Kämme, jadenen Ohrgehänge und der ganze Rest des Hochzeitsschmucks waren die größten Kostbarkeiten seines Schatzes. Dazu bekam sie noch viele goldene und silberne Wertsachen für den täglichen Bedarf.

Als der junge Mann nun besaß, was er gefordert hatte, tat er, was der Gesandte von ihm erbeten hatte: er legte die noch nicht gewaschene Kupfermünze in das Wasser. Das Wasser stieg, der Fluß war wie vorher.

Nicht nur eine schöne Frau besaß der Mann, sondern auch viel Reichtum und konnte deshalb noch viel mehr verschwenden als zuvor. In großem Prunk brachte er das Drachenmädchen in sein Elternhaus. Das ganze Dorf war aufgeregt bei dieser Nachricht, es wimmelte von Menschen wie vor einer Theaterbühne: Männer, Männer, Frauen, Frauen, Alte, Junge, alle drängten sie, um die Braut zu sehen, um die Pracht gebührend zu bewundern. Leute, die ihn früher verspottet hatten, und Nachbarn, die ihm feindlich gewesen waren, fürchteten, daß er sich daran erinnerte. Darum erschienen sie jetzt schnell, machten offiziell Besuch und wünschten Glück. Die beiden alten Eltern hatten alle Hände voll zu tun, die vielen Gäste zu bewirten und später zu verabschieden. Fröhlich waren sie dabei und lächelten beständig, so daß ihre alten Augen schmal wurden wie ein Strich. Auch der junge Mann ruhte fröhlich in der Wolke seines Glücks, und er ließ sich alles gern gefallen. Jeden Morgen schlief er, bis die Sonne drei Stangen hoch am Himmel stand, und auch dann noch war er kaum zu bewegen aufzustehen. Diejenigen, die seinen Wahlspruch von früher kannten, sagten voll Bewunderung: »Wahrhaftig! Der Himmel schafft die Menschen, der Himmel nährt sie auch! Das ist nicht ein bißchen falsch!«

Aber: auf zu viel Fröhlichkeit folgt Trauer! Weil der Mann so grenzenlos, bedenkenlos verschwendete, blieb ihm nach kaum fünf Jahren gar nichts von all dem Gold in dem Kasten unterm Bett. Er war so arm, daß er es nicht ertragen konnte! Deshalb fing er an, in seiner alten Kleiderkiste zu wühlen, um etwas zu finden, das er verpfänden könnte. Er fand gar nichts, nicht mal einen halben Anzug, aber auf dem Boden der Kiste lagen die zwei Kupfermünzen, die er damals gefunden hatte. Alles fiel ihm ein, was vorgefallen war; er stöhnte laut vor Kummer, nahm die Münzen in die Hand und sah sie träumend an. Er merkte nicht, daß seine Frau eben hinter ihn getreten war. Sowie die Frau die Münzen sah, durch die sie in ihr bitteres Geschick gezwungen worden war, riß sie das Geld ihm weg, so wie ein Falke Küken packt, drehte sich um und rannte fort.

Der Mann bereute seine Unaufmerksamkeit, nahm die Beine in die Hand und sauste ihr nach, rannte aus vollster Kraft! Er holte sie nicht ein, lief ihr aber nach, bis er sie am Flußufer sah. Doch da sprang sie schon ins Wasser --- keine Spur von ihr!

Die Reichtümer verloren – Grund genug zur Trauer für den Mann! Und jetzt auch noch die Frau weggelaufen, die geliebte Frau, die Tag und Nacht bei ihm gewesen war! Wie sollte er da nicht verzweifelt sein! Je mehr er grübelte, um so

größer wurde seine Trauer, und ohne es zu wollen, fing er laut zu weinen an. Er weinte herzzerbrechend, als ob ihm seine Eltern gestorben wären. Des Drachenkönigs Wachen im Fluß hörten sein Geschrei; ohne zu ahnen, wer da weinte und warum, steckten sie die Köpfe aus dem Wasser und guckten scharf hin. Nach einer Weile merkte der damalige Abgesandte des Drachenkönigs, daß es der Mann war, der die Kupfermünzen gewaschen hatte. Er nahm an, daß der Mann die Drachenkönigstochter suchte, und da schrie er ihn grob an: »Deine Kupfermünzen hast du damals zur Erpressung ausgenützt. Jetzt, da du sie nicht mehr hast, kommst du wieder und machst Krach? Scher dich weg von hier und mache mich nicht wütend, denn das könnte dir wohl schlecht bekommen!«
Der junge Mann verfiel bei der Ermahnung beinahe in Wut, doch er hatte nicht die Kraft dazu. Es blieb ihm gar nichts übrig, als die Niederlage einzustecken und mit dem Weinen aufzuhören. Danach ging er betrübt nach Hause.

50. Der Fischgott

Einstmals wanderte ein Fischverkäufer durchs Gebirge. Er stieß auf einen Hasen, der einem Jäger in die Falle gegangen war und mit aller Kraft versuchte freizukommen. Der Fischverkäufer dachte, er hätte eigentlich genug vom Fische-Essen; gern würde er zur Abwechslung mal Hasenfleisch versuchen, und er nahm den Hasen mit nach Haus. Aus Anstand, um dem Jäger seine Beute zu bezahlen, spießte er den größten seiner Fische auf den Haken in der Falle.
Später kam der Jäger und sah, daß er in seiner Hasenfalle im Gebirge einen Fisch gefangen hatte! Die Leute in der Gegend fingen an zu reden, hier hätte sich der Fischgott offenbart, und sie kamen alle hin zu diesem Ort, brannten Räucherstäbchen und verehrten ihn. Auch kranke Menschen kamen, beteten

den Fischgott an und nahmen Heilkraut mit nach Hause. Man sagte allgemein, die Medizinen dieses Gottes wären gut. So wurde dieser Ort sehr besucht. Von morgens früh bis abends spät kamen Leute, die zum Fischgott beteten.
Nach ein paar Jahren kam durch Zufall der Fischverkäufer wieder hier vorbei und sah die Menschenmassen im Gebirge. Er wunderte sich sehr und befragte diese Leute, und sie erzählten ihm, warum sie hergekommen wären. Der Fischverkäufer mußte lachen, und er sagte: »Diesen Fisch habe ich ja hier gelassen!«
Langsam sahen nun die Leute ein, daß hier nie ein Fischgott war, sondern nur ein Fisch, vom Fischverkäufer dagelassen. Es wurde allen klar, daß nichts Wahres an der Geschichte vom Fischgott war, und seitdem geht niemand mehr dorthin, um den Fischgott anzubeten.

51. Zwei Achterflüsse

Vor langer Zeit gab es am Trüben Fluß nach einem Sommerregenguß immer eine Überschwemmung, die den Bauern viel Besitz zerstörte. Daher kam es bei den Bauern dort zu dem Plan, einen großen Graben anzulegen, der die Fluten ablenken sollte. Doch an der gewählten Stelle konnten sie nicht graben, weil dort viele große Steine lagen, und die Bauern regten sich darüber auf. Da erschien ganz plötzlich ein alter Mann mit weißem Bart und sagte: »Ich weiß, was ihr für Schwierigkeiten habt! Ich habe deshalb dort mit meinem Stock zwei Linien in den Sand gezeichnet. Sie sehen aus wie das Schriftzeichen ›Ba‹ für die Zahl Acht. Wenn ihr entlang der beiden Linien grabt, werdet ihr mit euerm Graben sehr schnell fertig sein.«
Die Bauern gingen hin: Wirklich, die beiden Linien auf der Erde waren da! Sie drehten sich nach dem Alten um, da war er

weg! Schnell knieten alle nieder und verbeugten sich, denn sie dachten, daß der Alte sicherlich der Erdgott war!
Dann gruben sie, wie angezeigt, und diesmal ging das Graben wirklich leicht! Seit dieser Zeit gibt es an dieser Stelle zwei Wasserläufe, die wie das Schriftzeichen ›Acht‹ aussehen. Wenn es im Sommer regnet, gibt es keine Überschwemmung mehr, und außerdem benutzt man diese kleinen Wasserläufe, um die Felder zu bewässern, was das Los der Bauern sehr verbesserte. Der Bau der beiden kleinen Wasserläufe war der Grund, daß die Bauern hier immer reicher wurden und daß man diese Gegend die ›Zwei Achterflüsse‹ oder die ›Zwei Wasserläufe‹ nennt.

52. Die Frau im Mond

Wenn ich in einer hellen Nacht den feurigen Mondball betrachte, denke ich stets an die Geschichte von Tschang-o.
Im Altertum lebte ein schönes Mädchen mit Namen Tschang-o, die mit dem Helden Yi verheiratet wurde. Yi war der berühmte Schütze, der neun von zehn Sonnen abgeschossen hat.
Tschang-o grübelte ständig: ›Wenn ich doch immer mein schönes Gesicht behalten könnte!‹ So dachte sie Tag für Tag, während sie alterte, Tag für Tag. Als ihr Gatte ihr Grübeln bemerkte, war er besorgt. Er fragte nach dem Grund, und sie erzählte ihm ihren ständigen Gedanken. »Ich habe gehört«, sagte Yi, »die Göttin Wang-mu hat ein Unsterblichkeitsmittel. Ich werde sie darum bitten gehen.« So sprach er, weil er Tschang-o liebte und für sie keine Mühsal scheute.
Schließlich, nach langen Schwierigkeiten, bekam er das Elixier und brachte es nach Hause. Da Tschang-o nicht zu Hause war, stellte er die Medizin beiseite und ging auf die Jagd. Als Tschang-o zurückkam, sah sie die Medizin. Sie wußte, das

Mittel war für sie bestimmt, und sie machte sich daran, es zu essen. Als sie beinahe alles aufgegessen hatte, kam Yi zurück. Er stürzte sich auf Tschang-o, um ihr den Rest des Mittels wegzunehmen. Zu spät! Tschang-os Körper schwebte langsam von der Erde fort. Mit einem Pfeilschuß versuchte Yi, sie zurückzuholen, aber er traf sie nicht. Schließlich erreichte Tschang-o den Mond, auf dem sie sich verlor.
Bei der Göttin Wang-mu hatte Yi darum gebeten, ihm genügend Medizin zu geben, um zwei Menschen unsterblich zu machen! Tschang-o wußte nichts davon, und da sie zu viel gegessen hatte, wurde sie zu einer Heiligen und flog zum Himmel. Die Göttin Wang-mu bestrafte Tschang-o für ihre Gier: Im Mond muß sie bleiben und ewig allein und verlassen sein.

53. Der Erdgott

Vor langen Zeiten lebte auf der Erde ein Mann, der stets bereit war, anderen zu helfen. Hatte jemand ein Problem: er wußte, was zu tun war, und erledigte die Sache. Seine Frau war manchmal nicht erbaut; sie fand, er mischte sich zu viel in anderer Leute Angelegenheiten. Aber er hörte nicht auf sie, und seine Hilfsbereitschaft blieb die gleiche. Ganz gleich, ob es sich um große oder kleine Sachen handelte, man brauchte ihn bloß aufzusuchen, oder er brauchte bloß von einer Schwierigkeit zu wissen, dann half er gleich mit heißem Herzen.
So lebte er und wurde alt, und eines Tages verließ er diese Erde. Dem Himmelsherrscher waren die vielen guten Taten dieses Mannes wohlbekannt; deshalb erlaubte er, daß der Mann auch weiterhin den Menschen helfen und ihre Schwierigkeiten lösen dürfte, und machte ihn zum Erdgott. So kommt es, daß in unserer Provinz überall Erdgott-Tempel

stehen. Kommt man neu in eine Gegend, dann verehrt man dort den Erdgott und bittet ihn um Schutz, damit man ohne Schwierigkeiten und ohne Unglücksfälle leben kann.

54. Dschau Tjiau-örl bringt die Lampe weg

Geht jemand aus irgend einem Grunde weg und kommt für lange Zeit nicht wieder, dann sagt man sprichwörtlich: »Dschau Tjiau-örl bringt die Lampe weg, er geht und kommt nie wieder!« So sagt man, aber weiß man auch, was darin für eine Lehre enthalten ist?

Dschau war ein Schüler von Lu Ban, und Lu Ban war der Meister der Kunstfertigkeit. Dschau aber hielt sich selbst für noch geschickter als Lu Ban.

Man erzählt, daß Lu einmal einen Hund anfertigte, als Ersatz für einen richtigen. Er sah genau so aus wie ein echter Hund, konnte laufen, konnte Menschen beißen, und Leute, die er kannte, begrüßte er durch Kopfschütteln und Schwanzwedeln. Er war nicht nur ein Ersatz für einen echten Hund, sondern seine Herren hatten ihn noch lieber als einen richtigen, denn er aß nicht und schiß nicht; er badete auch nicht, so daß er niemanden mit Dreckwasser bespritzte; er brachte keine Flöhe mit ins Haus, und an seinem Hals gediehen keine Hundemücken. Man muß wirklich sagen, er hatte nur die guten Eigenschaften eines Hundes und keine der schlechten.

Nun machte Dschau auch einen Hund aus Holz. Er war größer als der Hund von Lu und auch wilder. Auch er sah aus wie ein echter Hund. Als Dschau ihn machte, fragte er bei seinem Meister Lu nicht um Rat. Er hatte die Gewohnheit, nie den Meister um Belehrung anzugehen. Er wollte dessen Künste heimlich lernen, nicht durch Unterricht, denn er hatte kein ›leeres Herz‹, und er wollte Gesicht wahren und sich nicht unterordnen. Wenn man ein Handwerk lernen will, muß man ›leer‹ und bescheiden sein, muß man offen sagen, was man noch nicht weiß. Aber wenn man Kunstfertigkeiten ›stiehlt‹, ist man auf seine eigene Weisheit angewiesen. Als nun Dschau seinen Hund fertig hatte, wurde das Ergebnis seines ›nicht leeren Herzens‹ offenbar: sein Hund konnte sich nicht bewegen.

Wie sollte er es machen, daß sich sein Hund bewegte? Wie konnte er dem Meister dies Geheimnis entreißen? Er ging zur Frau des Meisters, warb um ihre Gunst mit süßen Sätzen und Honigworten und machte ihr kleine Geschenke. Er bat die Frau, den Meister auszufragen, und dazu ihm nicht zu sagen, daß er, Dschau, sie darum angegangen hätte. Die Meistersfrau erwiderte: »Fragen kann ich ihn schon«, aber sie verstünde die Techniken dieses Handwerks nicht; selbst wenn der Meister alles erzählte, sie könnte es nachher nicht richtig wiederholen. Nun bat Dschau, ihn in einem Schrank zu verstecken, den Meister vor den Schrank zu locken und ihn dazu zu bringen, dort zu sprechen. Die Frau tat, was er wollte, und so lernte Dschau das Geheimnis. Das ist ein Beispiel seiner Einstellung! Sowie er das Geheimnis wußte, machte er sich an den Umbau seines Hundemodells. Er arbeitete die ganze Nacht, und am Morgen wurde auch sein Hund lebendig.

Dieser Hund war viel größer als der von Lu Ban, und als er mit Lu Bans Hund zusammentraf, griff er ihn an, biß ihn zwei, drei Mal, warf ihn zu Boden, biß ihn halbtot und begann, ihn auf der Erde zu zerreißen. Als Lu Ban hörte, daß die Hunde kämpften, kam er hinzu, aber da war sein Hund schon ganz zerbissen. Es blieb von ihm nur ein Häufchen Holzstücke.

Es gibt viele Geschichten, die Dschaus ›kleine‹ Klugheit beschreiben, und diese ist nur eine davon. Hier will ich nur betonen, daß Dschau zwar klug war, aber seine Klugheit nicht richtig anzuwenden wußte.

Lu Ban war nicht nur ein Zimmermann, sondern auch ein

Steinmetz. Er hatte einen wundertätigen Faden in seinem Tintenkasten: Wenn er den Tintenfaden spannte, dann zersprang der Stein von selbst entlang der Tintenlinie, ganz genau, wie wenn man einen Kuchen schneidet. Er hatte auch noch eine andere Art, Steine zu zerteilen: nachdem ein Felsblock aufgespalten war, gab er die Teilungslinien an, so wie man es beim Schweinefleischzerteilen tut, und die Stücke fielen auseinander, so wie er wollte. Darum baute Lu Ban überall für andere Leute Wege, Brücken, Häuser.

Einmal fand Lu Ban eine Steinklippe aus besonders gutem Stein. Die Klippe war groß: mehr als zehn Klafter hoch und mehr als zehn Meilen lang, und er wollte sie zu einem Kunstwerk benutzen. Er sagte zu Dschau, er würde hinaufklettern und in einer Nacht eine große ›Buddhaklippe‹ ausmeißeln; tausend kleine Buddhas und dreißig große Buddhafiguren wollte er aushauen. Dschau glaubte es ihm nicht, das sei unmöglich, sagte er. Aber Lu Ban meinte, daß nicht nur er es könnte, sondern auch Dschau, falls er richtig gelernt hätte. Dschau fragte Lu, wieviel er, Dschau, mit seiner jetzigen Kenntnis wohl schaffen könnte, und Lu Ban sagte, mit ein wenig Eifer könnte er zwei große Figuren fertig kriegen.

Dadurch erkannte Dschau, daß Lu nicht viel von seinen Fertigkeiten hielt! Dschau sagte, wenn er, der Meister, in einer Nacht tausend Buddha-Nischen meißeln könnte, dann würde er gern wetten, daß er, Dschau, drei große Figuren machen könnte. Also fingen sie den Wettkampf an, in einer mondhellen Nacht mit sanftem Wind. Als Ende bestimmten sie den ersten Hahnenschrei.

Bis Mitternacht gelang es Dschau, nur einen Buddha auszuhauen, und es war klar, daß er verlieren würde. Er ließ die Arbeit stehen und lief hinüber, um zu sehen, wie weit Lu Ban gekommen war. Dann wollte er ihn unterbrechen, damit auch er nicht fertig würde. Er sah, daß Lu Ban beinahe fertig war: tausend kleine Buddhafiguren waren ausgemeißelt, und dreißig große Buddhas waren zur Hälfte fertig. Nun seht, was

Dschau jetzt tat: er streckte seine Hände aus und rieb und zerrieb die Gehirne von all den tausend Buddhas. Dann kletterte er auf den Felsen und ahmte den Hahnenschrei nach.
Lu Ban dachte, es wäre wirklich der erste Hahnenschrei und er müßte nach dem Abkommen handeln. Also hielt er ein und legte sich schlafen. Dschau ging zurück an seine Arbeit, aber weil er mit dem Herumlaufen viel Zeit vertrödelt hatte, konnte er bis zum Hahnenschrei nur noch einen halben Buddha fertig kriegen. Als Lu Ban erwachte (und den Sachverhalt verstand), tadelte er Dschau und sagte, er verziehe ihm, wenn er wirklich etwas lernen wollte.
Außer Lu Ban und Dschau gab es damals keine weiteren Steinmetzen, und Lu Ban hatte keine weiteren Schüler angenommen. So waren beide sehr mit Arbeit überlastet. Ob im Regen oder Sonnenschein, Lu Ban und Dschau gingen in den Bergen an die Arbeit. Mit dem Tintenfaden schnitten sie große Steinplatten oder Blöcke ab, brachten sie zum Bauplatz, setzten sie zusammen, verklebten sie mit Mörtel und bauten sie so auf, wie sie es wollten.
Ein Steinplattenweg von beinahe hundert Meilen oder eine Stadtmauer kostete sie nur einen Tag und eine Nacht. Zu einer Brücke brauchten sie höchstens einen Tag: die Hälfte zum Schneiden der Blöcke, die andere Hälfte zum Heranbringen und Zusammenbauen. Wenn man an unsere Steinmetzen denkt, ist das ganz unglaublich schnell. Aber wenn man an menschliche Bedürfnisse denkt, ist es immer noch zu langsam. Denkt nur, wenn man alle Wege der Welt mit Steinplatten decken wollte oder Brücken über sämtliche Flüsse und Mauern um alle Städte bauen würde oder wenn jede Familie ein Steinhaus haben sollte, wieviel Steine man dann brauchte, sie schneiden, heranbringen, setzen und vermauern müßte!
Eines Tages war es sehr heiß. Lu Ban und Dschau waren bei der Arbeit im Steinbruch auf einem hohen Berg, und die Sonne trocknete ihr Tintenmaß aus. Lu Ban befahl, daß

Dschau den Kasten zum Fluß hinunterbringen und auffüllen sollte. Als Dschau den halben Tag gelaufen war, fing er an ärgerlich zu sein, und sagte zu sich: »Dieser, mein Meister, weiß von nichts! Selbst in dieser Hitze gibt er keine Ruhe. Ja du, mit deinen Rindermuskeln, dir macht es nichts! Aber du hast keine Ahnung, was es heißt, ein junger Mann zu sein. Was nützt es, immer mehr und mehr zu arbeiten? So viele Wege, so viele Brücken haben wir gebaut – als ob nur du und ich das bauen könnten!«

Je mehr er grübelte, um so mehr erschien der Meister ihm als Dummkopf, und schließlich dachte er: ›Einen so hohen Berg erst mal runter und dann wieder raufzuklettern – das sind viele Meilen für nichts als einen Kasten Wasser! Er hat keine Ahnung, wie anstrengend es ist!‹ Und wie er weiter grübelte, brach seine Schlauheit durch. Er sagte sich: »Der Tintenfaden muß doch bloß ein bißchen naß sein. Also lasse ich einfach mein eigenes Wasser rein! Dann kann ich ausruhen und an einem kühlen Plätzchen schlafen. Ihm sage ich, ich hätte Wasser am Fluß geholt. Wie kann er je herausfinden, was wirklich war?«

Dschau wußte leider nicht, daß der Tintenfaden auf diese Weise nur noch eine Linie ziehen, aber keinen Stein zerteilen konnte. Als er ausgeschlafen hatte, gab er den Tintenkasten dem Lu Ban. Lu Ban begann damit zu arbeiten und merkte, daß er verdorben worden war. Er seufzte und sagte zu Dschau: »Du dachtest, furchtbar schlau zu sein, aber du bist ganz furchtbar dumm. Denn von jetzt an müssen wir Meißel und Stemmeisen benutzen, um Steine zu zerteilen.«

Nun war die Arbeit noch viel schwerer als zuvor und auch viel langsamer. Früher war der Stein unter ihren Händen weich wie Bohnenkäse, jetzt war er hart; Arme und Schultern wurden müde und steif und taten weh; an den Händen gab es Blutblasen, und am ganzen Körper schwitzten sie. Trotzdem kriegten sie keine einzige Steinplatte ganz richtig hin! Lu Ban wußte, daß von jetzt an Steine immer unter großen Mühen bearbeitet werden mußten. Daher sprach er nicht darüber, stöhnte auch nicht, sondern vergrub sich in die Arbeit. Nur im stillen dachte er darüber nach, wie man die Arbeit beschleunigen und erleichtern könnte. So tat er weiter seine Arbeit und gab Dschau auch weiter Unterricht. Dieser litt jetzt mächtig an den Schmerzen, die seine ›kleine Klugheit‹ verursacht hatte. Den ganzen Tag lang seufzte und stöhnte er nicht schlecht und beklagte sich über dies und jenes. Aber seinen eigenen Fehler, den schadenbringenden, vermeintlichen Trick, erwähnte er nie.

Schließlich, eines Tages, wollte er mal wieder seine ›Klugheit‹ benutzen. Er wußte, auf welche Weise Lu Ban übrige Steine aus dem Wege räumte. Dschau dachte sich, wenn man all diese verdammten Steine ins Ostmeer schaffen könnte, dann gäbe es einfach keine Steine mehr, und der Meister könnte ihn nicht mehr Steine schlagen lassen, und damit wäre dieser verdammte Steinschlageberuf zu Ende. Er meinte, dies wäre die gründlichste und beste Lösung.

Abends, als der Meister schlief, kletterte Dschau nach oben und brachte viele Steine herunter. Aber da er allein war, konnte er nicht sämtliche Steine der Welt wegschaffen, sondern nur die, die er sehen konnte. Er tröstete sich: »Ein Haufen ist ein Haufen, und mit noch ein paar mehr ist es getan. Wenn ich heut nacht nicht fertig werde, kann ich morgen abend weitermachen. Eines Tages werde ich glatt alles weggetragen haben.«

Lu Ban war fest im Schlaf, als er Steine rollen hörte. Er stand auf und sah, wie ein Haufen Steine hinunterrollte nach dem Ort Kue-fu. Ein großes Unheil wäre es, wenn es auf der Welt keine Steine gäbe! Es wäre so, wie wenn der Mensch keine Knochen hätte. Das darf nicht sein! Also hielt er schnell die Steine an. Man sagt, daß dies der Stein-Berg zwischen Kue-fu und I-tschang ist. Und außerdem ist dies Ereignis der Grund, warum seither in manchen Gegenden kein einziger Stein zu finden ist.

So ein unbrauchbarer Mann war Dschau! Immer wieder machte er einen ›schlauen‹ Plan, der ein schlechtes Ende nahm, bis er endlich wegen seiner ›schlauen‹ Pläne ums Leben kam. Und damit komme ich auf die Geschichte, wie Dschau mit einer Lampe zum Drachenpalast ging.

Es war einmal ein breiter, tiefer Fluß, den man nur im Boot überqueren konnte. Der Drachenkönig erpreßte dort die Leute: wer ihm nicht Weihrauch opferte und keine Verbeugung machte, wer ihm nicht einen kalten Schweinskopf zu essen gab, dem schickte er Wind und Wellen und ließ sein Boot umkippen. Lu Ban sollte hier eine große Steinbrücke bauen. Wenn es eine Steinbrücke gab, dann könnte der Drachenkönig so viel Wind und Wellen machen, wie er wollte, es würde gar nichts schaden. Lu Ban sah sich genau die geologischen Umstände an, machte Berechnungen und ging mit Dschau zum Steineschneiden in die Berge. Das sollte nun eine ungewöhnlich große Brücke werden, für die man ungewöhnlich viele Steine brauchte. Erst nach dreimonatiger Arbeit waren Dschau und Lu Ban mit dem Steineschneiden fertig. Sie brachten nun die Steine ans Flußufer und wollten anfangen zu bauen. Aber das Wasser sprudelte zu stark und floß zu schnell, und das wilde Wasser trieb die für die Brücke versenkten Steine fort. Lu Ban erkannte die Ursache der Störung: Der Drachenkönig war höchst ärgerlich darüber, daß die Menschen hier eine Brücke bauen wollten.

Dschau fragte nun Lu Ban, was er zu tun gedächte. Lu Ban sagte, er hätte eine Lampe, die man anzünden und in den Kristallpalast zum Drachenkönig bringen müßte. Dann wäre er gefügig, das Wasser würde sich beruhigen, und man könnte dann die Fundamentsteine versenken. Als Dschau dies alles hörte, war er sehr gut aufgelegt und bat Lu Ban, er solle ihn zum Drachenkönig schicken. Lu Ban war einverstanden.

Die Lampe war aus Holz geschnitzt, sehr grob, und sah recht häßlich aus. Lu Ban nahm Öl und goß es in die Lampenschale; steckte dann Lampenkraut durch das Loch einer

Kupfermünze, die er auch in die Schale tat. Diesen Docht zündete er an und sagte dann zu Dschau: »Ich kenne ja dein Wesen – immer willst du deine kleinen Künste spielen lassen. Diesmal tu es aber nicht! Nimm die Lampe, geh ins Wasser, das sich teilen wird. Solang die Lampe nicht verlöscht, wird das Wasser sich nicht schließen. Wenn der Drachenkönig im Kristallpalast die Lampe sieht, wird er dich bestimmt freundlich empfangen. Gib ihm die Lampe; sage ihm, ich wolle eine Brücke bauen, und er solle Ruhe geben. Er wird auf deine Worte hören und sich gut benehmen. Sowie die Brücke fertig ist, lasse ich Feuerwerk los. Wenn du das hörst, dann nimm die Lampe und komm zurück.«

So sprach Lu Ban, und Dschau war einverstanden. Lu Ban blies jetzt die Lampe aus und riet dem Dschau sich auszuruhen, während er das Feuerwerk zu holen ginge. Erst nach seiner Rückkehr solle Dschau zum Drachenkönig gehen.

Als Lu Ban gegangen war, sah sich Dschau die Lampe an. So eine Lampe, dachte er, ist nicht schwer zu machen; er könne sie womöglich noch besser machen als diese von Lu Ban! Er ruhte sich nicht aus, sondern nahm die Axt und machte eine kleine Lampe. Die war wirklich sehr viel hübscher als die Lampe von Lu Ban! Da er nicht wollte, daß Lu Ban sie sah, steckte er sie unter seine Jacke.

Als Lu Ban mit dem Feuerwerk zurückkam, sah er Holzspäne auf der Erde und dachte sich, Dschau hätte wohl mal wieder gespielt, und er fragte nicht. Dschau machte oft, wenn Lu Ban schlief, allerlei Spielsachen, zum Beispiel kleine Vögel, aus Holz geschnitzt, oder kleine Löwen, aus Stein gemeißelt; er spielte damit eine Weile und warf sie danach weg. Also zündete Lu Ban die Lampe an und sagte zu Dschau: »Geh jetzt los. Wenn ich sehe, daß das Wasser sich beruhigt, weiß ich, du bist beim Drachenkönig und fange mit der Arbeit an.«

Dann wiederholte Lu Ban alles, was Dschau tun und nicht tun sollte, und Dschau versicherte: »Gut, gut, ich habe es mir schon gemerkt.«

Dschau ging nun mit der Lampe ans Ufer, und man sagt, das Wasser teilte sich vor ihm. Die Lampe schien hinein, und so weit sie schien, so weit wich alles Wasser zurück. So ging er stracks bis auf den Grund und immer weiter. Hier leuchtete die Lampe nicht so weit. Er sah sich um: das Wasser schloß sich hinter ihm. Er hatte aber keine Angst, denn die Lampe brannte noch, und um ihn herum war gar kein Wasser. Er hatte keine Sorge, wo der Palast wohl war, sondern lief weiter auf dem Grund. Er merkte, daß er schon sehr tief unten war, ohne jede Angst, obwohl das Wasser vor und hinter ihm, rechts und links von ihm wild rollte, als wollte es den wasserlosen Raum, der ihn umgab, in einen Wirbel ziehen. Er ging und ging, und man sagt, daß er wirklich den Kristallpalast erreichte.
Der Drachenkönig kam heraus, ihn zu empfangen und führte ihn mit Ehrerbietung in das Schloß. So wie Lu Ban es angeordnet hatte, sagte Dschau: »Lu Ban will eine Brücke bauen, und du sollst Ruhe geben.« Der Drachenkönig erwiderte: »Jawohl!«, und sofort verstummte das Geräusch des Wassers über, unter, rechts und links von Dschau. Der Drachenkönig starrte auf die Lampe, mit Ehrerbietung gab er Dschau den Ehrensitz, und mit Unterwürfigkeit erwähnte er Lu Ban. Dschau fing an, mit Lu Ban zu prahlen, prahlte aber bald noch mehr mit sich selbst. Man sagt, sein Prahlen war so schlau, daß er den Drachenkönig ganz eingewickelt hatte.
Dschau bemerkte wohl, daß der Drachenkönig Angst vor der Lampe hatte. Er holte also seine eigene heraus, um dem Drachenkönig noch größere Angst zu machen. Dieser Bursche Dschau! Nichts lernte er je richtig; immer meinte er, er könnte heimlich etwas abgucken! Und so dachte er, seine Lampe sei viel besser als die von Lu Ban, und er wollte sie anzünden. Er goß das Öl aus Lu Bans Lampe in seine, nahm auch Docht und Dochthalter heraus und tat sie in seine – aber das Öl war augenblicklich ausgebrannt, denn seine Lampe war nicht dicht, und deshalb ging sie aus! Da trieb der

Drachenkönig ihn aus dem Kristallpalast! Das Wasser strömte, brausend und wogend, wie zuvor, und daher wußte Lu Ban, daß Dschau ihm wieder einmal sein Werk verdorben hatte.

55. Der Eisenbettler

Tiä-gai stammte aus einer Beamtenfamilie im Süden des Jangtseflusses. Seine Eltern starben leider früh, und Geschwister hatte er nicht. Nur eine Amme war noch da, die ihm den Haushalt führte. Bald umgab er sich mit schlechten Freunden und spielte mit ihnen um Geld, den ganzen langen Tag, bis aller Besitz der Familie aufgebraucht war. Er legte seine feine Kleidung ab und zog als Bettler überall in der Gegend südlich des Jangtseflusses herum.

In den Kreisen der Beamten lebte zu dieser Zeit ein junger Mann mit Namen Schen, der großen Reichtum und ein gutes Herz besaß. Er studierte fleißig und tat nichts Schlechtes. Als er eines Tages in seinem Studierzimmer saß, erschien sein Bücherknabe und sagte: »Junger Herr, junger Herr! Eine peinliche Sache! Draußen steht ein Bettler vor der Tür.« – »Wieso ist das so peinlich?« Der Knabe sagte: »Dieser Mann ist nicht wie andere Bettler, und man nennt ihn ›Eisenbettler‹. Er macht den Mund nicht auf, nicht mal, wenn man ihn beschimpft. Er steht bloß an der Tür. Gibt man ihm was, so nimmt er es und geht, und niemals sagt er ›danke‹. Ist das nicht sonderbar?« Der junge Herr erwiderte: »Was mag das wohl für einer sein? Bring ihn mal zu mir herein!«

Der Bücherknabe brachte also Tiä-gai, den Eisenbettler, herein ins Zimmer, und der junge Herr Schen sah ihn sich an. Wirklich: ein ungewöhnlicher Bettler! Groß gewachsen und sauber angezogen. »Bitte, nehmen Sie Platz«, sagte der junge Herr sehr höflich. Dann befahl er seinen Dienern, den Mann so höflich zu behandeln, als ob er sein Vetter wäre. So etwas tut man im allgemeinen nicht. Er selbst behandelte den Eisenbettler wie einen Freund, ließ gutes Essen auftragen, mit gutem Wein und gutem Fleisch. Nach dem Essen war der junge Herr betrunken und ging schlafen. Der Bettler war auch betrunken, setzte sich auf den Schemel des jungen Herrn und schlief ebenfalls ein. Nach einer Weile wachte er auf und machte sich fertig zum Weggehen. Dem Bücherknaben, der ihn bedient hatte, gab er einen Zettel und sagte dazu: »Ich gehe fort. Den guten Wein, das gute Essen, alles, was ihr mir gegeben habt, nehme ich mit in meinem Magen.«

Als der junge Herr erwachte, fragte er den Bücherknaben nach dem Bettler. Er sei fort, sagte der Bücherknabe, und er habe den guten Wein, das gute Essen und alles, was er bekommen habe, in seinem Magen mitgenommen. »Er gab mir einen Zettel für Euch.« Der junge Herr las den Zettel, auf dem genau dasselbe stand. Dann sagte er: »Wo ist er in der kalten Nacht denn hingegangen?« – »Soweit ich sehen konnte, hat er sich gegenüber unter den Dachüberhang gelegt. Da wird er wohl noch schlafen.« Der junge Herr war nicht erfreut und sagte: »Die Nacht war kalt, warum hast du ihn nicht eingeladen, bei uns zu bleiben?« – »Er wollte fort!« – »Geh und schau nach, ob er noch da ist!«

Der Bücherknabe ging hinüber, kam bald wieder und sagte zu dem jungen Herrn: »Er liegt noch unterm Dach.« Da sprach der junge Herr: »Geh und gib ihm diese zehn Silbertaler!« Der Bettler nahm die Silbertaler und fing gleich wieder an, um Geld zu spielen. Bald hatte er die zehn Silbertaler und seine Kleider dazu verspielt. Da packte er den Rest von seinen Sachen und verließ die Stadt.

Im nächsten Jahr, im Frühling, reiste der Herr Schen nach Hangdschou an den West-See. Beim Spazierengehen kam jemand ihm entgegen: ›Ach, ist das nicht der Eisenbettler?‹ dachte er. Er sah genauer hin: er war es wirklich! Die beiden trafen sich, und der junge Herr sagte: »Eisenbettler, es freut mich, dich zu sehen.« Der Bettler sagte: »Junger Herr, wie

geht es Ihnen?« – »Wozu bist du hierher gekommen?« fragte der junge Herr. »Ich bin herumgewandert. Die vier Meere sind meine Heimat«, sagte Tiä-gai fröhlich. Da sagte der junge Herr: »Bettler, laß uns miteinander in ein Gasthaus gehen.«
So ging der Bettler also mit dem jungen Herrn, und sie gingen in ein Gasthaus, wo der junge Herr zu dem Bettler sagte: »Wasch dich jetzt und tausche mit mir die Kleider.« Er gab dem Bettler seine Kleider, seinen Hut und seine Schuhe. Der Bettler wusch sich und zog sich an, und jetzt sah er aus wie ein junger Gelehrter. Dann sagte der junge Herr: »Wir wollen zusammen Wein trinken und den Mond bewundern gehen.« Der Bettler stimmte zu, und sie gingen zusammen zum Trinken. Bald kam der junge Herr in Stimmung und begann ein Gedicht zu machen. Der Bettler machte gleich den zweiten Vers im gleichen Reim. ›Der ist ja gebildet‹, dachte der junge Herr und staunte. Laut sagte er: »Laß uns noch weiter Verse machen!«, und bei jedem Vers wurde er von dem Bettler übertroffen! Dann kam die Reihe an den Bettler, den ersten Vers zu machen, und wieder war der junge Herr ihm unterlegen! Der junge Herr, der sich selbst für einen Dichter hielt, verlor in jeder Runde. Er sagte schließlich: »Ich habe dich verkannt. Du bist ganz offenbar ein Mann von Bildung.« Der Bettler sagte seufzend: »Ja, ich bin auch ein Hsiu-tsai.« Da staunte der junge Herr: »Und warum hast du es trotz deines Ranges zu nichts gebracht?«
Der Bettler seufzte wieder: »Ich stamme aus einer Beamtenfamilie, genau wie du. Mein Vater war ein hoher Beamter. Unser Familienname ist Wu, und wir waren eine feine Familie. Aber meine Eltern starben früh; ich allein blieb übrig, nur meine Amme lebte noch mit mir. Ich hatte nichts zu tun und fing zu spielen an. So bekam ich Freunde. Ich schloß mich ihnen an und genoß das Leben, aber ich verlor damit den ganzen Familienbesitz. Da gab ich meiner Amme etwas zum Leben, ging fort und zog herum in deiner Gegend, südlich des Jangtseflusses.«

»Willst du immer weiter so als Bettler leben?« fragte der junge Herr. »Ja«, war die Antwort, »wozu brauche ich schon Geld?« – »Und was gedenkst du jetzt zu tun?« – »Ich bin ein Spieler und will spielen, weiter nichts.« – »Ich gab dir einmal Geld; warum hast du damit gar nichts angefangen?« Der Bettler sagte: »Wenn ich beim Verlieren bin, denke ich, ich werde gleich gewinnen. Aber es liegt mir nichts am Geld als solchem.« – »Ich will es noch einmal mit dir versuchen. Hast du schon mal gewonnen?« – »Nein.« – »Es macht nichts«, meinte der junge Herr. Der Bettler sagte: »Ich weiß ja, daß du Geld hast.« – »Ich habe nicht zu viel«, erwiderte der junge Herr, »und ich will es nicht aufbrauchen, denn dann hätten meine Nachkommen kein Geld. Aufessen kann ich das Erbe meiner Eltern nicht. Und ein Spieler bin ich nicht.« Da blieb der Bettler stumm, und beide gingen zusammen zurück ins Gasthaus.

Dort verbrachten sie gemeinsam ein paar Tage, und dann sagte der junge Herr: »Ich will heimkehren, und wie ist es mit dir?« – »Heimkehren willst du? Fährst du mit dem Schiff?« – »Ja, mit dem Schiff.« – »Ich komme mit; wir können beim Wein über die alten Zeiten reden und die schöne Landschaft genießen.«

So bestiegen sie das Schiff. Sie aßen und tranken und bewunderten die Landschaft am Ufer. Sie kamen an eine Stadt und legten an der Landungsbrücke an. Der Bettler stieg aus. »Wollen wir denn nicht zusammen heimkehren?« fragte der junge Herr. »Nein«, sagte der Bettler, »wir wollen uns hier trennen. Später einmal werden wir uns wiedersehen.« – »Warte mal«, sagte der junge Herr, und dann gab er dem Bettler zweihundert Silberstücke. Der Bettler machte ein böses Gesicht, und ohne ›danke‹, ohne sich umzudrehen ging er einfach weg. Der junge Herr dachte: ›Merkwürdig, dieser Eisenbettler. Da mache ich ihm ein großes Geschenk, und er streckt die Hand aus und nimmt es, aber sagt nicht ‚danke‘ und dreht sich nicht um!‹ Nun gut, der junge Herr Schen fuhr ab mit dem Gepäck, und weiter, bis er nach Hause kam. Damals hatten die Leute ererbten Besitz, so daß sie immer Geld hatten. Also ging alles für ihn gut.

Aber nach einiger Zeit gab es in dieser Gegend Unruhen, und Herr Schen beschloß zu fliehen. Sein Besitz bestand ja nur aus Land, das nicht verloren gehen konnte. Also lief er einfach weg, zusammen mit seinem Bücherknaben. Sie flohen nach Guangwan, wo der Bücherknabe zu Hause war, und suchten dort den Onkel des Bücherknaben auf. Der war gerade nicht zu Haus. Da im Hause nichts vorhanden war und der junge Herr kein Geld mehr hatte, lebte er davon, daß er den Knaben auf Arbeit schickte. So ging das eine Weile.

Nach ein, zwei Jahren nahm der Onkel den Bücherknaben mit auf eine Reise. Dabei kamen sie auch in die Heimat des Herrn Schen, und der Knabe dachte: ›Ich möchte doch mal sehen, wie das Haus aussieht.‹ Er sah sich in der Gegend um und sagte: »Wie seltsam! Das Haus ist nicht mehr da! Und was ist das für ein schönes, neues Haus?« Da stand wirklich ein sehr schönes Haus, doch ›Da stimmt was nicht!‹ dachte er, denn hier hatte doch das Haus seines Herrn Schen gestanden.

Er ging hin zu dem Haus, und gleich kamen Leute heraus, die fragten: »Was hast du hier zu suchen?« Er erwiderte: »Darf ich fragen, wer in diesem Hause lebt?« – »Das weißt du nicht? Es gehört dem General Wu.« – »Aber es steht doch daran geschrieben, daß es der Familie Schen gehört!« Die Leute sagten: »Davon wissen wir nichts, aber der Hausherr drinnen hat den Namen Wu.« Als der Knabe fortgehen wollte, hielten ihn die Leute fest, aber er sagte sich: »Ich kann ja doch nichts tun. So ein großes Haus! Das geht gewiß nicht mit rechten Dingen zu.« Und zusammen mit dem Onkel kehrte er zurück in seine Heimat.

Dort gab der Knabe dem jungen Herrn Bericht: »Die Sache war ja wirklich seltsam: In deiner Heimat wollte ich dein Haus besuchen, aber es war weg! Abgerissen war es, und an seiner Stelle steht ein schönes Haus, das einem Wu gehören soll.« – »Wer ist denn das?« Der Knabe sagte: »Die Leute aus dem Haus behaupten, es gehöre einem General mit Namen Wu.« – »Hast du ihn gesehen, diesen General?« – »So ein kleiner Mann wie ich, wie sollte ich den General zu sehen kriegen? Unsereiner kann ihn nicht sehen oder sprechen. Darum bin ich ja hergekommen, dir zu berichten. Denke mal selber nach, wer das wohl ist.« – »Wer kann das sein?« erwiderte der junge Herr, »ich habe keine Ahnung! Sobald sich die Gelegenheit ergibt, will ich hingehen und nachsehen, wer es ist.«

Eines Tages sagte er: »Die Lage ist jetzt wieder ruhiger, wir sollten zurück in meine Heimat gehen.« Sie brachen auf und kamen an das schöne Haus. Der junge Herr sah es sich an und sagte zu dem Knaben: »Hier stimmt was nicht! Wieso hast du gesagt, das Haus gehöre einem General Wu? Hier steht doch deutlich, daß es der Familie Schen gehört! Wem mag es wohl gehören?«

Nämlich der junge Schen hatte keine Brüder, die inzwischen reiche Beamte hätten werden können. Der Knabe sagte: »Als ich herkam, warst du kein Beamter, und du hast dies Haus nicht bauen lassen. Deshalb dachte ich, das Zeichen in der Aufschrift muß wohl ›Wu‹ gelesen werden. Wieso kann denn hier stehen, daß es Familie Schen gehört?« – »Das weiß ich auch nicht«, gab der junge Herr zur Antwort. – »Mein Herr, du mußt dich mal erkundigen!«

Da Herr Schen als Gelehrter erkenntlich war, konnte er ganz einfach eintreten in das Haus. Drin waren Leute, und er fragte sie: »Hier war früher mein Familiensitz. Jetzt komme ich zurück, und mein Haus besteht nicht mehr. Wer ist es, der hier wohnt?« Die Leute sagten: »Herr Wu,. der große General!«

Sie meldeten dem Hausherrn, daß ein Herr Schen gekommen sei, und baten ihn herauszukommen. Also kam Herr Wu heraus, sehr höflich und ebenfalls erkenntlich als Gelehrter. Und wer war es? Der Eisenbettler! Freudig begrüßte er den jungen Herrn und sagte: »Herr Schen, wo bist du denn verblieben? Ich habe so lange Zeit nach dir gesucht.« Der junge Herr Schen erwiderte: »Ich gratuliere dir, daß du Beamter geworden bist. Aber warum hast du hier dein Haus gebaut – ich nehme an, das Haus ist deins?« – »Ja, es ist meins.« – »Warum baust du dir dein Haus nicht in deiner Heimat?« – »Setz dich, bitte, höre zu! Wir sind so lang getrennt gewesen. Ich weiß, du hast es schwer gehabt. Bitte setz dich doch!« Der Eisenbettler war sehr höflich, und er bot Herrn Schen den Ehrenplatz in der Gästehalle an. Er setzte sich. Jetzt beeilte sich Herr Wu, der Eisenbettler, seine Frau und seine Kinder hereinzubringen. Herr Schen stand wieder auf, aber Herr Wu bat ihn, sich wieder hinzusetzen. Dann ließ Herr Wu seine ganze Familie niederknien vor Herrn Schen, und er sprach: »Meine Frau und meine Kinder danken dir, wir alle danken dir.« Der junge Herr Schen dachte: ›Wieso danken sie mir alle?‹ Auch der Eisenbettler selbst kniete nieder, bis Herr Schen sie alle bat aufzustehen. Als alle standen, sagte Herr Wu: »Wir wollen stehen, aber du bleib bitte sitzen!« Also setzte sich Herr Schen wieder hin, und Herr Wu fuhr fort: »Ich habe viel Gunst von dir erfahren, und schon früher hätte ich ›danke‹ zu dir sagen sollen! Aber was hättest du davon gehabt? Nichts hätte dir das eine kleine Wort genützt. Jetzt aber habe ich die Möglichkeit, mich wirklich zu bedanken!« – »Bitte, bitte, keine Ursache«, sagte der junge Herr, »aber bitte sage mir, wie kommt es, daß du jetzt ein hoher Beamter bist?« – »Das ist alles eine Folge deiner großen Gunst! Deshalb will ich nicht in meine Heimat ziehen, sondern möchte hier mit dir zusammen leben!« Und so lebten sie seitdem zusammen, ganz wie echte Brüder.

56. Der Zaubernapf

Am Ende der Mongolenzeit lebte ein armer Fischer mit Namen Schen Wan-schan. Eines Nachts zur Herbstfestzeit ging er bei Mondenschein zum Fischen an den Fluß. Der Mond schien hell ins Wasser, und genau an dieser hellen Stelle versenkte er sein Netz. Als er es wieder aus dem Wasser hob, schien ihm, als ob der Mond im Netz gefangen wäre! Er zog das Netz ins Boot und sah: Im Netz saß eine Kröte aus Stein, leuchtend weiß wie Schnee.

Er brachte sie zu einem Händler, der sie für dreißigtausend Kupferschnüre kaufen wollte. Der Fischer war erstaunt und bat den Händler, ihm zu sagen, warum die Kröte so wertvoll wäre. Der Händler sagte: »Dies ist ein Jadetier, eine verwandelte Mondblüte. Wer es ins Wasser tut, kann Kostbarkeiten fangen.«

Als Schen dies hörte, verkaufte er die Kröte natürlich nicht, sondern nahm sie mit nach Hause. Er band sie an seine Angelrute und ging zum Fischen an den großen Fluß, in der Hoffnung, etwas Kostbares zu fangen. Nach einer Weile hob er seine Angelrute hoch und sah: was er gefangen hatte, war ein alter Blechnapf!

Der Fischer sagte: »Pfui!« und warf die Angel nochmals aus, aber immer wieder fing er nichts als diesen Napf. Schließlich dachte er: ›Vielleicht ist dieser Napf eine Kostbarkeit!‹ Er nahm ihn mit nach Hause, aber seine Frau konnte auch nichts Kostbares daran entdecken, und sie wollte ihn mit Hühnerfutter füllen. Wer hätte dies gedacht: Sowie sie nur das kleinste bißchen Futter in den Napf geschüttet hatte, war er von allein bis zum Rand gefüllt!

Nun wußten sie: der alte Blechnapf war ein Zaubernapf! Es dauerte nicht lange, bis sie reiche Leute wurden.

57. *Die Brände*

In Mittel-Taiwan gibt es einen Ort, wo es früher immer wieder große Brände gab. Jemand brauchte bloß ein Klo zu bauen: schon brach am nächsten Tag ein Feuer aus und legte es in Asche. Auch ganze Häuser brannten immer wieder ab. Silber, Gold und andere Kostbarkeiten verwahrten alle Leute am Kopfende im Bett, so daß im Fall von Brand die Wertsachen gerettet werden konnten. Aber beinahe schien es, als ob mehr Leute zuzogen, je mehr es Brände gab.

Jeden Abend konnte man an diesem Ort ein silbrig weißes Pferd mit einem weißen, überlebensgroßen Hasen am Hang rumlaufen sehen. Das Gerücht entstand, daß diese Tiere Formen des Feuergottes wären. Wenn man sie fänge, gäbe es keine Brände mehr. Alle Leute dachten nach, wie man wohl das weiße Pferd und den weißen Hasen fangen könnte.

Ein Kaufmann wohnte nah an diesem Berg, und eines Abends sah er wieder mal das weiße Pferd. Es fiel ihm ein, er könnte einen guten Preis erzielen, und er beschloß, das Pferd zu fangen. Er lief ihm nach, und im letzten Augenblick riß er das Taschentuch, das er im Gürtel trug, heraus und warf es nach dem Pferd. Es fiel dem Pferd aus Zufall aufs Gesicht, und sofort war das Tier verschwunden. Wo es verschwunden war, grub der Kaufmann in die Erde und fand zwei Unzen Silber. Als er nach Haus kam, war er aber krank, und seine Krankheit ging erst weg, als er die zwei Unzen Silber für Medizinen ausgegeben hatte.

Seither, so sagt man allgemein, hat es an diesem Ort keine Brände mehr gegeben.

58. *Die Reisquelle*

Auf dem Gipfel eines Berges stand einst ein Tempel. Die Natur in der Umgebung war sehr schön, und in der Nähe

gab es eine Höhle. Diese Höhle hatte in der Wand ein winzig kleines Loch, und wunderbarerweise kam aus diesem Loch jeden Tag ein wenig Reis. Deshalb kamen immer mehr Besucher, denn im Tempel konnte jeder essen, und niemand mußte hungrig sein.
Als die Zahl der Pilger stieg, sah es aus, als ob der Reis aus dem Loch nicht genug sein würde. Die drei Tempelmönche dachten: ›Wenn wir das Loch etwas erweitern, kommt sicher mehr heraus.‹ Die drei Mönche gingen also in die Höhle und erweiterten das Loch. Da kamen große Mengen von Reis geflossen! Aber kurz darauf kam gar nichts mehr, und deshalb nahm von Tag zu Tag die Zahl der Pilger wieder ab.
Die Moral von der Geschichte ist dies: Wer stets genügsam ist, wird stets zu essen haben.

59. Die Tigerhöhle

In Fukien gab es einen großen Klan, dessen Ahnherr sein Grab auf einem Berge hatte. Jedes Jahr zum Fest der Reinen Klarheit, am vierten Tag des vierten Mondes, gingen die Verwandten zu dem Grab, um es ›rein zu fegen‹, wie es Sitte war. Aber wenn die Leute nach dem Unkrautjäten vom Grab nach Hause kamen, geschah es jedes Mal, daß einer aus der Gruppe starb. In dem großen Klan wußte niemand, was der Grund dafür sein könnte. Endlich, als es wieder einmal Fest der Reinen Klarheit war, nahm man zum Unkrautjäten einen Lohnknecht mit zum Grab. Aber nach der Rückkehr war der Knecht, der gejätet hatte, plötzlich tot.
Nun baten die Klanleute einen Geomanten, sich die Sache anzusehen und zu sagen, was da los sei. Der Geomant kam also hin, sah sich die Lage an und sagte: »Dies Stück Land gehört zu einer sogenannten Tigerhöhle. Tigerhöhlen brauchen Gras, möglichst viel. Man darf das Gras hier nicht beseitigen. Sowie das Gras gejätet ist, gibt es Todesodem.«

Von nun an gab der Klan es auf, das Grab zu reinigen, und man ging nur noch zum Opfern hin. Mit der Zeit war der ganze Berg mit Gras bewachsen, und das Grab war nicht mehr zu erkennen. Alle Leute hatten Angst, dorthin zu gehen, weil man aus Versehen vielleicht Gras ausrisse und dann vom Todesodem getroffen würde. Also ging bald überhaupt kein Mensch mehr hin.

60. Jeder hat das Schicksal, das ihm bestimmt ist

Einst lebte ein Beamter, der drei Töchter hatte. Die zwei älteren waren schon verheiratet, die jüngste nicht. Eines Tages, an seinem Geburtstag, saß er mit Frau und Töchtern fröhlich beim Wein und fragte jede Tochter einzeln: »Durch wen bist du zu deinem glücklichen Schicksal gekommen?« Die älteste Tochter sagte: »Durch meine Eltern!« Die zweite Tochter sagte: »Durch meine Eltern!« Aber die jüngste, die ein Querkopf war, sagte: »Jeder hat das Schicksal, das ihm bestimmt ist.«

Diese Antwort ärgerte den alten Mann, und er sagte böse: »Oho, jeder hat das Schicksal, das ihm bestimmt ist?« Draußen ging gerade ein Bettler vorbei, der sichtlich Krätze hatte. »Dann geh mit diesem Bettler, der die Krätze hat, und sieh, ob jeder das Schicksal hat, das ihm bestimmt ist!«

Das Mädchen verzog keine Miene und sagte: »Meinetwegen. Ist mir Armut vorbestimmt, wird auch ein Silberstück in meiner Hand zu Kupfer werden. Ist mir keine Armut vorbestimmt, kann ich ruhig mit diesem Bettler gehen, weil ich doch noch andere Tage sehen werde.« Nach diesen Worten ging sie aus dem Haus und folgte diesem Bettler, der die Krätze hatte.

Der Bettler lebte, zusammen mit seiner Mutter, auf einem zerfallenen Schiff. Beide gingen täglich aus zum Betteln, während die junge Frau zu Haus das Essen kochen mußte. So vergingen ein paar Jahre. Eines Tages, als sie wieder einmal allein auf dem Schiff beim Kochen war, fiel plötzlich vom Himmel eine große, rot gefleckte Schlange genau in ihren Topf. Schnell deckte sie den Kochtopf zu und kochte die Schlange zusammen mit dem andern Essen. Dabei dachte sie: ›Mit einem so armen Mann verheiratet zu sein, kann ich auf die Dauer nicht ertragen. Soll er an diesem vergifteten Essen sterben! Und ich nehme mir dann das Leben!‹

Bald kamen Mutter und Sohn nach Haus. Inzwischen hatte die Frau die ausgekochte Schlange aus dem Topf genommen und in den Fluß geworfen, und sie richtete das Essen an. Aber als sie gegessen hatten, starben sie keineswegs, sondern die krätzige Haut fiel ab, eine Schicht nach der andern, und der häßliche, krätzige Bettler wurde zu einem schönen jungen Mann. Da freuten sich die drei!

Die junge Frau war immer ein Glückskind gewesen. Während ihre Eltern seit ihrem Fortgehen täglich ärmer wurden, und der Vater schließlich seinen Posten als Beamter verlor, begannen für sie jetzt wieder glückliche Zeiten. Die Krätze ihres Mannes war verschwunden. Dann fing das Boot zu schaukeln an und hörte gar nicht wieder auf. Sie schauten unter das Boot und fanden Rabengold! Bald hatten sie so viel ausgegraben, daß ihr Schiffchen es nicht fassen konnte. So gingen sie an Land und kauften sich ein schönes Haus.

Nun beschlossen sie, einen kleinen Handel aufzumachen, aber der Bettler hatte ja als Bettler nichts gelernt und wußte daher nicht, was er anfangen sollte. Die Frau schlug vor, einen Reisladen aufzumachen, und sie eröffneten ein großes Reisgeschäft. Die Frau verstand zu rechnen und Buch zu führen, und sie traf alle Anordnungen. Der Mann saß vorn im Laden und überwachte den Verkauf.

Eines Tages kam ein alter Mann in den Laden, um Reis zu kaufen. Die Frau war hinter dem Ladenvorhang, guckte heraus und erkannte ihren eigenen Vater. Schnell ließ sie ihre Diener Essen machen und bestellte beim Koch noch extra gebratenes Entenhirn. Als der alte Mann das aß, fing er an zu weinen. Sein Schwiegersohn – der Alte wußte allerdings nicht, daß es sein Schwiegersohn war – fragte ihn: »Warum weinen Sie denn beim Essen?« – »Als ich das gebratene Entenhirn aß, mußte ich an meine Tochter denken. Sie ist die einzige, die weiß, wie gern ich es esse. Wo mag sie sein? Ich weiß es nicht.« Als die Frau dies hörte, kam sie hinter dem Vorhang hervor und sagte: »Vater, kennst du mich noch? Und dieser hier ist der Bettler, dem du mich damals gegeben hast, als ich sagte: ›Jeder hat das Schicksal, das ihm bestimmt ist.‹«

Dann ließ die Frau ein ganzes Schiff mit Reis beladen und gab dem Alten noch dazu hundert Geldstücke. »Vater«, sagte sie, »dies alles gebe ich dir zum Dank für die Erziehung, die du mir gegeben hast. Du aber komme nun nie wieder zurück zu uns!«

61. Die feine Nase

Es war einmal ein Mann. Eines Tages webte seine Frau eine Länge Stoff und sagte: »Verkaufe diesen Stoff und kaufe mit dem Geld die größte Kostbarkeit am Ort.« Der Mann verkaufte ihren Stoff, doch wollte ihm gar nichts von Wert einfallen, das er hätte kaufen können. Er dachte nach und lief dabei ohne Ziel herum.

Schließlich traf er einen Bauern, der auf seinem Feld seine Arbeit tat, und auf demselben Feld standen viele weiße Kraniche. Er wußte aber nicht, daß diese Vögel ›Kranich‹ heißen, und er meinte, der Bauer hätte sie gezüchtet. Er dachte nun daran, sie für seine Frau zu kaufen und fragte bei dem Bauern an, was sie kosten würden. Der Bauer merkte, daß der Mann von nichts eine Ahnung hatte. Er beschloß, ihn zu betrügen, und nannte einen Preis. Der Mann gab dem Bauern all sein Geld. Nun fürchtete der Bauer, daß der Mann die Wahrheit gleich entdecken könnte, und deshalb sagte er: »Meine weißen Vögel sind eigenartig. Solange sie mich sehen, würden sie nicht mit dir gehen, sondern mir nachfolgen. Deshalb will ich mich entfernen, und wenn ich so weit weg bin, daß du mich nicht mehr siehst, dann kannst du deine Vögel zu dir nach Hause treiben.«

So wartete der Mann vertrauensvoll, bis der Bauer verschwunden war. Jetzt wollte er die weißen Kraniche zusammentreiben, aber alle flogen fort! Da war ihm klar, man hatte ihn betrogen, und er wußte nicht, was er zu Hause sagen sollte.

Schließlich dachte er sich etwas aus und ging nach Hause. Als er vor der Tür stand, war seine Frau beim Kochen. Schnell stieg der Mann auf einen Baum, der gerade vor der Küche wuchs, und sah in ihre Töpfe. Als er dann ins Haus trat, fragte seine Frau: »Was hast du Kostbares gekauft?« Er sagte: »Eine feine Nase, die habe ich gekauft.« Das glaubte seine Frau ihm nicht und wollte ihn gleich prüfen: er solle ihr mal sagen, was es heute zu essen gebe. Der Mann tat so, als ob er schnüffelte, und sagte: »Ich rieche Weißkohl, Fisch und Eier.« Das stimmte, denn er hatte es ja selbst gesehen. Die Nachricht über seine feine Nase wurde schnell in der Nachbarschaft bekannt.

Eines Tages fiel ein Schweinchen, das zum Nachbarhaus gehörte, in den Abwassertümpel. Durch Zufall hatte es der Mann gesehen, und als der Nachbar darum bat, mit Hilfe seiner feinen Nase das Schweinchen aufzustöbern, tat er wieder so, als ob er schnüffelte, und sagte dann: »Das Schweinchen ist im Tümpel.« Sie gingen alle hin und richtig, sie fanden dort das Schwein. Dies Ereignis wurde von einem Menschen zehn andern weitererzählt, und zehn erzählten es dann hundert andern, und schließlich kam die Sache dem Kaiser zu Gehör.

Eines Tages war des Kaisers Jadesiegel spurlos verschwunden. Der Kaiser schickte also zwei Gardeoffiziere zu dem

Mann, um ihn zum Siegel-Suchen in den Palast zu holen. Bevor der Mann das Haus verließ, gab er seiner Frau den Auftrag, den Schweinestall in Brand zu stecken, sobald er etwa eine Meile weg sei. Als er dann etwa eine Meile weg war, sagte er den beiden Gardeoffizieren, er röche einen Brand in seinem Schweinestall; er wolle zurück, um das Feuer zu löschen. Schnell kehrten sie um, und wirklich fanden sie den Stall in Flammen.

Angst packte jetzt die Gardeoffiziere, denn sie waren es, die des Kaisers Jadesiegel gestohlen hatten! Sie dachten: ›Wenn der Mann von einer Meile her das Feuer riechen kann, dann kann er sicher riechen, wo das Siegel ist.‹ Sie sagten deshalb zu dem Mann: »Das Siegel ist von uns gestohlen, und wir haben es versteckt: in dem alten Brunnen! Verzeih uns bitte, und verrate nichts davon beim Kaiser! Wir wollen es auch niemals wieder tun!« Frohlockend sagte er: »Ich hatte es schon gerochen, daß ihr das Siegel habt. Aber ich wollte euch Gelegenheit zur Reue geben. Ich werde euch dem Kaiser nicht verraten.«

Nach seiner Ankunft im Palast tat er wieder so, als ob er schnüffelte, und sagte dann zum Kaiser, das Jadesiegel wäre in dem alten Brunnen. Der Kaiser schickte Leute hin, um nachzuforschen, und wirklich: sie fanden es! Der Kaiser war sehr froh, daß er sein Siegel wieder hatte, und deshalb schenkte er dem Mann eine Wagenladung Kostbarkeiten.

Dabei fiel dem Mann auf einmal ein, daß sein Geheimnis eines Tages herauskommen könnte. Das wäre arg für ihn! Also warf er sich absichtlich auf den Boden. Der Kaiser fragte: »Hat er sich verletzt?« Er sagte: »Ach, meine feine Nase ist gebrochen! Ich kann jetzt nichts Besonderes mehr riechen!« Von nun an bat ihn deshalb niemand mehr um Hilfe!

62. Der Ochse

Es war einmal ein Mann mit Namen Dschang, ein seit jeher fauler Bursche, der gar nicht daran dachte, irgendwas zu tun. Eines Tages ging er zu einem Wahrsager. »Das Reichtumsschicksal wird dich treffen«, sagte ihm der Wahrsager, »vom Reichtumsgott wirst du Gold bekommen.« Als Dschang das hörte, freute er sich sehr und fragte: »Wirklich? Und wann?« Der Wahrsager erwiderte: »Erst mußt du mir versprechen, daß du mir zehn Stücke zahlst, wenn du das Gold bekommst. Erst dann will ich es sagen.« Dschang versprach es, und dann sagte der Wahrsager: »In den nächsten zehn Tagen.«

Dschang ging nach Haus und wartete, daß das Gold zur Tür hereingelaufen käme. Wenn er Reichtum kriegen sollte, dachte er, dann brauchte er ja nichts mehr zu tun. Doch die zehn Tage waren um, ohne daß Gold gekommen wäre! Das hatte er nun nicht erwartet. Er rannte zu dem Wahrsager, um sich zu beklagen, daß er ihn zum Narren gehalten hätte. Doch der Wahrsager erklärte Dschang, er sei faul gewesen, und darum habe ihm Gott kein Gold geschenkt. Die beiden stritten ohne Ende, bis endlich Dschang mit Wut im Bauch nach Hause ging. Je länger er die Sache überdachte, um so mehr kam ihm die Galle hoch, der Atem blieb ihm aus, und er wurde krank. Es dauerte nicht lange, bis er starb.

Als er in der Unterwelt erschien, fragte ihn der Höllenkönig: »Warum bist du gestorben?« Dschang berichtete die Sache von seiner Seite. Der Höllenkönig schickte daraufhin seine Leute aus, um die Sache nachzuprüfen. So erfuhr er, wie der Fall wirklich lag, und er beschimpfte Dschang: »Das Gold, vom Reichtumsgott in deinen Hof gelegt, war unter einem kleinen Haufen Schmutz versteckt. Du warst zu faul, dies bißchen Schmutz mal wegzuschaufeln. Man sieht, du warst so faul, daß Reichtum einfach nicht zu dir gelangen konnte.«

Nach dieser Rede ließ der Höllenkönig Dschang als einen

Ochsen wiedergeboren werden. Jahraus, jahrein, Monat für Monat, muß er seitdem für Bauern pflügen, und dabei muß er immerzu den Kopf nach unten und wieder rückwärts biegen, weil er immer noch nach seinem Goldschatz sucht.

63. Der Witzemacher

Ein Mann mit Namen Bai erzählte gerne Witzgeschichten. Oft fand er Beifall, und die Leute lachten. Aber oft machten seine Witze die Zuhörer nur wütend, so daß sie ihn verprügelten.

Eines Tages war er wieder mal bei Freunden zu Besuch; kaum saßen sie zusammen, fing er schon mit seinen Witzgeschichten an. Die Leute wurden wütend, ergriffen und banden ihn und hängten ihn an einen Baum. Es tat dem Bai so weh, als ob er stürbe, und er schrie: »Hilfe, Hilfe«, aber niemand hörte drauf. Nach einer Weile bemerkte Bai, daß auf dem Weg ein Mann daherkam. Es war ein Buckliger. Flink überlegte Bai, und gleich hatte er es! Als der Bucklige bei ihm vorbeikam, rief er ihn an: »He, Alter!« Der Bucklige sah um sich, suchte und sah niemanden. Bai rief: »Hier oben!« Der Bucklige sah hin, und als er Bai dort oben im Baum hängen sah, bekam er einen Schreck. Bai bat den Buckligen, ihn loszumachen, und sagte dazu: »Mein Leiden ist geheilt.« – »Was für ein Leiden?« fragte der Bucklige verwundert. Bai erwiderte: »Ich war bucklig, so wie du.«

Als der Bucklige das hörte, wurde er sehr neugierig und nahm Bai vom Baum. Unten angekommen, tat Bai, als ob er bucklig wäre, fing dann an sich zu bewegen, streckte sich mit Macht und schrie dabei: »Ah, wie schön, wunderbar: Ich bin geheilt!« Der Bucklige, höchst erstaunt, fragte: »Wie hast du das gemacht?« Bai tat zunächst, als ob er es nicht sagen wollte; es wäre ein Geheimnis, sagte er, ein Freund verriet es ihm; lange hätte er ihn bitten müssen, dann erst wäre er bereit

gewesen, ihn, Bai, zu heilen. Der Bucklige, ganz erregt, drang in Bai, es ihm zu sagen, bis Bai so tat, als sei er aus Höflichkeit dazu gezwungen. Er sagte: »Man nimmt ein Seil, bindet es um den Buckel und hängt den Mann auf einen Baum. Durch das Hängen streckt sich der Körper, und auf die Dauer wird der Rücken gerade.« Der Bucklige ergriff ein Seil, band es selbst um sich herum und bat Bai, ihn aufzuhängen. Bai prüfte, ob er gut gebunden wäre, und hing ihn auf. Bevor sich Bai entfernte, sagte er noch: »Du darfst nicht schreien, und je länger du hier hängst, desto besser.«
Nach einer Weile kam Bais Freund, um Bai abzunehmen. Als er den andern hängen sah, war er wie vom Blitz getroffen. »Wer bist du?« fragte er, »wie bist du da hinauf gekommen?« Der Bucklige begann ihm zu erzählen, doch der Freund platzte gleich vor Lachen und wollte den Aufgehängten herunternehmen. Der wollte aber nicht, sagte, er sei dabei, sein Leiden auszuheilen und dürfe noch nicht runter. Der Freund erklärte ihm, er sei betrogen worden, doch er glaubte es noch immer nicht. Er dachte, dieser Freund sei wohl dagegen, daß er das Geheimrezept benutze! Als der Freund einsah, daß der Bucklige so nicht zu überzeugen war, sagte er ihm, daß der Mann, der vorher an dem Baum gehangen hatte, Bai gewesen war. Das machte es dem Buckligen nun klar, daß er betrogen war, und jetzt willigte er ein herabzukommen.

64. Buckel und Hasenscharte

In einem Dorf gab es einmal einen Mann mit einem Buckel. Er konnte keine Frau zum Heiraten bekommen, denn die Familien aller Mädchen bemängelten, daß er seinen Leib nicht gerade strecken konnte. Seine Eltern, die sich deshalb Sorgen machten, faßten um so fester den Entschluß, eine Frau für ihn zu finden.
Im Nachbardorf gab es zu dieser Zeit ein Mädchen, das sehr

schön gewachsen war. Sie ließ sich aber nicht verheiraten, weil sie eine Hasenscharte hatte.
Die Ehevermittlerin kam auf den Gedanken, diese beiden zusammenzubringen, und sie machte mit beiden Seiten das gegenseitige Beschauen aus. Zu dem Mann mit dem Buckel sagte sie: »Reite morgen früh zu Pferd an ihrem Haus vorbei. Das Mädchen steht im Oberstock und kann von dort nicht sehen, daß du bucklig bist.« Und zu dem Mädchen sagte sie: »Morgen, wenn der Mann zu Pferd unter deinem Oberstock vorbeikommt, halte eine Blume vor dem Mund. Dann sieht er nicht, daß du eine Hasenscharte hast.«
Beide handelten am nächsten Tag nach diesem Plan, und beide waren voll befriedigt. Dann feierte man fröhlich Hochzeit. Erst zur Zeit der bunten Kerzen im Brautzimmer merkten beide, daß der andere Mängel hatte. Sie stürzten wütend zu der Vermittlerin und fragten, warum sie sie betrogen hätte. Die Vermittlerin erwiderte: »Ihr seid beide Menschen mit Mängeln, deshalb solltet ihr euch nicht gegenseitig Vorwürfe machen. Sucht im andern nach den guten Seiten! Dann werdet ihr viel glücklicher als andre Menschen sein.« Die beiden sahen ein: sie hatte recht, und von dann an lebten sie fröhlich und einträchtig zusammen.

65. Die neun Söhne

Es lebten einst ein Mann und eine Frau, die nach langen Ehejahren immer noch kein Kind bekamen. Beide hatten gute Herzen und taten nicht wenig gute Werke. Daher erschien bei ihnen zu Haus eines Tages eine alte Frau mit neun kleinen Lehmpuppen, die sie der Ehefrau mit diesen Worten schenkte: »Jedes Jahr sollst du eine davon essen, und dann wirst du jedesmal ein Kind bekommen.«
Aber diese Frau hatte es sehr eilig, und sie aß alle neun auf einmal auf. Bald wuchs ihr Bauch und wurde dick, viel dicker

als gewöhnlich bei andern Frauen, und am Ende brachte sie gleichzeitig neun Jungen zur Welt. Die Eltern freuten sich zwar über ihre Söhne, aber plötzlich neun Burschen im Haus zu haben, kostet viel Geld. Obwohl der Mann tüchtig arbeitete, war er doch gezwungen, bei fremden Leuten Geld zu borgen. Eines Tages rückten die verschiednen Gläubiger alle an und verlangten Zahlung. Als sie auf ihre Forderungen hin kein Geld bekamen, verließen sie das Haus, und draußen besprachen sie, wie sie Rache nehmen könnten.

Nun hatte wirklich jeder der neun Söhne eine ganz besondre Fähigkeit, nach der auch jeder seinen Namen erhalten hatte. Derjenige, der ›Fernhörer‹ hieß, hörte also, daß die Bösewichte ihnen etwas antun wollten; und ›Tausendmeilenauge‹ sah, wo sie sich versteckten. So erfuhren sie, daß die Bösen einen Jungen fangen und verdreschen wollten. Als die Männer kamen, ließ man sie Nummer Drei, genannt ›Harthaut‹, fangen. Wie immer sie den Jungen schlugen, Harthaut tat es gar nicht weh, und sie ließen ihn am Ende zurück nach Hause gehen. Ein paar Tage später verabredeten sie, einen Jungen mit kochendheißem Wasser zu verbrühen. ›Fernhörer‹ hörte das Gespräch, und so überließ man ihnen Nummer Vier, der ›Unverletzbar‹ hieß. So viel die Männer ihn mit kochendheißem Wasser übergossen, sie konnten ›Unverletzbar‹ nicht zu Tode brühen.

Jetzt bekamen es die Bösen mit der Angst. Wahrscheinlich sind die Söhne dieses Hauses Heilige in Verwandlung, so dachten sie und wagten nicht, sie nochmals anzugreifen. So konnten die neun Söhne und die Eltern seitdem ihre Tage in Fröhlichkeit verbringen.

66. Die Brüder

Es war einmal ein alter Herr, dem das Wohl der Allgemeinheit mehr galt als das eigene. In einem Umkreis von zwanzig, dreißig Meilen war er es immer, der eine Brücke bauen, eine Straße reparieren oder einen Ruhepavillon errichten ließ. Er kümmerte sich auch um Leute, die in Schwierigkeiten waren, und darum wurde er von jedermann verehrt. Er hatte eben seinen Sohn, der Kaufmann hieß, verheiratet, als er eines Tages auf der Straße einen Waisenknaben sah. Der Junge, in Lumpen und mit braungebrannter Haut, ging von Tür zu Tür und heulte. Er war bedauernswert! Darum nahm der alte Herr ihn an als seinen eignen Sohn, mit dem Namen Ehrlich.

Der alte Herr war gut zu Ehrlich: Wenn Kaufmann etwas Neues anzog, bekam auch Ehrlich etwas anzuziehen. Was Kaufmann auch bekam, Ehrlich bekam es ebenfalls. So verlief das Leben der Familie sehr zufriedenstellend.

Die Zeit vergeht wahrhaftig schnell! Die Knaben wuchsen auf in ihrer Kandiszucker-Welt und wurden zu Erwachsenen. Als ihr Vater eines Tages schwer erkrankte, rief er beide Söhne zu sich. »Mit mir geht es zu Ende«, sagte er, »und ich habe nichts dagegen. Ich hoffe, daß ihr beide weiterhin froh und einträchtig zusammen lebt. Helft euch gegenseitig! Keiner denke nur an sich! Kaufmann, du mußt deinen kleinen Bruder ganz besonders lieben und ihm trauen! Auf keinen Fall dürft ihr euch streiten.« Als der alte Herr ausgesprochen hatte, schloß er friedlich seine Augen.

Kaufmann merkte sich die letzten Worte seines Vaters und betraute seinen Bruder Ehrlich mit der Hausverwaltung. Ehrlich gab sich große Mühe, und ihr Zusammenleben war nicht schlecht. Aber mit der Zeit wurde Kaufmanns Frau auf Ehrlich eifersüchtig. Oft spielte sie vor ihrem Mann die Beleidigte und sagte ihm: »Man steht sich nah in der Familie, und das gilt besonders für Mann und Frau. Aber wir, wir müssen deinen Bruder bitten, wenn wir etwas haben wollen, leise und bescheiden müssen wir ihn bitten! Du bist ja gar kein Mann!« So redete die Frau, und nicht nur das *eine* Mal! Manchmal, in Ehrlichs Gegenwart, schimpfte sie auf den Sophorabaum und meinte in Wirklichkeit den Maulbeerbaum, warf den Napf und meinte in Wirklichkeit die Schale – eine Art Benehmen, das jeder haßt.

Als Ehrlich merkte, was sie meinte, entschloß er sich, den Bruder zu verlassen. Es war wirklich arg für Kaufmann, dessen Frau ihn Tag für Tag beschimpfte. Ehrlichs Entschluß war fest, und so blieb Kaufmann gar nichts übrig, als ihn mit vierzig Silberstücken auszustatten und schweren Herzens aus dem Tor herauszulassen.

So wanderte nun Ehrlich lange in der Fremde. Er kam dabei an einen Ort, wo gerade Geld gesammelt wurde, um einen Ruhepavillon zu bauen. Man forderte ihn auf, seinen Sinn für das Gemeinwohl zu beweisen und auch etwas zu spenden. Da gab er zwanzig Silberstücke. Die Leute sagten: »Herr, wie heißt du? Wir wollen deinen Namen auf den Eingangsbalken schreiben, denn du hast mehr gespendet als der reichste unter uns.« – »Schreibt: Von Kaufmann Ehrlich: zwanzig Silberstücke«, sagte er.

Dann ging er weiter, tagelang, bis er auf Leute stieß, die eine schön verzierte Brücke reparierten. Er spendete auch hier zwanzig Silberstücke, und die Leute meißelten in Stein in großen Zeichen: »Von Kaufmann Ehrlich: zwanzig Silberstücke, freudig beigetragen.«

Jetzt war Ehrlichs Geld zu Ende. Als es dunkelte, kam er in ein Dorf. Dort war eben eine Feuersbrunst gewesen, und im ganzen Dorf war niemand, der ihm Unterkunft anbieten konnte. Ein Alter sagte ihm: »Wenn du übernachten willst, gibt es nichts als ein leeres Haus, halbhoch am Berg. Seit langem hat dort niemand mehr gewohnt; da wirst du dich wohl fürchten?« Ehrlich sagte: »Wovor sollte ich mich fürchten? Ich bin ein armer Mann.« Also ging er hin. Mannshoch wuchs das Gras um das Haus herum, einen halben Zoll hoch lag der Staub im Haus, und weiches, grünes Moos wuchs auf dem Boden. Ehrlich kümmerte sich nicht darum, rollte sich in seine Decke und schlief ein.

In der Nacht war es im Zimmer noch stiller als zuvor. Man hätte eine Sticknadel zu Boden fallen hören. Plötzlich, man wußte nicht woher, blies ein Wind herein, zum Erfrieren eisig, und dazu gab es Geräusche, als lägen überall Soldaten auf der Lauer. Angstschauer liefen über Ehrlichs Rücken! Es war ihm gleich, ob dreimal sieben einundzwanzig ist! Er stieß die Decke weg und sprang wie wild im ganzen Raum herum. Auf einmal sah er einen Haufen von etwas Glänzendem, das in der Zimmerecke leuchtete und kurz darauf verschwand. Dann war es lautlos still, und Ehrlich konnte wieder schlafen.

Morgens, als es hell war, durchsuchte er den ganzen Raum, um die Sache aufzuklären, aber alles war wie vorher, nichts hatte sich verändert. Er war sehr verwundert. Zum Schluß sah er noch im Getreidespeicher nach. Da strahlte ihm aus einer dunklen Ecke ein Haufen Silbergeld entgegen! Kaum hatte Ehrlich das gesehen, lief er in demselben Atemzug vom Berg ins Dorf, suchte nach dem Alten und fragte ihn: »Wem gehört das Haus? Ich muß ihn sprechen.« Der Alte sagte: »Du kannst ja hingehen. Der Besitzer ist am Leben, aber schon seit langem hat er nicht mehr dort gewohnt. Meinst du, er verlangt Bezahlung für das Übernachten?« Der Alte wies auf eins der Häuser im Dorf und sagte: »Da drüben wohnt er.«

Ehrlich ging hinein, faßte den Besitzer am Arm und sagte: »Ich will weiterreisen. Bitte, komm und sieh, ob das Haus in Ordnung ist.« Der Hausbesitzer war erstaunt: »Ist nicht nötig«, sagte er, »geh ruhig los.« – »Wenn du nicht nachsehen kommst, muß ich mir Sorgen machen.« Auf diese Weise wurde der Besitzer in Verlegenheit gebracht, und da ihm nichts mehr einfiel, ging er mit. Ehrlich fürchtete, der Hausherr könnte fallen, und so packte er ihn fest am Arm. Er schleppte ihn in den Getreidespeicher, wies auf den Haufen Silber und sagte: »Es ist nicht recht von dir, so einen Haufen Silbergeld hier rumliegen zu lassen! Verwahre es! Jetzt kann ich gehen.« Er wandte sich zur Tür. Über diese wunderliche Sache war der Hausherr erst verdutzt, dann aber drehte er sich um, nahm Ehrlichs Arm und sagte: »Nein, nein! Ich habe nichts dahin gelegt! Dein ist das Silber, deins muß es sein, ich will es nicht.« – »Ha«, lachte Ehrlich, »mach keine Sachen! Eins ist eins, und zwei ist zwei. Ich habe nichts, wie kann ich Silber haben?«

Wie konnte dieser Hausbesitzer aber Ehrlich gehen lassen? Er schrie den Ehrlich an: »Mein Himmel, es ist klar, das Geld ist deins. Wieso behauptest du noch immer, es sei meins?« Auch Ehrlich wurde aufgeregt und schrie: »Wenn es nicht dir gehört, wem gehört es denn?« Dann erzählte er dem Hausbesitzer, was letzte Nacht geschehen war. Da kam dem Hausherrn ein Gedanke, und er sagte: »Wenn du nicht gekommen wärst, hätte niemand dieses Geld gesehen. Keiner von uns braucht es abzulehnen. Wir können es uns teilen!« Sie redeten noch einen halben Tag darüber und entschieden sich zuletzt dafür. Der Hausbesitzer sah, daß Ehrlich ehrlich war und dazu heimatlos. Also bat er ihn, bei ihm zu bleiben, und Ehrlich stimmte zu. Sie standen zueinander wie Vater und Sohn.

Als Ehrlich von zu Hause fortgegangen war, hatte Kaufmanns Frau die Hausverwaltung übernommen. Sie wollte guten Eindruck machen und ihre Fähigkeit beweisen. Zwar waren alle Sachen im Haus noch gut zu brauchen, aber sie beschloß, alles neu zu kaufen. Der süße Treberwein war gut zum Trinken, sie aber setzte Zucker zu! Essen, Trinken, alles wurde großspurig getan, und nach kaum zwei Jahren hatte sie das Haus zugrunde gerichtet. Da erst fiel ihr Ehrlich ein, und sie sagte aufgeregt zu Kaufmann: »Könntest du versuchen, Ehrlich aufzufinden? Ihn bitten, uns aus der Not zu retten?« Kaufmann konnte gar nicht anders und brach auf, auf demselben Weg, den Ehrlich gegangen war.

Eines Tages, als Kaufmann müde war vom Laufen, kam er an einen Ruhepavillon und setzte sich. Als er den Kopf hob und sich umsah, entdeckte er die Inschrift auf dem Hauptschild: »Von Kaufmann Ehrlich: zwanzig Silberstücke.« Er schrak zusammen: »Ai-ja, Ai-ja! Hier ist mein kleiner Bruder also vorbeigekommen. Hat viel Geld gespendet und sogar für mich meinen Namen zugefügt!« Seufzend ging er weiter, wer weiß wieviele Tage, bis er an die schön verzierte Brücke kam. Er besah die an den Seiten angebrachten Bilder: »Der dem Himmel gleiche große Heilige«, »Die Acht Heiligen, gehend auf dem Meer«, »Die Königin-Mutter«, »Die zehn Schlachtformationen«, und je mehr er sah, desto mehr gefiel es ihm, bis er mit einem Mal die in den Stein geschnittne Inschrift las: »Von Kaufmann Ehrlich: zwanzig Silberstücke, freudig beigetragen«. Sein Herz erschrak und freute sich zugleich! Er freute sich, weil der Bruder gut war. Er erschrak, weil der Bruder seine mitgenommenen vierzig Silberstücke alle ausgegeben hatte. Wovon lebt er? Die Blätter an den Bäumen waren grün, die Blätter wurden gelb, die Blätter fielen ab, und nach langem Suchen fand Kaufmann endlich seinen Bruder.

Eine ganze Weile lebte Kaufmann nun in Ehrlichs Haus. Eines Tages aber sagte er zu Ehrlich: »Ich fürchte, deine Schwägerin wird ungeduldig. Morgen gehe ich nach Hause.« – »Nanu, was ist an deinem Leben hier nicht gut? Hat dein kleiner Bruder dich irgendwie verletzt?« Mit solchen Worten hielt Ehrlich seinen Bruder mehrmals fest, aber Kaufmann sagte, er wolle wirklich weg. Schließlich dachte Ehrlich, daß er ihn gehen lassen müsse, und er sagte: »Bruder, da du entschlossen bist, mich zu verlassen, will ich dich nicht zwingen hierzubleiben. Ich habe aber nichts, das ich dir schenken könnte, außer einem blinden Pferd im Pferch. Nimm es und reite heim. Vielleicht kannst du es irgendwie gebrauchen.«

Kaufmann hätte nicht geglaubt, daß Ehrlich sich so schnell umstimmen ließe, und er dachte bei sich: ›Etwas Gutes oder Geld habe ich erwartet, nicht ein blindes Pferd! In den Tod wird es mich tragen! Was soll ich aber tun? Hier gibt es eben keine Hilfe‹, und so stieg er auf das Pferd und ritt davon. So trübselig war ihm zumute, daß er nicht bemerkte, wie zwei Männer, die Lederkörbe trugen, gleich hinter ihm denselben Weg einschlugen.

Nachdem Kaufmann lange unterwegs gewesen war, kam er zu Hause an. Er ritt ins Dorf, und als die Leute ihn zu Pferde sahen, riefen sie bewundernd: »Kaufmann, großartig ist dein Bruder! So einen gibt's nur selten!« Kaufmanns Bauch war voller Grimm, den er nirgends ausgesprochen hatte, und so fing er an zu schimpfen: »Schwindel! Zuviel Schwindel!« Da sagten ihm die Leute: »Vor ein paar Tagen hat dein Bruder allen Besitz, den du verkaufen mußtest, für dich zurückgekauft. Ein gutes Leben ist euch wieder sicher. Das findest du *nicht* großartig?« Kaufmann glaubte es nur halb und halb blieb er im Zweifel.

Als er ins Haus kam, trat ihm seine Frau entgegen; mit Tränen in den Augen und aus der Nase tropfend sagte sie: »Ich hab es nicht verdient! So ein guter kleiner Bruder! Aus der Familie hab ich ihn gejagt! Ich hab es nicht verdient, gut zu essen!« Und dann konnte sie nicht weitersprechen. Als Kaufmann dieses hörte, war er hocherfreut und dachte: ›Wer hätte es geahnt, daß der Bruder einen Menschen gut machen kann! Selbst meine Frau hat nur durch ihn gelernt, was Gutsein ist.‹ Auch er fing an zu weinen und zu schluchzen, und seine Tränen waren groß wie grüne Erbsen. Daß Ehrlich ihm das blinde Pferd gegeben hatte, war also nur ein Trick gewesen! Er, Kaufmann, hatte dadurch Zeit verloren, während Ehrlich durch die Nacht auf einem Umweg reiste, noch vor ihm in der Heimat ankam und den längst verlorenen Besitz für ihn zurückerwarb!

Drei Tage, nachdem Kaufmann heimgekommen war, er-

schienen die zwei Männer mit den Lederkörben und baten um ein Nachtquartier. Beim Morgengrauen brachen sie schon auf. Zu Kaufmann sagten sie: »Entschuldige, daß wir dir Mühe machen, aber unsere Körbe sind kaputt. Dürfen wir sie stehen lassen?« Danach verließen sie den Ort. Kaufmann dachte: ›Wozu sind alte Körbe gut? Ich werfe sie gleich weg‹, und stieß sie mit der Hand. »Nanu, warum so schwer?« Er öffnete die Körbe und sah hinein. Das war ein Schreck: sie waren voll von Kupfer- und Silbergeld! Ein Brief lag obenauf, und darin hieß es klar und deutlich: ›Diese beiden Männer hat Ehrlich dir geschickt, um dir Geld zu bringen‹. Kaufmann zersprang fast das Herz, und er wiederholte viele Male: »O, Ehrlich, Ehrlich, guter Bruder! Auf der ganzen Welt ist niemand, der so fein und ehrlich ist wie du, Ehrlich!«
Von nun an warnte Kaufmann seine Frau von Zeit zu Zeit und ermahnte sie zur Sparsamkeit. Und die Frau war auch inzwischen sehr viel weiser als zuvor.

67. Karpfenfang

Es war einmal ein Junge namens Wang Hsiang. Er war noch klein, als seine Mutter starb. Sein Vater nahm sich eine zweite Frau, die sehr häßlich zu dem Jungen war. Aber er verhielt sich stets zu ihr wie ein getreuer Sohn.
Eines Tages kam die Stiefmutter auf den Gedanken, daß sie Karpfen essen wollte. Wang Hsiang ging aus, einen aufzutreiben, aber es war Winter, überall lag Schnee und Eis; deshalb gab es keine Karpfen auf dem Markt. Um der Stiefmutter zu zeigen, was für ein treuer Sohn er war, zog Wang Hsiang seine Hosen aus und setzte sich aufs Eis, so daß Schnee und Eis geschmolzen wurden. Aus dem Loch im Eis sprang ein Karpfen, den er seiner Stiefmutter zum essen brachte.
Sie war so gerührt von seiner Sohnesliebe, daß sie von nun an wirklich gut zu Wang Hsiang war.

68. Zur Rettung der Mutter das Kind begraben

Es war einmal ein Mann mit Namen Guo Djü. Sein Haushalt, außer ihm, bestand aus seiner alten Mutter, seiner Frau und seinem kleinen Kind. Sie waren arme Leute, und als es eines Sommers eine Dürre gab, war ihre Lage hoffnungslos. Da sagte Guo zu seiner Frau: »Meine Mutter ist so alt, daß sie nur leben kann, wenn sie täglich etwas ißt. Unser Sohn ist klein und will jeden Tag gefüttert werden. Wenn wir ihn begraben, ist genug zu essen da für meine Mutter.«

Voll Kummer nahmen also Mann und Frau ihr Söhnchen an die Hand, um es lebendig zu begraben. Von so viel Sohnesliebe war der Himmelsherrscher ganz gerührt, und als der Mann mit seiner Hacke in den Boden hieb, fand er einen Topf voll Gold! Das Gold war ein Geschenk vom Himmel, genug zum Unterhalt für alle. Die Familie hatte nun ein gutes Leben.

69. Sohnesliebe rührt den Räuber

Es war einmal ein treuer Sohn, der zu Haus in Armut lebte. Da sich die Familie nichts Gutes zu essen leisten konnte, ging er jeden Tag zum Maulbeeren-Sammeln ins Gebirge. Auf dem Heimweg traf er eines Tages einen Räuber, der ihn gefangen nahm. Der Junge trug zwei Körbchen, eins mit schwarzen und eins mit grünen Beeren. Verwundert fragte ihn der Räuber, warum er die Beeren sortiere. Der Junge sagte: »Die schwarzen sind reif und süß; die sind für meine Eltern. Die grünen sind unreif und sauer; die sind für mich.«

Von so viel Sohnesliebe war der Räuber ganz gerührt. Er gab dem Jungen einen Sack voll Reis und eine Rinderkeule und schickte ihn nach Hause.

Dann dachte er darüber nach, wie dieser Junge noch so klein und schon so pietätvoll zu den Eltern war, während er selbst nur Schlechtes tat und Schande über seine Eltern brachte. So sehr war er gerührt, daß er von diesem Tage an das Rauben aufgab und zu einem guten Menschen wurde.

70. Herr Zweig muß auf sich selber böse sein

Es war einmal ein armer Mann mit Namen Zweig, der eines Tages zu seinem Freund, Herrn Sonne, ging, um von ihm Geld zu leihen. Sonne hatte sehr viel Geld und war auch nett zu seinem Freund, dem er gern helfen wollte. Aber als Herr Zweig zu Herrn Sonne kam, wagte er es nicht, seinen Mund aufzumachen und um eine Anleihe zu bitten. Viele Tage blieb er bei Herrn Sonne, konnte aber nie die passenden Worte finden. So brach er schließlich auf, um nach Haus zu gehen.

Sonne hatte wohl gemerkt, daß Zweig gekommen war, um sich Geld zu leihen. Aber um des Freundes Selbstgefühl nicht zu verletzen, gab er ihm nicht einfach Geld, sondern nahm vier rote Kuchen, steckte etwas Gold in jeden und gab sie Zweig als Reisezehrung. Nun dachte Zweig: ›Sonne muß doch wissen, daß ich kein Geld mehr habe. Wie konnte er nicht merken, daß ich gekommen war, ihn anzupumpen! So viele Tage bin ich dageblieben und konnte bloß nicht anfangen, davon zu reden. Er wollte mir vielleicht nichts geben! Jetzt schenkt er mir diese vier roten Kuchen! Vor Ärger könnte ich gleich sterben!‹ Je mehr er daran dachte, um so böser wurde er; und während er daherging, warf er Sonne vor, kein Mitgefühl zu haben.

Zufällig kam ein alter Mann mit einem Kind vorbei. Der kleine Junge hatte Hunger, und der Alte fragte, ob Zweig ihm seine Kuchen verkaufen würde. Zweig verkaufte zwei. Als nun Zweig nach Hause kam, sah sein eigenes Kind die Kuchen und wollte davon essen. Die Mutter nahm ein Messer, um einen aufzuschneiden; da blieb das Messer stecken! Sie sah genauer hin, da sah sie innen Gold! Als Zweig es sah, verstand er endlich Sonnes gutes Herz. Da er einsah, daß kein Grund zum Ärger über Sonne bestanden hatte, wurde er sehr böse auf sich selbst!

71. Die Wunderheilung

Ein Kaufmann hatte eine Tochter, die stickte leidenschaftlich gern. Aber immer, wenn sie einen Faden abbiß, verschluckte sie das Ende, und schließlich wurde sie sehr krank. Ganz gelb war ihr Gesicht, und niemandem gelang es, sie zu heilen.

Eines Tages kam ein Bettler, der um Essen bat. Er sah das kranke Mädchen und fragte den alten Kaufmann: »Wie kommt es, daß niemand Eure Tochter heilt?« Der alte Mann erwiderte: »Seit langem ist sie in Behandlung, doch leider ohne Besserung. Vielleicht kannst du uns etwas raten?« – »Ich bin ja bloß ein Bettler«, sagte dieser, »und was ich Euch auch riete, Ihr würdet mir nicht glauben.« – »Das stimmt, doch wenn du meine Tochter heilen kannst, ist mir kein Preis zu hoch.« Der Bettler sagte: »Ein Sack mit Reis ist alles, was ich zum Anfang brauche.« Da gab der Kaufmann ihm, zur Deckung seiner Kosten, gleich zwei Säcke Reis.

Der Bettler nahm sie und ging los, nach Hause. Er wohnte oben an dem Steilhang, neben dem Erdgott-Tempel. Es war ein schwerer Aufstieg mit den beiden Säcken, und er schwitzte tüchtig. Als er zu Hause ankam, war er naß am ganzen Körper. Seit zwei, drei Jahren hatte er sich nicht gewaschen. Also setzte er sich hin und kratzte sich. Er kratzte und kratzte stundenlang, und aus seinem Schmutz, gemischt mit Schweiß, machte er kleine Pillen. Sauber wie er war, brachte er am nächsten Tag die Pillen zu dem Vater für das kranke Mädchen. Der Kaufmann fragte, wieviel Geld er haben wolle. Der Bettler sagte: »Wird sie gesund, verlange

ich dreihundertsechzig Dollar. Wird sie nicht gesund, gebt mir, was Ihr wollt.«
Der Kaufmann nahm die Pillen an und gab sie seiner Tochter zum essen. Als das Mädchen den Gestank der Pillen roch und das üble Zeug herunterschluckte, mußte sie sich übergeben. Dabei kamen alle Fäden heraus aus ihrem Magen! Von einem Tag zum andern war sie ganz gesund. Der Kaufmann gab dem Bettler dreihundertsechzig Dollar und tausend Dollar noch dazu. So war der Bettler plötzlich reich.
Es gab hier noch zwei Bettler, die seine Freunde waren. Der eine wurde ›Vorstehendes-Gebiß‹ genannt, der andere ›Lange-Nägel‹. Sie kamen eines Tages zu Besuch zu ihm und sagten: »Du bist jetzt ein reicher Mann. Falls du wieder mal Gelegenheit zum Geldverdienen hast, gib die Chance uns!«
Er versprach es. Kurz danach bat ihn jemand, einen Kranken zu behandeln, und er ließ an seiner Stelle Lange-Nägel gehen. Lange-Nägel ging noch schnell aufs Klo, und weil er unaufmerksam war, kam unter seine Nägel etwas Kot, ohne daß er davon etwas merkte. Der Hausherr (bei dem Kranken) bot ihm gutes Essen an, aber Lange-Nägel sagte: »Warum stinkt das Essen?« Der Hausherr roch an den Gerichten, aber fand nichts Stinkendes. Dann wurden Erdnüsse angeboten. Als Lange-Nägel welche nahm, fiel der Kot von seinen Nägeln. Der Hausherr merkte jetzt, wie schmutzig Lange-Nägel war, und schmiß ihn raus.
Der reiche Bettler fragte ihn nachher, wieviel Geld er denn bekommen hätte. Lange-Nägel sagte: »Nicht nur habe ich kein Geld bekommen, sondern auch kein Essen, und der Hausherr hat mich rausgeschmissen.« Der reiche Bettler sagte: »Dich kann man nicht gebrauchen.«
Kurz danach kam eine zweite Chance, und diesmal war es Vorstehendes-Gebiß, der Doktor spielen sollte. Das Haus des Kranken lag ganz hoch am Berg. Vorstehendes-Gebiß war immer faul gewesen, deshalb machte ihn der Aufstieg furchtbar müde. Als er bei dem Kranken ankam, schlief er ein,

schlief fest, zwei, drei Stunden lang. Als der Hausherr in das Zimmer kam und fragte, ob der Kranke jetzt geheilt sei, hörte er von der Familie, daß der Doktor gleich eingeschlafen sei und bis jetzt geschlafen hätte. Der Hausherr wurde böse und schmiß ihn raus.

So wurde Vorstehendes-Gebiß auch mit leeren Händen abgeschoben. Zu Haus erzählte er dem reichen Bettler, was geschehen war, und der sagte: »Von jetzt an will ich selber gehen.«

Gleich am nächsten Tag kam jemand, der ihn zu einem Kranken bat. Der Bettler sagte zu dem Mann, er solle fünf Pfund Hühner-, drei Pfund Schweinefleisch und einen Fisch besorgen. Dann könne er den Kranken heilen. Als Wein und Essen fertig waren, stach der Neid die beiden andern, und sie beschlossen, den reichen Bettler reinzulegen. Vorstehendes-Gebiß dachte sich was aus: Lange-Nägel sollte seine Kleider ausziehen; sowie die Leute anfingen zu essen, sollte er herauskommen, von nicht zu weit entfernt, und sollte sich dann ducken, während er, Vorstehendes-Gebiß, in nächster Nähe stehen würde.

Kurz nachdem das Essen aufgetragen war, zog Lange-Nägel wirklich seine Kleider aus und kam heraus aus einer dunklen Ecke, nicht zu weit entfernt. Die Diener sahen etwas und kriegten große Angst und sagten zu dem Doktor: »Was ist denn das? Wie fürchterlich!« Der Bettler sagte: »Das ist gar nichts. Das ist bloß der Weißknochen-Mörderstern. Den kann ich leicht mit Steinen und Sand vertreiben.« Er hob vom Boden Steine auf und warf sie nach dem Weißknochen-Mörderstern, der dann im Nu verschwand.

Die Diener rannten gleich zu ihrem Herrn und sagten: »Dies ist ein wirklich guter Doktor. Er hat den fürchterlichen Weißknochen-Mörderstern vertrieben. Vier Beine hatte der, und einen Menschenkopf! Wirklich fürchterlich!« Der Hausherr hatte nun sehr große Achtung vor dem Doktor und trug den Dienern auf, überall den Ruhm des Doktors zu verbrei-

ten. Außerdem befahl er ihnen, eine Menge Essen in des Doktors Haus zu tragen. Als der reiche Bettler dann nach Hause kam, fand er Vorstehendes-Gebiß und Lange-Nägel auf ihrem Bett, beide arg verwundet!
Dieser reiche Bettler, der so viel Glück im Leben hatte, wurde später ein richtiger Arzt und noch dazu ein sehr, sehr reicher Mann.

72. Der kluge Richter

Es war einmal ein Junge, der Schmalzgebäck verkaufte. Das Geld, das er verdiente, versteckte er an einem Baum unter einem Stein. Eines Tages hatte er all sein Schmalzgebäck verkauft, ging hin zu seinem Stein und hob ihn auf. Sein ganzes Geld war weg! Da setzte sich der Junge auf den Stein und weinte und heulte so sehr, daß viele Leute neugierig angelaufen kamen. Jeder hatte irgendwas zu sagen, aber niemand wußte was Genaues.
Zufällig kam in diesem Augenblick der Richter hier vorbei. Er fragte, was geschehen wäre, und fing an Ort und Stelle an, Gericht zu halten. Die Menschenmenge war gespannt, und es kamen dauernd noch mehr Leute um zuzusehen. Jetzt befahl der Richter seinen Wächtern, niemanden aus der Menge fortzulassen. Dann ließ er seine Wächter dem Stein mit der Bambusrute fünfzig Schläge geben. Dazu sagte er: »Nach diesem Jungen ist niemand hier gewesen außer dir. Also mußt du, Stein, das Geld gestohlen haben.« Der Stein gab keine Antwort und blieb auch stumm, als er noch mehr verprügelt wurde.
Dann ließ der Richter ein Faß mit Wasser holen und sagte zu der Menschenmenge: »Der Stein hat nichts gestanden. Könnte wohl einer von euch der Dieb gewesen sein? Es werfe jeder eine Kupfermünze in dieses Faß. Das wird dem Jungen eine Hilfe sein. Wer keine Münze zahlt, darf heute nicht von

hier nach Hause gehen.« Die Leute kriegten Angst, und jeder warf ein Kupferstück ins Faß. Der Richter sah sich jedes an, packte plötzlich einen Mann und sagte: »Du bist der Dieb.« Der Mann gab es nicht zu.
Der Richter aber sagte: »Nichts war zu sehen, als all die andern Münzen in das Faß geworfen wurden. Aber deine Münze hat dem Wasser ein Fettauge aufgelegt. Also stammt deine Münze von dem Jungen, der das Schmalzgebäck verkauft. Von seinen Händen muß sein Geld ja fettig werden. So ist klar, daß du das Geld gestohlen hast.« Der Mann sah sich gezwungen, den Diebstahl zu gestehen, und alle Leute priesen ihren klugen Richter.

73. Die Konkubine

Es war einmal ein Mann mit einer Konkubine, die er heftig liebte. Als er schwer erkrankte, sagte er zu seinem Sohn: »Wenn ich tot bin, sollst du einen Mann für diese Konkubine finden. Jugendjahre soll man nicht verschwenden.« Doch als er immer kränker wurde, verwirrte sich sein Geist, und er sagte: »Wenn ich tot bin, sage ihr, sie solle sich das Leben nehmen, und dann begrabe sie zusammen mit mir.«
Dann starb der Mann, und der Sohn gab die Konkubine jemandem zur Frau, indem er sagte: »Ich tue, was mein Vater wünschte, bevor die Krankheit seinen Geist verwirrte.«
Später wurde dieser Sohn in einen Krieg verwickelt. In der Schlacht sah er einen alten Mann, der alle Pferde seiner Feinde mit einem Seil zum Stürzen brachte, so daß der Sohn die Schlacht gewann. Der Alte mit dem Seil erschien des Nachts dem Sohn im Traum und sagte: »Ich bin der Vater jener Konkubine. Weil du meine Tochter nicht – mit deinem Vater zusammen – begraben ließest, bin ich gekommen, um mit dem Seil dir Dank zu sagen.«

74. *Das gestohlene Huhn*

Einst lebten zwei Familien, die sich gar nicht leiden konnten. Die eine Familie hatte ein Kind. Die andere Familie hatte ein Huhn, und diese verdächtigte die erste, daß sie das Huhn gestohlen und aufgegessen hätten. Die Leute der zweiten Familie stahlen deshalb das Kind, setzten es im Kochtopf aufs Feuer und brachten es um durch Kochen.
Da gab es zwei Donnerschläge. Der erste traf den Fuchs, der das Huhn gestohlen und gefressen hatte. Der zweite traf den Mörder und seine Frau.

75. *Der Lehrer und der Kapaun*

Einst lebte ein studierter Mann, der sich als Lehrer sein Brot verdiente. Zu Neujahr reiste er nach Hause, und unterwegs traf er eine Frau, die weinte. Er folgte ihr ins Haus und fragte, warum. Sie sagte: »Meine Mutter ist gestorben; ich habe kein Geld, sie zu begraben.« Guten Herzens schenkte ihr der Lehrer seinen ganzen Jahresverdienst für das Begräbnis.
Als er nach Hause kam, sagte seine Frau: »Gib mir Geld, damit ich Reis, ein Huhn und eine Ente kaufen kann.« Der Lehrer gestand ihr nun, er habe sein Geld an eine Frau verschenkt. Dann müsse er, sagte die Frau, Wandsprüche schreiben zum Verkauf. Er stellte also einen Tisch am Rand der Straße auf, schrieb dort Sprüche und verkaufte sie, wodurch er sehr viel Geld verdiente. Nun kaufte er einen Kapaun, den seine Frau gleich schlachtete und in den Kochtopf tat.
Im Nebenhaus wohnten reiche Leute, die ihren eigenen Kapaun nicht finden konnten. Die Wächter, die sie in das Haus des Lehrers schickten, behaupteten, der Kapaun im Topf gehöre ihrem Herrn, und nahmen ihn mit. Als der Lehrer nach Hause kam, sagte seine Frau, ein großer gelber

Hund habe den Kapaun gestohlen. Der Lehrer sagte bloß: »Ach, mach dir nichts daraus.«
Am ersten Neujahrstage fand der reiche Mann seinen eigenen Kapaun im Haus. Es war ihm äußerst peinlich, und deshalb lud er den Lehrer zum Essen am zweiten Festtag ein. Er fand, es würde geschmacklos sein, von einem Kapaun auch nur zu sprechen, und so servierte man ein anderes Gericht. Dann fragte er den Lehrer, warum er sich nicht auf die Staatsdienstprüfungen vorbereite. Der Lehrer sagte, er habe kein Reisegeld. »Ich schenke dir das Reisegeld«, sagte der reiche Mann, und so reiste der Lehrer ab zur Prüfung.
Am zweiten Tage traf er einen Mann, der auch zur Prüfung wollte, und die beiden setzten ihren Weg gemeinsam fort. Nach einer Weile bogen sie ab von der großen Straße und wanderten auf schmalen Pfaden.
Als die Wächter im Haus des reichen Mannes hörten, daß ihr Herr dem Lehrer das Geld für die Reise zur Prüfung gegeben hatte, bekamen sie Angst, er würde Rache nehmen, falls er die Prüfung als bester bestünde und dann nach Hause käme. Sie zogen deshalb aus, um ihn zu töten. Da sie sich mit ihren Pferden auf der großen Straße hielten, fanden sie den Lehrer nicht und kehrten nach Haus zurück.
Der Lehrer kam als bester durch die Prüfung und brach zur Heimkehr auf. Um ihn zu ehren, ließ der Kaiser eine große Straße für ihn bauen. Als er zu Hause war, befahl er seiner Frau, ihm die Schuhe auszuziehen. Die Frau verweigerte den Dienst und sagte: »Daß du die höchste Prüfung als bester bestanden hast, verdankst du meiner Hilfe.« – »Wieso denn das?« war seine Frage.
Die Frau erklärte: »Als damals der Kapaun aus unserm Topf verschwand, schob ich die Schuld auf einen großen gelben Hund. In Wahrheit war es unser reicher Nachbar, der uns bestohlen hat. Hätte ich dir die Wahrheit gesagt, so hättest du den Nachbarn auf Zahlung verklagt. Es hätte geendet mit Keilerei, und du hättest kein Geld bekommen, um zu den

Prüfungen zu reisen, und deshalb hättest du nicht in der höchsten Prüfung der beste werden können.« Der Lehrer sah die Logik in den Worten seiner Frau und zog sich seine Schuhe selber aus.

76. Einen Kuchen zeichnen

Es war einmal ein großer Geizhals, und unter seinem Einfluß wurde auch sein Sohn ein Geizhals. Eines Tages ging der Vater aus, und als der Sohn allein zu Hause war, kamen Gäste. Später kam der Vater heim, und der Sohn erzählte von den Gästen. Der Vater fragte: »Was hast du ihnen angeboten?« Der Sohn erwiderte: »Ich habe einen Kuchen aufgezeichnet und sie dazu eingeladen.« Der Vater fragte ganz erregt: »Wie groß hast du den Kuchen gezeichnet?« Der Sohn beschrieb die Größe, und der Vater sagte ärgerlich: »Hab ich dir nicht hundert Mal gesagt, du sollst den Kuchen nicht so riesig zeichnen? Du bist ein großer Verschwender!«

77. Schwiegertochter und Schwiegermutter

Einst lebten eine Schwiegermutter und eine Schwiegertochter, die sich nicht vertragen konnten. Die Mutter sagte ihrem Sohn, daß seine Frau nichts tauge. Die Frau beklagte sich bei ihrem Mann über seine Mutter. Der Mann stand also zwischen beiden, und beide quälten ihn. Aus Angst, die Spannung zu verschärfen, wagte er es nicht, vermittelnd einzugreifen. Er hatte viel zu leiden, bis ihm ein Gedanke kam.

Er kaufte sich ein Messer, das er sorgsam schliff. Neugierig wollte seine Frau wissen, wozu? Er sagte: »Du kannst die Mutter gar nicht leiden, nicht wahr? Mit diesem Messer will ich sie erstechen. Aber vorher mußt du sie drei Tage lang wirklich gut behandeln. Danach will ich es tun.« Die Frau war einverstanden, und sie begann, zu ihrer Schwiegermutter gut zu sein. Die Schwiegermutter merkte die Freundlichkeit schon am ersten Tag, und sie war ganz gerührt. Sie wurde freundlich zu der Schwiegertochter, der sie in jeder Weise half. Die beiden kamen ins Gespräch, ohne gleich zu streiten, wie sonst.

Drei Tage waren noch nicht um, da nahm der Mann das Messer in die Hand und sagte, drei Tage seien nun fast um, und es sei Zeit, das Messer anzuwenden. Seine Frau war außer sich und bat den Mann, es nicht zu tun! Früher, sagte sie, habe sie die Schwiegermutter nicht verstanden, und dadurch sei die schlechte Stimmung aufgekommen. Ihr Mann war froh, und seitdem war das Leben für sie alle glücklich.

78. Nandi

Es war einmal ein Waisenknabe, dessen Eltern gestorben waren, als er noch sehr klein war. Er blieb allein zurück; hart war sein Leben; kein Plätzchen hatte er, wo er sich schlafen legen konnte. Eines Tages brachte ihn der Zufall in ein Dorf, wo eine Menge Kinder mit Steingesicht-Früchten spielten. Er ging an sie heran und spielte mit. Das Spiel war neu für ihn, und so spielte er, ohne es zu merken, den ganzen Tag.

Alle Kinder in diesem Dorf hatten Väter und Mütter, die sie bei Sonnenuntergang nach Hause riefen. Und der Waisenknabe? Obwohl sein Magen Geräusche machte, weil er hungrig war, gab es niemanden, der ihn rief. Er mußte an sein Schicksal denken, hier an dem Ort, wo ihn das Spiel den ganzen Tag beschäftigt hatte. Er schaute auf den Sonnenuntergang und wurde still betrübt. Es wurde dunkel, die Nacht brach an, alle Kinder waren längst zu Haus. »Und wo

soll ich mich niederlegen?« Es gab hier einen Rinderkral, und er beschloß, dort zu schlafen. So ging es Tag für Tag.
Eines Tages, als er wieder an sein schlechtes Schicksal denken mußte, wurde er sehr bitter, und je mehr er dachte, um so bitterer und hoffnungsloser war ihm zumute. Er sagte zu sich selbst: ›Ach, ich Armer, wieso muß ich ein so hartes Schicksal haben? Besser als hier zu leiden wäre es, wenn ich einfach stürbe.‹ So ging er aus und suchte seinen Tod.
Er bemerkte einen Pfad, der auf eine Rinderweide führte. Er dachte: ›Wenn ich mich quer auf diesen Pfad hinlege, dann werde ich bestimmt von Rindern und Pferden, die den Pfad benutzen, totgetreten.‹ So legte er sich hin. Zufällig kamen an diesem Tag der Kronprinz und ein paar Prinzessinnen diesen Pfad entlang. Aus Versehen stießen sie an den Kopf des Waisenknaben, doch dann sprangen alle einfach über seinen Leib. Bis auf die jüngste der Prinzessinnen, die Nandi hieß. Sie hatte Mitleid mit dem Jungen, den sie auf dem Wege liegen sah, und ging vorsichtig um ihn herum. Die andern Prinzessinnen und der Kronprinz lachten Nandi aus und fragten: »Willst du ihn etwa heiraten, daß du so ehrerbietig zu ihm bist?« So machten sie sich lustig, und als sie dann die Sache abends den Eltern zu Haus erzählten, war es wie bei der Redensart ›Jemanden, der eine Kopfwunde hat, mit Paprikastock schlagen‹: die Eltern tadelten Prinzessin Nandi, und alle lachten wieder über sie.
Nandi konnte diese böse, giftige Schande nicht ertragen. Sie setzte sich zur Wehr, dachte lange nach und faßte den Entschluß, diesen verlassenen Waisenknaben, mit dem sie so viel Mitleid hatte, wirklich zu heiraten. Ehe sie fortging, bat sie ihre Eltern um ein paar Sachen, damit sie einen Haushalt führen könnte. Aber ihre Eltern schimpften sie nur aus, schimpften, wie man ein Tier beschimpft, und gaben ihr nichts wie ein kurzes Messer, mit dem man wenig anfangen konnte, und einen kleinen, stieläugigen Hund.
Nandi klagte nicht über diese scheußliche Behandlung und

den vorenthaltenen Besitz. Im Gegenteil, tapfer und zuversichtlich verließ sie ihr gefühl- und verantwortungsloses Heim und heiratete den Waisenknaben.

Zwar war das Leben von Nandi und dem Waisenknaben arm, aber dafür liebten sie sich sehr. Nach nicht zu vielen Tagen sagte Nandi zu ihrem Mann: »Ich sehe eine Menge Leute dort in die Pflanzung gehen. Geh und sieh mal zu, was los ist, aber nimm den kleinen Hund mit dir. Nun paß auf: Bellt der Hund, dann rufe ihn; hört er auf und kommt zu dir, dann darfst du nichts nehmen, was immer es auch sei. Aber wenn er bellt, du ihn rufst, und er nicht zu dir kommt, sondern weiter bellt, dann mußt du es dir nehmen und nach Hause bringen.« Nach dieser Rede seiner Frau ging er mit dem kleinen, stieläugigen Hund zur Pflanzung.

In der Pflanzung fing der Hund zu bellen an, und der Waisenknabe rief ihn zurück. Der Hund war still und kam sofort. Weil der junge Mann gern wissen wollte, was es mit dem Bellen auf sich hatte, ging er ein paar Schritte weiter und, sehr verblüfft, sah er einen Kasten voll mit Kostbarkeiten. Er erinnerte sich aber klar an die Worte seiner Frau und ließ den Kasten stehen.

Er führte nun den Hund weiter und immer tiefer in die Pflanzung hinein. Wie vorher fing der Hund plötzlich zu bellen an, der Mann rief ihn zurück, der Hund war still und kam sofort. Und so stieß der Mann noch zwei, drei Mal auf Kästen mit Gold und Silber, aber nach dem Wunsch der Frau nahm er nichts davon.

Nandis Worte hatte er genau im Kopf, und so ging er weiter. Nach einer nicht sehr langen Strecke bellte der stieläugige Hund schon wieder, und diesmal war es anders: er rief den Hund zurück, aber der Hund blieb stehen und bellte wie verrückt. Der junge Mann lief hin und sah dort eine große Schlange, aufgerollt auf einem Ast. In ihrem Maul funkelte ein Edelstein. Der Junge hatte weder eine Axt, noch ein großes Messer. Er hatte nur das dumme Messerchen, das ihm

Nandi mitgegeben hatte. Was tun? Es fiel ihm gar nichts andres ein, als das Messerchen ganz hoch zu heben und die Schlange damit zu stechen. Beim ersten Schlag fiel der Edelstein der Schlange aus dem Maul, fiel zu Boden vor dem jungen Mann. Er hob ihn auf, und ohne sich um irgendwas zu kümmern, eilte er nach Hause.

Voller Freude überreichte er den Stein zu Hause seiner Frau, die ihn sorgfältig in eine kleine Büchse tat.

Wenige Tage später ließ Nandis Vater ein prächtiges Opferfest vorbereiten, und in Mengen kam das Volk herbei. Auch Nandi wollte hingehen. Sie suchte ihren Bruder und ihre Schwestern auf, um sich mit ihnen zu besprechen. »Könnte wohl mein Mann auch an dem Fest teilnehmen?« Der Bruder und die Schwestern erwiderten: »Leute wie ihr, aus denen nichts geworden ist, zum Sterben arm – wie könnt ihr überhaupt darüber reden, an Festen teilzunehmen! Jeder, der teilnimmt, bringt doch Geld. Und was bringt ihr? Macht, daß ihr fortkommt!« Nandi blieb trotz dieser Worte ruhig und machte freundlich einen Vorschlag: »Wir haben zu Hause eine Kiste Sauerkraut. Erlaubt uns bitte, etwas davon als Gabe beizusteuern.« Hätten der Bruder und die Schwestern nicht das Wort ›Sauerkraut‹ gehört, dann wäre alles vielleicht noch gut gegangen. Aber als sie hörten, daß Nandi und ihr Mann eine Spende von Sauerkraut anboten, waren sie sehr aufgebracht. Als ob sie auf der Straße in Kot getreten wären, spuckten sie auf Nandi und sahen sie nicht mehr an.

Nandi kehrte heim und sprach mit ihrem Mann: »Wir sind zwar arm, und unsere Kleider sind zerlumpt. Aber wir sind keine Fremden, die sich herandrängen und so tun, als seien sie Verwandte. Schließlich sind es meine eignen Eltern, zu denen wir gehen wollen. Also spielt es keine Rolle, wie wir aussehen.« Der Junge faßte Mut, nahm die Kiste mit dem Sauerkraut, wie Nandi vorgeschlagen hatte, und als Beitrag zu dem Fest trug er sie zu seinen Schwiegereltern.

Auf dem Weg, der zum Palast des Kaisers führte, waren alle

Leute fein angezogen, und die Reihe der Wagen und Pferde nahm kein Ende. Als der Mann dies sah, bekam er Angst, und kurz vor dem Palast wagte er es nicht, noch einen Schritt zu tun. Vor einem Tempel der Thai setzte er sich hin und blieb unschlüssig sitzen.

Zur selben Zeit befand der Kaiser sich im Glauben, daß alle Gäste eingetroffen wären, und er gab Befehl, die Gaben auszupacken. Aber ein Papagei, der im Palast gehalten wurde, rief und hörte gar nicht auf zu rufen: »Der Ehrengast ist noch nicht da, der Ehrengast ist noch nicht da.« Deshalb dachte nun der Kaiser, daß vielleicht doch noch nicht alle Gäste angekommen wären. Er befragte die anwesenden Gäste, ob wohl hinter ihnen noch jemand käme. »Hinter uns ist niemand mehr«, sagten alle einhellig, außer einem Mann, der sich zum Wort gemeldet hatte. »Da sitzt ein Mann mit Sauerkraut auf der Straße«, sagte er. Als der Papagei dies hörte, rief er gleich: »Jawohl, das ist der Mann!« Der Kaiser wurde dadurch unsicher. Wer könnte dieser Ehrengast bloß sein? Er hatte keine Ahnung, und deshalb kam er aus dem Schloß und ging persönlich zu dem Waisenknaben hin.

Der Waisenknabe dachte: ›Das muß doch wohl der Kaiser sein?‹ und zitternd sagte er: »Schwiegervater Kaiser! Ich konnte dir nichts anderes bringen als dieses Sauerkraut, das ich auf dem Rücken trage.« Der Kaiser, der sehr klug war und die Worte des Papageis noch in den Ohren hatte, dachte, daß dieser arme Kerl vielleicht ein ganz besonderer Ehrengast sein könnte. Er faßte sich und sagte zu dem Waisenknaben, seinem Schwiegersohn: »Ob Sauerkraut, ob etwas andres, das ist nicht wichtig. Laß mich kosten!« Er öffnete die Kiste: da erstrahlte die ganze Stadt von dem Feuer des roten Edelsteins. Man brachte Wein und Essen zum Empfang des jungen Mannes, und der Kaiser rollte für ihn einen goldnen Teppich aus. Gong- und Trommelschläge dröhnten zwischen Erde und Himmel und begleiteten den Waisenknaben in den Palast.

Danach versammelte der Kaiser seine Würdenträger, um den Wert des Steins zu schätzen. Sie redeten und stritten und konnten sich nicht einigen. Jetzt erschien noch ein Würdenträger, sah sich die Sache an und machte dann dem Kaiser einen Vorschlag: »Majestät«, so sagte er, »nach meiner Ansicht ist der Stein so wertvoll, daß man seinen Preis gar nicht nennen kann. Ich rate Euch, sinnloses Streiten hier nicht fortzusetzen. Der Stein gehörte dem Schwiegersohn des Kaisers, und der Schwiegersohn hat ihn dem Kaiser zum Geschenk gemacht. Majestät, Ihr habt die Macht, gebt ihm irgendeine Summe Geld und damit Schluß.« Schließlich war der Kaiser einverstanden und befahl, seinem Schwiegersohn und seiner Tochter Nandi eine Summe Geld zu geben. Nun waren Nandi und ihr Mann nicht mehr so arm wie früher!

Der Kaiser gab dem Waisenknaben Diener und Pferde mit, und unter Gong- und Trommelschlägen ging er heim. Nandi, als sie die Gongs und Trommeln hörte, lief zu ihren Schwestern und sagte: »Der Waisenknabe kommt nach Hause! Hört! Sind das nicht Gongs und Trommeln?« Die Schwestern sagten: »Der Waisenknabe war zum Sterben arm. Wie sollte er mit solchem Pomp nach Hause kommen? Wenn ihr beiden wirklich so viel Glück habt, kommen wir mit Freude zu euch und fegen euern Schweinestall!« Da war der Waisenknabe plötzlich da, und Nandis Schwestern schämten sich! Um ihren eignen Worten treu zu sein, wollten sie bei Nandi den Schweinestall ausfegen. Aber Nandi ließ das einfach nicht zu.

Das Geld, das sie vom Kaiser bekommen hatten, verteilten Nandi und ihr Mann an arme Leute, die keine Eltern hatten. Wie vorher lebten beide ihr bescheidenes Leben mit harter Arbeit. Nandis Wahlspruch war: Wenn arm, soll man nicht weinen; wenn reich, nicht übermütig sein, und dieser Wahlspruch grub sich in alle Herzen ein.

79. Wahrsagerei

Es gibt Leute, die fest an Wahrsagungen glauben. So einer war Dschang Wen-bao. Ein Wahrsager hatte ihm gesagt, er werde später zu großem Reichtum kommen. Deshalb tat er überhaupt nichts mehr, außer Tag für Tag das Vermögen der Familie aufzuessen. Es kam ihm gar nicht in den Sinn, daß er arbeiten könnte. ›Arbeiten‹, dachte er, ›wie macht man das?‹ Schließlich hatte er kein Geld mehr, obwohl der Wahrsager ihm wieder Reichtum prophezeite.

Er war niedergeschlagen und dachte: ›Der Wahrsager sagt, ich werde reich sein. Aber woher soll mein Geld denn kommen?‹ Es fiel ihm gar nichts ein, aber schließlich kam er zu dem Schluß: ›Wenn ich Geld haben will, muß ich ein Geschäft aufmachen.‹ Aber was für ein Geschäft?

Unter seinen Trinkkumpanen war natürlich auch mal einer besser als die andern; ein solcher, der nicht ganz arm war, gab ihm etwas Geld. Aber er verlor es im Geschäft. So war das: einer gab ihm Geld, er machte etwas damit, und dann verlor er alles. Zusammenfassend: Wenn er sich auf andere verließ, hatten die andern immer Pech; und wenn andre sich auf ihn verließen, hatten sie ebenfalls Pech. Schließlich gab er es auf, sich mit andern Leuten in Geschäfte einzulassen, denn er fand, daß er ein Pechvogel sei.

Eines Tages hörte er, wie sich die Leute über eine gute Arbeitsmöglichkeit in Peking unterhielten. Was für eine Arbeit war denn das? »Peking«, sagten sie, »das ist ein Ort, wo viele Gelehrte wohnen. Wenn ein Gelehrter ausgeht, nimmt er einen Fächer mit. Viele Gelehrte brauchen viele Fächer!« – »Ausgezeichnet!« sagte Dschang Wen-bao und lieh sich wieder mal von seinen Freunden etwas Geld. Es gibt Fächer, die sind fein und kostbar, und man bittet Gelehrte, sie zu bemalen. Aber es gibt auch einfache weiße Fächer, für ärmere Gelehrte, die sich Fächer mit gemalten Landschaften und Kalligraphien nicht leisten können. Dschangs Fächer waren größtenteils die feine Sorte aus gutem Papier, wie man es zum Malen braucht, und nur ein kleiner Teil war aus einfachem Papier. Er kam mit seinen Fächern in Peking an und hatte wieder großes Pech: es fing an zu regnen. Es regnete und regnete, einige Monate lang. Bald war er so arm, daß er sich selbst das billigste Hotel nicht leisten konnte. Er hatte kein Geld mehr zum Essen und blieb die Hotelrechnung schuldig. Solang der Regen anhielt, war an Handel auf der Straße nicht zu denken, und was er sonst verkaufte, waren bloß ein paar der einfachen Fächer. Aber der Himmel schneidet dem Menschen nicht alle Wege ab! Es hellte sich schließlich auf! Sobald er die Sonne herauskommen sah, wollte er gleich zum Handel auf die Straße gehen und fing an, seine Fächer auszupacken: Ach, war das ein Pech! Verdorben all die feinen Fächer: unkenntlich alle Landschaften und Inschriften! Wer sollte sie denn kaufen? Selbst ohne Geld wollte man sie nicht. Der Pechvogel machte jetzt sein letztes Päckchen auf, dieses gut erhalten. Es enthielt die weißen Fächer aus einfachem Papier. Bemalte Fächer konnte man für einen Dollar verkaufen oder mindestens für ein paar Groschen; aber für einen einfachen weißen Fächer bekam man nur einen Groschen! Wenn er sie alle verkaufte und die Rechnung im Hotel damit bezahlte, was dann? Es blieb ihm keine Wahl, er mußte sein Pech ertragen. Also verkaufte er die weißen Fächer alle und bezahlte im Hotel. Dann machte er sich auf und wanderte zurück in seine Heimat.

Er kam in Fukien an, aber noch bevor er den Ort Dschang-pu erreichte, wo sein Haus war, beschloß er, ein paar Freunde zu besuchen und kehrte um nach Hangdschou. Auch Hangdschou ist sehr schön, und seine Freunde dort hatten ein Geschäft. Sie sahen ihn von fern und sagten: »Nanu, ist das nicht Dschang Wen-bao?« So riefen sie, und es war wirklich Dschang Wen-bao! Er ging zu ihnen hinüber, und die Freunde sagten: »Dschang Wen-bao, wir wollen ausgehen. Komm mit uns mit! Alle haben dich so gern.« Pechvogel

Dschang Wen-bao hatte auch gern Späße und Vergnügen; er redete und lachte dabei und sagte: »Ich habe keinen Groschen mehr. Was kann ich tun? Und was wollt ihr denn tun?«
Unter seinen Freunden waren Leute, die damals, als er noch Geld besaß, mit ihm gegessen und getrunken hatten. Einer von ihnen sagte: »Wir wollen diesmal auf die Insel Burma fahren. Da ist viel los! Komm mit und amüsiere dich mit uns zusammen!« Gleich zog er 200 Unzen Silber heraus und gab sie Dschang, der sie in seinen Beutel tat. »Abgemacht. Unser Schiff fährt heute nachmittag«, sagte der Freund. Nun spazierte Dschang ziellos herum, und dabei überlegte er: ›200 Unzen, was kann ich damit kaufen? Hat er nicht gesagt, hier hast du 200 Unzen zum Ausgeben?‹
Er wanderte herum, und schließlich sah er einen Pampelmusenbaum. Die Pampelmusen aus der Gegend von Hangdschou sind berühmt, und als er die Früchte sah, kaufte er zwei ganze Körbe voll. Während der Schiffahrt, dachte er, könne er die Pampelmusen den Leuten an Bord verkaufen.
Am Nachmittag trug Dschang Wen-bao seine Pampelmusenlast aufs Schiff. Seine Freunde fragten: »Warum hast du sie gekauft? Werden sie nicht verfaulen, ehe wir da sind?« – »Ich will sie ja nicht dort verkaufen, sondern hier an Bord.«
Das Schiff fuhr ab, und sie kamen schließlich auf der Insel Burma an. Als sie am Quai anlegten, sagte der Kapitän: »Dschang Wen-bao, gehst du mit an Land?« Dschang Wen-bao erwiderte: »Wollt ihr alle erst mal eure Waren verkaufen? Dann warte ich, bis ihr zurückkommt, und gehe erst später aus, um mich zu amüsieren.« Der Kapitän war einverstanden: »Gut, sehr gut. Du kannst derweil auf das Schiff aufpassen, und wenn wir fertig sind mit dem Geschäftlichen, holen wir dich ab und ziehen mit dir herum.« So nahm denn jeder seine Waren zum Verkauf und ging damit an Land.
Als alle fortgegangen waren, war Dschang Wen-bao allein und hatte nichts zu tun. Sein Blick fiel auf die beiden Körbe mit den Pampelmusen, die niemand gegessen hatte. Sicher

sind sie längst verfault! Er kippte die beiden Körbe um und schüttete die Früchte auf das Deck. Aber wie erstaunte er: die Pampelmusen waren frisch und schön, gelb leuchtend in dem Grün der Blätter, so frisch und schön, als hingen sie am Baum!

Nun standen dort am Ufer zwei Menschen, ein großer und ein kleiner Mensch. Der Kleine freute sich ganz ungemein beim Anblick dieser Früchte und sagte zu dem Großen: »Was mag das sein? Wieso sind diese Dinge so hübsch?« Wie sie so vom Ufer herüberstarrten, zerteilte Dschang Wen-bao eine der Pampelmusen und aß ein Stückchen, dann noch eins, eins nach dem andern. Als die beiden am Ufer sahen, wie ihm die Pampelmuse schmeckte, dachten sie: ›Das schmeckt wohl gut und süß!‹ Wer waren diese zwei? Der kleine Junge war ein Prinz, der andere ein Großwürdenträger am Hof, der den Prinzen spazieren führte. Nun sagte der Großwürdenträger zu dem Prinzen: »Ich will dem Mann zwei von diesen Dingern für dich abkaufen gehen.« Sie stiegen hinunter zum Quai. Aber er und Dschang konnten einander nicht verständigen, und das erschwerte das Handelsgeschäft.

Als sie zum Schiff herunterkamen und kaufen wollten, wedelte Dschang mit den Armen. Was der Würdenträger in der Hand hielt, war großes Geld, und er gab es Dschang Wen-bao, der aber wieder mit den Armen wedelte. So nahm der Große ein zweites, dann ein drittes Geldstück und gab sie Dschang, und jedes Mal wedelte der mit den Armen. »Er versteht uns nicht«, sagte der Große, »aber wenn er wedelt, versteht er.« Jetzt holte der Großwürdenträger einen Geldsack aus dem Palast, schüttete daraus Geldstücke auf die Erde und ließ Dschang sie aufsammeln. Dschang Wen-bao dachte bei sich: ›Ich nehme ein Geldstück von dir, und du willst dir wohl gleich viele Pampelmusenstückchen nehmen!‹ Deshalb wollte er erst nicht verkaufen, und außerdem: er hatte die Früchte ja für seine Freunde gekauft. Die beiden dagegen dachten, wenn er mit den Armen wedelte, daß er mit dem Preis nicht einverstanden wäre. Der Großwürdenträger hatte zuerst kleines Geld geboten, dann das übliche, und schließlich großes Geld. Immer noch wollte der Mann nicht verkaufen! Deshalb hatte er nun viele Geldstücke auf den Boden geschüttet. Dschang Wen-bao nahm eine Münze auf und prüfte sie. Was er prüfte, war eine kleine Münze mit Blumenmuster. Dann hob er zwei beliebige Münzen auf und reichte sie dem Würdenträger. Der war erfreut und verstand es so: für ein Geldstück kann man zwei Pampelmusenstückchen kaufen. Er brachte alles Geld herunter zum Schiff und zählte, ein Geldstück für zwei Pampelmusenstückchen. Dschang Wen-bao zählte nach und gab ihm zwei Pampelmusenstückchen für jede Münze. Als das Geld zu Ende war, sagte der Großwürdenträger zu Dschang: »Warte ein Weilchen«, was Dschang freilich nicht verstand, und er selbst wußte, daß Dschang es nicht verstand. Also schob er den Geldhaufen vor Dschang, zeigte mit beiden Händen nach oben, ging fort und kam zurück mit einem zweiten Geldsack. Diesmal zählte er den Sack gar nicht erst aus, sondern gab Dschang den ganzen Sack. Dschang nahm den Sack und gab ihm dafür alle seine restlichen Pampelmusen. Der Burmese war ebenso erfreut wie Dschang! In diesen letzten Tagen war es Dschang Wen-bao recht trübselig zumute gewesen, und diese unerwartete Einnahme öffnete sein Herz!

Nachmittags kamen nun die Freunde zurück. Als sie sahen, daß Dschang Wen-baos Gesicht vor Freude strahlte, wurden sie auch froh und fragten ihn: »Wieso bist du so guter Laune?« Dschang Wen-bao erwiderte: »Etwas Tolles ist passiert!« – »Was ist passiert?« Alle waren neugierig! Nun erklärte Dschang: »Hat mir nicht ein Freund 200 Unzen Silber gegeben, und habe ich damit nicht Pampelmusen gekauft? Seht, hier sind sie, meine Pampelmusen!« und er zeigte ihnen die Säcke mit dem Geld.

Die Freunde staunten: »Wie kommen deine Pampelmusen in die Säcke?« – »Das muß ich euch erklären, denn ihr könnt es doch nicht raten. Also, als ihr fortgegangen wart, hatte ich ja nichts zu tun«, und er erzählte nun den ganzen Vorgang: »Ich kippte meine Pampelmusen alle aufs Deck, keine war verfault, alle waren frisch und schön. Vom Ufer aus sahen mir zwei Menschen zu, und die Früchte gefielen ihnen. Auf dieser Insel Burma gibt es wohl keine Pampelmusen, denn sie wußten nicht, was das für Früchte waren. Dann aß ich ihnen ein paar Stückchen vor. Sie sahen: es schmeckte mir, und daraus schlossen sie, die Früchte wären süß. Noch dazu so hübsch und von so schöner Farbe! Also kauften mir die zwei Burmesen alle meine Pampelmusen ab.« So erfuhren denn die Freunde, daß es auf der Insel Burma keine Pampelmusen gab. Alle freuten sich und lachten herzlich. Dann sagte einer: »Dschang Wen-bao, unsere Geschäfte sind alle abgeschlossen. Komm, jetzt führen wir dich aus!«

So gingen sie zusammen los und amüsierten sich ein paar Tage lang. Inzwischen wurden ihre Abrechnungen fertig und ihre Gelder einkassiert. Dieser Freund, der ein Seidenhändler war und mit Hangdschou-Atlas und Honan-Seide handelte, hatte ebenfalls all seine Ware ausverkauft. Alle waren sehr vergnügt und traten fröhlich die Reise in die Heimat an.

Unterwegs kam ein Taifun, und in dem großen Wind beschlossen sie, an einer kleinen Insel, die dort war, anzulegen. Manche Leute auf dem Schiff fuhren oft in dieser Gegend herum und kannten sich gut aus mit den Winden und der Landschaft. Dschang Wen-bao dagegen machte diese Reise zum ersten Mal. Die Leute setzten sich zum Essen und riefen Dschang dazu. Dann wollten sie sich schlafen legen und riefen ihn zum Schlafen. Aber Dschang Wen-bao wollte beides nicht. Er wollte auf die Insel gehen, um sich zu amüsieren. Doch auf dieser Insel gab es nichts, außer einem Berg, einem wilden und einsamen Berg. Ganz allein stieg Dschang Wen-bao hinauf. Dann ging er überall herum, bis er an ein Ufer kam, wo er etwas Großes sah. Es war schön! Bei näherer Betrachtung erkannte er, daß er eine Schildkrötenschale gefunden hatte. Ihm gefiel die Größe und das hübsche Muster auf der Schale, und so nahm er sie denn mit aufs Schiff. Als die Leute auf dem Schiff den Dschang mit diesem Ding ankommen sahen, lachten sie ihn aus: »Was willst du denn mit dem kaputten, verrotteten Ding?« Dschang aber sagte: »Wer sagt, daß es verrottet und kaputt ist? Das Ding ist schön, seht es euch an: es ist doch eine Schildkrötenschale!« Einer seiner Freunde meinte: »Du willst sie wohl als Bett benutzen?« Dschang lachte nur und sagte: »Das weiß ich nicht, aber jedenfalls nehme ich sie mit nach Haus.« Damit war für alle dies Gespräch beendet.

Ein guter Freund von Dschang schlug vor, als nächstes zu den Philippinen-Inseln zu fahren; die andern stimmten bei und sagten dazu: »Sehr gut! Laßt uns umkehren nach Luzon, wo es vielleicht Handelswaren zum Mitnehmen gibt.« Sie kamen also auf die Insel Luzon, alle Freunde und auch Dschang Wen-bao. Der erwies sich nun als äußerst schlau. Mit seiner Schildkrötenschale im Arm lief er überall herum, doch zunächst wollte sie niemand haben. Dschangs guter Freund nun hatte einen alten Freund von früher, der aus China stammte und seit vielen Jahren auf Luzon lebte. Der kannte einen Kaufmann, der sehr berühmt war dort am Ort. Der gute Freund sagte zu Dschang: »Wir wollen meinen Luzoner Freund besuchen. Du wirst sehen, er ist ein guter Mensch, und Chinese ist er auch.« Dschang sagte: »Gut«, und nahm die Schildkrötenschale in den Arm. Zusammen gingen sie hin, und der Luzoner Freund freute sich über den Besuch. Zufällig lud der Kaufmann gerade Gäste ein, darunter auch einen berühmten Briten. Auch Dschang Wen-bao und sein guter Freund wurden mit dem Luzoner Freund zusammen eingeladen und dem Briten vorgestellt. Der Brite war erfreut, und in großer Fröhlichkeit wurde nun gegessen. Sie aßen und aßen. Dschang Wen-bao war wirklich schlau: er hatte seine Schildkrötenschale mitgebracht. Der Brite, der ihm zur Seite saß, merkte gleich, was Dschang da hatte; er schaute nochmals hin und rief: »Wie schön ist diese große Schildkrötenschale! Gut und gerne vier Fuß lang und zwei bis drei Fuß breit! Groß genug als Bett für ein Kind von ein, zwei Jahren!« Der Brite dachte daran, die Schale zu kaufen, um sie dem Prinzen im Palast zu schenken, als Tribut. Als Tribut wollte er die Schale dem Prinzen als Bettchen überreichen! Sowie er sich im Herzen entschlossen hatte, sagte er zu dem burmesischen Hausherrn: »Dieser Freund von dir, kann er mir wohl die Schale verkaufen?« Der Luzoner Freund übersetzte diese Frage, und Dschangs guter Freund erwiderte: »Er hat dies Ding sehr gern, trägt es von früh bis spät mit sich herum.« Als dies dem Briten gedolmetscht war, wurde er erregt und machte gleich ein Angebot auf 3000 Unzen Silber. »3000 Unzen Silber will er zahlen«, übersetzte der Luzoner Freund. Dschang Wen-bao war hocherfreut, aber sein guter Freund dachte nach in Dschangs Interesse: ›Eine Gelegenheit ist das! Da hat der eine Rarität! Er sollte mehr dafür bekommen!‹ Und so sagte er zu dem Luzoner Freund: »Wenn der Brite dieses Stück dem Kaiser als Tribut anbieten kann, dann ist es eine Kostbarkeit. Es ist ein seltenes Stück. Sollte sein Wert nicht mehr als 3000 Unzen sein?« Für den Briten gab der Luzoner Freund zur Antwort: »3000 Unzen sind genug, wirklich genug.« Dschangs guter Freund hatte noch nicht den Mund geöffnet, als Dschang selbst sagte: »Gut. In Ordnung. Abgemacht.« Dschang war sehr erfreut! Er nahm die 3000 Unzen Silber mit, brachte sie in seine Heimat und begann damit ein Handelsgeschäft.

Menschen glauben an ihr Schicksal. Dschang Wen-bao glaubte an sein Schicksal, und darum konnte er reich werden. Im Volk von Fukien ist ›Dschang Wen-bao‹ eine ganz übliche Bemerkung. Wenn jemand einen Freund im Unglück antrifft, sagt er: »Du bist ein Dschang Wen-bao«, und wenn jemand einen Freund antrifft, der Glück gehabt hat und reich geworden ist, dann sagt er ebenfalls: »Du Dschang Wen-bao!« Jedenfalls heißt ›Dschang Wen-bao‹: ein amüsanter Mann.

80. Dscheng wird Statthalter

Es war einmal ein Tunichtgut mit dem Namen Dscheng Hua-djia, der überhaupt nichts tat. Er hatte auch keinen Beruf, sondern plante, reich zu heiraten, die Tochter eines hohen Beamten oder sonstwie reichen Mannes. Dauernd dachte er darüber nach, wie er ein solches Mädchen finden könnte.

Eines Tages machte sich ein hoher Beamter auf den Weg zum Tempel, um Weihrauchstäbchen anzuzünden. An demselben Tage lieh sich unser Mann ein fabelhaftes Opernkostüm, das besetzt war mit leuchtendem, glitzerndem Schmuck. Er zog es an und stieg ganz heimlich auf das Tempeldach. Als der Beamte an den Tempel kam, bemerkte er von oben her ein Glitzern. Als er nach oben sah, hatte Dscheng sich aber schon versteckt. Noch mehrmals tat er dasselbe, bis der Beamte ganz verwirrt war. Als er, so verwundert, in den Tempel ging, schien ihm, er hörte Worte vom Dach; er hörte hin und hörte dies: »Großer Herr, Eure Tochter muß dem Dscheng Hua-djia zur Frau gegeben werden.«

Der Beamte ging nochmal hinaus und guckte verwundert herum, doch war da nichts zu sehen. Also ging er wieder in den Tempel, aber kurz darauf kam wieder eine Stimme: »Eure Tochter muß dem Dscheng Hua-djia zur Frau gegeben werden.« Wieder trat er vor die Tür und sah sich um. Wieder versteckte sich der Tunichtgut, und wieder sah der Beamte nichts als Glitzern. Noch nicht mal konnte er entscheiden, wo die Stimme hergekommen war! Sowie er wieder in den Tempel kam, tönte diese Stimme nun zum dritten Mal. Wieder trat er vor die Tür und sah das goldne Glitzern, aber weiter nichts. So sah er sich gezwungen, die Sache ernst zu nehmen: Dies konnte nur die Botschaft einer Gottheit sein.

Er ging nach Haus und schickte seine Diener aus, nach einem Mann mit Namen Dscheng Hua-djia zu suchen. Drei, vier Tage später saß Dscheng wie sonst im Teehaus, als ob nichts geschehen wäre. Da kamen die Boten des Beamten herein und fragten: »Kennt jemand einen Mann mit Namen Dscheng Hua-djia?« Natürlich sagten die Männer in dem Teehaus, daß er ja dort säße. Nun sagten ihm die Boten, der hohe Beamte wolle ihn zum Schwiegersohn haben. Dscheng wehrte sich zum Schein: »Ich bin ein armer Mann. Wie kann ich der Schwiegersohn eines hohen Beamten sein?« Als die Boten allen Ernstes bei der Botschaft blieben, willigte er ein, mit ihnen mitzugehen, tat aber so, als ob man ihn gezwungen hätte. In seinem Amtsraum fragte der Beamte dann den Dscheng nach seinen Fähigkeiten, und Dscheng erklärte obenhin: »Ich bin ein Schütze.«

Eines Tages ließ der Kaiser ein Plakat anschlagen: »Hoch oben im Gebirge lebt ein wilder Tiger, der den Menschen viel geschadet hat. Wer diesen Tiger fangen kann, bekommt zum Lohn ein hohes Amt.« Der Beamte riß das Blatt herunter und verlangte, daß Dscheng, sein Schwiegersohn, ins Gebirge ginge, um das Tier zu töten. Als Dscheng das hörte, dachte er: ›Verflixt‹, doch er hatte ja mit seinem Schützentum geprahlt, und deshalb mußte er nun gehen. Er schickte seine Diener aus, während er in eine Höhle kroch, um die Sache zu bedenken. Bald erschienen seine Leute mit einem Huhn für ihn zum essen. Er schlachtete das Huhn und tat dann Gift in den Bauch. Er wußte, zu welcher Zeit der Tiger immer kam, und so legte er das Huhn nicht weit von seiner Höhle hin. Wirklich fraß der Tiger das vergiftete Huhn und starb. Schnell steckte Dscheng jetzt einen Pfeil dem Tiger in den After und sagte seinen Leuten, daß er den Tiger mit dem Pfeil erschossen hätte. Die Diener trugen ihn ins Tal und brachten ihn zu dem Beamten. Der war hocherfreut! Und Dscheng fing wieder an zu prahlen mit seinem Schützentum: Wohin er zielte, auf die Augen oder auf das Maul, er träfe stets ins Ziel!

Nach kurzer Zeit sah man wieder einen Aufruf der Regierung: »Die Leute im Norden sind Teufel. Wer gegen sie kämpft und siegt, bekommt ein hohes Amt.« Wieder sagte der Beamte, sein Schwiegersohn mit seiner Kunst sei in der Lage, es zu tun. Jetzt bereute Dscheng sein Lügen und sein Prahlen, und er fürchtete sich sehr. Doch seine Reue kam zu spät. Er mußte fort, fort in den Tod. Wer aber hätte dies gedacht: Als Dscheng mit seinen Leuten vorwärtsmarschierte, war das Nordheer schon beim Rückzug! Durch seine Tigertötung war er in den Ruf des großen Helden gekommen, und als das Nordheer hörte, daß er käme, rannte alles weg. So wurde Dscheng ein Sieger ohne Kampf und brachte seine Leute heil nach Hause. Nachdem er den Erfolg berichtet hatte, wurde er vom Kaiser zum Statthalter ernannt.

81. Die Kostbarkeit

Liu Bo-wen war ein besonders guter Mensch. Ein Fuchs, der nach fünfhundert Jahre langem Üben ein Fuchsgeist geworden war, hatte sich in eine schöne Frau verwandelt. Als diese sah, was für ein guter Mensch er war, beschloß sie, ihn zu heiraten. Liu wußte nichts davon, daß sie ein Fuchsgeist war. Erst später sagte ihm ein Heiliger die Wahrheit, und er erzählte, daß die Frau nachts im Schlaf im Mund eine kostbare Perle hätte, die aus ihrem eigenen Körper stammte. Liu solle diese Perle nehmen und herunterschlucken.

In der nächsten Nacht hatte seine Frau wirklich diese Perle im Mund. Liu Bo-wen nahm sie weg und schluckte sie herunter. Da wußte er mit einem Mal, was in den letzten fünfhundert Jahren geschehen war und was in den nächsten fünfhundert Jahren geschehen würde.

82. A-hsiu

Es lebte einst ein junger Mann mit Namen A-hsiu, der sehr schön aussah. Wo immer er auch ging, alle Frauen sahen ihm nach und stritten sich darum, wer von ihnen wohl mit ihm spazieren gehen könnte. A-hsiu war nicht nur schön, sondern auch geschickt. Er war eigentlich kein gelernter Handwerker, konnte aber jedwede Handwerksarbeit tun und besser als gelernte Leute.

Schön und geschickt: das war schon viel; doch er hatte auch noch andere Talente, denn wie hätte er es sonst bis zum Kaiserthron gebracht?

Eines Tages ließ der Kaiser den A-hsiu rufen, um sein Haus zu decken. Dabei sahen ihn die beiden Töchter des Kaisers und verliebten sich in ihn. A-hsiu legte auf dem Dach die Ziegel, während unten die Prinzessinnen den ganzen Tag zu ihm nach oben starrten. Die jüngere Prinzessin war die hübschere, und A-hsiu verliebte sich in sie. Als A-hsiu merkte, daß die beiden den ganzen Tag zu ihm heraufstarrten, spuckte er einen Mundvoll Spucke vom Dach, die sich unten in zwei rote Kirschen verwandelte. Die Mädchen stritten sich darum, und die jüngere bekam sie und aß sie auf. Er spuckte ein zweites Mal, wieder wurden daraus zwei rote Kirschen, die wiederum die jüngere aß.

Am Abend erzählten die Mädchen dem Kaiser, daß A-hsius Spucke sich in Kirschen verwandelt hatte, und der Kaiser sagte: »Was ist schon dabei? Das kann ich auch.« Seine Töchter baten ihn, es zu versuchen, und der Kaiser kletterte aufs Dach und spuckte einen Mundvoll herunter; aber unten war es immer noch Spucke, und beim zweiten Versuch war es ebenfalls bloß Spucke. Jetzt lachten die Prinzessinnen den Kaiser aus wegen seiner Prahlerei! Der Kaiser gab sich aber nicht geschlagen, sondern verlangte, daß A-hsiu nochmals spuckte zum Beweis. Also spuckte A-hsiu zehn Mal nacheinander, und unten sprangen lauter vollrote Kirschen herum, die von den beiden Prinzessinnen gesammelt und gegessen wurden. Der Kaiser bewunderte A-hsiu, aber das sagte er nicht laut.

Nachdem die Dachdeckerarbeit fertig war, ging A-hsiu nach

Haus und drang in seine Mutter, zum Kaiser hinzugehen und ihm zu sagen, daß A-hsiu die jüngere Prinzessin heiraten wollte. Die Mutter sagte: »Dummer Sohn! Mach dir keine sinnlosen Gedanken! Wir sind arme Leute, wie können wir Verwandte des Kaisers sein?« A-hsiu sagte: »Die Prinzessin ist in mich verliebt, und im stillen hat der Kaiser mich sehr gern. Bitte, Mutter, geh hin und sieh mal zu!« Die Mutter wollte erst nicht gehen, aber A-hsius zwei- bis dreimaligen Bitten hielt sie nicht stand, nahm allen Mut zusammen und ging los.

Am Torturm vor dem Kaiserhaus traf sie auf die Torwächter, die sie nicht einließen. Alles Reden nützte nichts, und noch dazu bekam sie von den Wächtern drei Schläge mit einer Tragstange. Nach Haus zurückgekehrt, sagte sie: »Mein Sohn, die Torwächter ließen mich nicht ein und gaben mir drei Schläge mit einer Tragstange.« A-hsiu sagte: »Mutter, versuch es noch einmal!«

Die Mutter ging das zweite Mal und ging zur Hintertür, wo sie den Mann traf, der die Schweine füttern mußte. Er ließ sie auch nicht ein, trotz allen Redens. Und noch dazu versetzte er der Mutter drei Schläge mit dem Knüppel zum Schweinefutterrühren. Nach Haus zurückgekehrt, gab sie Bericht, und A-hsiu bat, daß sie es noch ein drittes Mal versuchen sollte.

Die Mutter konnte nicht umhin und ging zur Küchentür des Kaiserhauses, wo sie den Mann traf, der die Enten füttern mußte. Er ließ, trotz allen Redens, sie auch nicht ein, und noch dazu gab er ihr drei Schläge mit dem Besen. Nach Haus zurückgekehrt, gab sie Bericht und sagte, sie käme wirklich nicht ins Kaiserhaus hinein. A-hsiu bat sie wieder: »Mutter, geh bitte noch ein allerletztes Mal! Geh dieses Mal zum Haupteingang. Da wird dich sicher niemand hindern.«

Wieder ging die Mutter los, diesmal zum Haupteingang, und wirklich: niemand hielt sie an. Sie traf auch auf den Kaiser und sprach: »Herr Kaiser, mein Sohn A-hsiu hat mir aufge-

tragen, Euch zu bitten, ihm Eure jüngste Tochter zur Frau zu geben. Gebt mir bitte eine Antwort, damit ich sie ihm bringen kann.«
Der Kaiser dachte nach und sagte dann: »Nun gut, A-hsiu will mein Verwandter werden! Sag ihm, er solle bis heute abend ein Seil aus Asche machen, so lang, daß es drei Mal um den Palast herumgeht. Zweitens soll er mir einen Wasserbüffel bringen, dessen Hörner so breit sind, daß er nicht durch dieses große Tor hindurchkommt. Danach will ich ihm meine Tochter geben.«
Die Mutter sagte das dem A-hsiu, und A-hsiu erwiderte: »Das ist leicht!« In einem halben Abend war ein langes Seil gemacht; dann schnitzte er aus Rinde einen Aufsatz, den er seinem Wasserbüffel auf die Hörner setzte, und dadurch machte er ihn breithörnig.
Um Mitternacht ging A-hsiu mit dem Seil zum Palast und legte es ganz leise drei Mal herum. Er zündete es an, und bald war es in Asche verwandelt. Am Morgen kam er mit dem breithörnigen Büffel zum Kaiser und sprach: »Herr Kaiser, Aschenseil und Büffel habe ich gebracht. Jetzt gebt mir Eure Tochter.« Der Kaiser ging hinaus um nachzusehen, und wirklich: da lag ein Aschenseil drei Mal um den Palast, nicht mehr, nicht weniger. Dann ließ der Kaiser prüfen, ob der Büffel durch das Tor gehen könnte, und es ging nicht, denn die Hörner waren viel zu breit.
Im stillen war der Kaiser voll von Bewunderung für A-hsiu. ›Der Mann ist wirklich ungewöhnlich‹, dachte er, und er hatte schon seit einer Weile den Plan, ihn mit der Tochter zu verheiraten. Aber schließlich fand er es doch besser, ihn nochmals zu prüfen, um zu sehen, ob er noch andere Fähigkeiten hätte. Also sagte er: »A-hsiu, meine Tochter sollst du haben, wenn du mir drei Scheffel Hühnerdärme und drei Schoppen Fischaugenperlen bringst. Du hast drei Tage Zeit.«
A-hsiu ging heim und fing eine Wildkatze und einen Fischotter. Da kamen viele kleine Wildkatzen und viele kleine

Fischottern und flehten ihn an: »Lieber A-hsiu, bitte laß unsere Mutter frei! Willst du Gold, dann geben wir dir Gold. Willst du Silber, dann geben wir dir Silber.« A-hsiu sagte: »Ich will kein Gold, ich will kein Silber. Bringt mir in zwei Tagen drei Scheffel Hühnerdärme und drei Schoppen Fischaugenperlen. Dann lasse ich eure Mütter frei.« Die kleinen Wildkatzen und Fischotter zogen ab, und in weniger als zwei Tagen brachten sie drei Scheffel Hühnerdärme und drei Schoppen Fischaugenperlen.

A-hsiu brachte alles zum Kaiser und sagte: »Herr Kaiser, hier sind drei Scheffel Hühnerdärme und drei Schoppen Fischaugenperlen. Jetzt gebt mir Eure jüngste Tochter zur Frau.« Wohl sah der Kaiser ein, daß A-hsiu fabelhafte Fähigkeiten hatte, und er war ihm gut. Aber er wollte doch noch mehr darüber wissen, was A-hsiu zu tun imstande war, und daher stimmte er immer noch nicht zu, sondern machte weiter Schwierigkeiten. Er sagte: »A-hsiu, kluger A-hsiu! Da du solche Fähigkeiten hast, sollst du drei Scheffel gelbe Bohnen, die ich heute im Gebirge aussäen ließ, wieder einsammeln. Kein Korn darf fehlen! Du hast drei Tage Zeit. Dann will ich dir meine jüngste Tochter geben.«

A-hsiu ging heim, nahm Pfeil und Bogen, stieg ins Gebirge und erspähte einen Raben. Der Rabe hockte krächzend auf einem Baum und sah satt und vollgefressen aus. A-hsiu legte seinen Pfeil an, zielte und sagte: »Rabe, hör auf zu krächzen! Heute hat der Kaiser hier im Gebirge drei Scheffel gelbe Bohnen ausgestreut. Habt ihr Vögel sie gefressen? Wenn du nicht die Wahrheit sagst, schieß ich dich tot.« Sofort erwiderte der Rabe: »A-hsiu, kluger A-hsiu, alle Vögel kamen, alle Vögel fraßen, so auch ich. Verzeih! Ich will sie alle rufen!«

A-hsiu stimmte zu, und bald kam der Rabe mit vielen Vögeln an, die all die Bohnen, die sie gefressen hatten, ausspuckten und A-hsiu gaben. Er maß mit einem Scheffelmaß, und am dritten Scheffel fehlten noch drei Bohnen. »Wieso fehlen drei?« fragte er. Der Rabe prüfte seine Vogelschar und merkte, der blaue Spatz war nicht dabei! A-hsiu befahl der Taube, den blauen Spatz zu holen, und die Taube brachte ihn auch an. Wütend griff A-hsiu den Spatz am Hals und quetschte ihm drei Bohnen aus dem Kropf! In seiner Wut quetschte A-hsiu viel zu stark, und dabei drückte er den Kropf nach hinten. Deshalb, wenn ein blauer Spatz sich vollgefressen hat, steht auf seinem Halsrücken ein kleiner Beutel ab. Und wenn ihr es nicht glaubt, dann gebt mal darauf acht!

A-hsiu nahm die Bohnen und brachte sie zum Kaiser. »Herr Kaiser«, sagte er, »ich habe alle gelben Bohnen zurückgebracht. Jetzt gebt mir Eure jüngste Tochter!« Der Kaiser sah: drei Scheffel waren voll, nicht eine Bohne fehlte; und er sagte: »A-hsiu, kluger A-hsiu, alles hast du mir gebracht, was ich haben wollte; also muß ich dir die Tochter geben. Aber ich verlange drei Drachenkönigbarthaare als Hochzeitsgeschenk. Bring sie morgen her, und dann legen wir einen günstigen Termin für die Hochzeit fest.«

Sofort ging A-hsiu auf die Suche nach den Barthaaren des Drachenkönigs. Er nahm sich einen Stock und schlug aufs Wasser, *tung-tung, tang-tang*, so daß der Drachenkönig, vom Lärm gestört, nicht mehr sitzen, nicht mehr schlafen konnte. Er schickte seinen Enkel Schwarzschildkröte nach oben, um nachzusehen, wer da Krach machte. Schwarzschildkröte sah A-hsiu und sagte: »A-hsiu, was klopfst du denn so wild an unsere Tür? Unser Großvater kann gar nicht schlafen!« A-hsiu sagte: »Lauf und sage deinem Großvater, er solle sich drei Barthaare auszupfen. Tut er es nicht, schlag ich ihn tot.« Schwarzschildkröte sagte: »Mein Großvater ist tief im Wasser. Wie kannst du ihn erschlagen?« A-hsiu schwang den Stock und sagte: »Dies ist das Beil des Donnergottes. Wenn ich damit ein Mal aufs Wasser schlage, sinkt es gleich drei Klafter. Wenn ich zehn Mal schlage, ist der ganze See gleich trocken. Du glaubst es nicht? Sieh dir die Ufer an: das Wasser ist bereits gesunken.« Schwarzschildkröte reckte ihren Hals und sah, daß die Ufer grün von Algen waren. ›Die sind gewachsen‹, dachte sie, ›weil der See gesunken ist.‹ Ihr wurde angst, und sie sagte schnell: »A-hsiu, bitte schlag nicht zu! Ich will die Haare ausziehen und dir bringen.« Und wirklich kam Schwarzschildkröte bald zurück mit drei Drachenkönigbarthaaren für A-hsiu.

A-hsiu ging damit zum Kaiser und sprach: »Herr Kaiser, hier sind die Drachenkönigbarthaare. Jetzt, bitte, gebt mir die Prinzessin.« Als der Kaiser einsah, daß A-hsiu wirklich alles mit Erfolg besorgte, mußte er die Heirat nun erlauben, aber er beschloß, dem A-hsiu eine letzte Schwierigkeit zu machen. »Also, kluger A-hsiu«, sprach der Kaiser, »ich schicke die Prinzessin mit hundertzwanzig Sänften aus der Stadt zu dir. Sie sitzt in einer dieser Sänften, und in jeder andern sitzt eine Dienerin. Komm morgen früh ans Tor und sage, welches die Sänfte der Prinzessin ist. Die kannst du dann wegtragen lassen. Aber nur ein Mal darfst du wählen! Wenn alle hundertzwanzig Sänften die Stadt verlassen haben und du die richtige verfehlt hast, ist es mit der Heirat nichts.«

Gegen eines Kaisers Worte kann man gar nichts machen. Also mußte A-hsiu »ja« sagen. Wie sollte er nun wissen, in welcher von hundertzwanzig Sänften die Prinzessin sitzen würde? A-hsiu ging heim und weinte, weinte, weinte, todtraurig weinte er und sprach nur zu sich selbst. Da erschien in der Tür des Rinderstalls eine Bremse, die sagte: »A-hsiu, A-hsiu, vielleicht kann ich dir helfen! Was gibst du mir, wenn ich es kann?« A-hsiu erwiderte: »Hilf mir nur, die Prinzessin herauszufinden! Willst du Gold, dann gebe ich dir Gold; willst du Silber, gebe ich dir Silber.« Die Bremse sagte: »Ich will kein Gold, ich will kein Silber, ich will nur einen Stachel. Dann kann ich Rindern in die Beine stechen und Blut saugen.«

Also gab A-hsiu der Bremse einen Stachel zum Blutsaugen, und die Bremse sagte dann: »A-hsiu, paß morgen früh am Stadttor bei jeder Sänfte, die vorbeikommt, auf: fliege ich hinein, komme aber brummend gleich heraus, dann ist es nicht die Prinzessin. Fliege ich hinein und bleibe drin, dann ist sie's.« Das merkte A-hsiu sich genau.

Am nächsten Tag stellte A-hsiu sich am Stadttor auf. Eine Sänfte nach der andern kam heraus, alle reich geschmückt, rot und grün, mit Seide und Satin. A-hsiu schwamm es vor den Augen, und er hatte keine Ahnung, in welcher Sänfte die Prinzessin sitzen könnte. Er sah der Bremse zu, wie sie in jede Sänfte hinein- und wieder herausflog. Zuletzt, als es schon dunkel wurde, kamen noch zwei, drei Sänften, die alt und schäbig waren, und A-hsiu war verzweifelt: er hätte nie gedacht, daß die Sänfte der Prinzessin alt und schäbig aussehen könnte! Da sah er, wie die Bremse in eine dieser Sänften hineinflog und nicht mehr herauskam, und so wußte er, daß darin die Prinzessin war! Er sprang hinzu und rief: »Ha, Brüder, dies ist sie! Tragt sie fort!« Und so wurde denn die Kaisertochter von A-hsiu entführt.

Allzu schön sah die Prinzessin aus, und A-hsiu tat den ganzen Tag nichts anderes als sie anzusehen. Er dachte nicht an Arbeit! Schließlich sagte die Prinzessin: »Wenn du mich nur immer ansiehst und gar nicht arbeitest, was wird dann aus uns werden? Nimm ein weißes Blatt Papier, male darauf mein Bild und stelle es am Feldrand auf. Fang an zu arbeiten. Wenn du eine Schaufel Erde ausgehoben hast, darfst du mich ein Mal ansehen. Wenn zwei Schaufeln, zwei Mal. Aber merke dir genau: während du mich ansiehst, pfeife nicht! Wenn du nur ein Mal pfeifst, gibt es schon ein großes Unglück.«

A-hsiu nahm das Abbild der Prinzessin, stellte es am Feldrand auf und schaufelte. Er schaufelte erst ein Mal und sah sie ein Mal an; er schaufelte dann zwei Mal und sah sie zwei Mal an; je öfter er sie ansah, desto vergnügter wurde er und desto mehr grub er um, ohne jemals zu ermüden. So verging die Zeit, und eines Tages vergaß A-hsiu die Warnung der Prinzessin: er fing an zu pfeifen! Sofort kam aus dem Süden ein großer Sturm, riß das Abbild der Prinzessin in die Luft und trug es fort nach Süden. A-hsiu wußte nicht, was das bedeutete, und er berichtete die Sache zu Hause der Prinzessin, seiner Frau. Die Prinzessin sagte: »A-hsiu, das ist schlimm! Dein Pfeifen hat der Kaiser des Südens gehört. Daraufhin hat er den Sturm gemacht und das Bild zu sich geblasen. Er wird sofort Soldaten schicken, um mich zu rauben. Nimm schnell Ruß vom Kessel und mache damit mein Gesicht ganz schwarz. Wenn es schwarz ist, werden mich die Südsoldaten nicht erkennen.« A-hsiu schwärzte also ihr Gesicht mit Ruß, so daß sie aussah wie ein Bettler, der sich viele Tage nicht gewaschen hat.

Als die Soldaten des Südkaisers das Abbild der Prinzessin hatten, suchten sie nach ihr in allen Dörfern. Eines Tages kamen sie auch an den Ort, wo A-hsiu lebte. Einer der Reiter fragte A-hsiu: »Junger Mann, wenn du einen ganzen Tag lang gräbst, wieviele Schaufeln gräbst du um?« A-hsiu gab den Ball zurück: »Wenn du einen ganzen Tag lang reitest, wieviel Schritte macht dein Pferd?« Darauf sprach der Reiter zu seinen Leuten: »Dieser junge Mann spricht Worte von Bedeutung. Wir wollen für die Nacht bei ihm im Hause Rast machen und mit ihm Mahjong spielen. Morgen ziehen wir dann weiter.« Und zu A-hsiu sagte er: »Wir möchten heute nacht in deinem Hause rasten.« A-hsiu sagte: »Mein Haus ist klein, für euch alle ist nicht Platz genug.« Aber hörten die Soldaten etwa auf A-hsiu? Sie gingen einfach mit ihm mit.

Zu Haus bei A-hsiu angekommen, sahen die Soldaten A-hsius Frau. Sie flüsterten sich zu: »Das Gesicht von dieser Frau ist ähnlich wie das auf unserm Bild. Nur ist die Haut zu schwarz.« Bald fing A-hsius Frau zu kochen an. Ihr wurde heiß am Herd, und Schweiß rann über ihr Gesicht, so daß hier und da auf den kohlschwarzen Wangen weiße Haut erschien! Die Soldaten merkten es und sprachen unter sich: »Dies scheint die Frau auf dem Bild zu sein. Wir müssen sie nur packen und ihr das Gesicht sauber waschen.« So packten die Soldaten sie und wuschen ihr Gesicht, und jetzt sah sie genau

so aus wie das Bild. Alle riefen schreck-erfreut: »Haha, du bist's, du bist's!« Sie schleppten sie nach draußen, setzten sie aufs Pferd und wollten eben mit ihr abziehen. A-hsiu fing an zu weinen, und die Prinzessin sagte: »A-hsiu, A-hsiu, weil du nicht auf mich gehört, sondern gepfiffen hast, ist all dies geschehen! Aber: wohin sie mich auch schleppen, mein Herz geht doch nicht mit! Nun höre zu, was ich dir sage. Geh nicht zur Arbeit, wenn ich fort bin, sondern jage Vögel mit Pfeil und Bogen. Alle Vögel, gleich welcher Art! Häute sie, und mache dir aus hundert Vögeln ein Kleid! Dann höre auf zu jagen, ziehe das Kleid dir an, besorge eine Bambusflöte und mache dich auf die Suche nach mir.«
Diesmal hörte A-hsiu auf die Worte der Prinzessin! Er ging nicht mehr aufs Feld zur Arbeit, sondern zog durch hohe Berge und tiefe Wälder.
Die Prinzessin hatte man inzwischen ins Haus des Südkaisers geschleppt. Sie sprach kein Wort, sie lachte nie, sie wusch und kämmte sich nicht mehr. Deshalb krähten auch im Süden in der Kaiserstadt keine Hähne mehr, und die Hunde bellten nicht; am Tag schien keine Sonne und nachts kein Mond; im Frühling blühten keine Blumen, und im Sommer schmolz der Schnee nicht mehr. Um herauszufinden, was er machen könnte, zerbrach der Kaiser sich umsonst den Kopf: Die Prinzessin lachte nicht und sprach kein Wort.
Nachdem A-hsiu ein Jahr auf Vogeljagd gewesen war, machte er ein Kleid aus hundert Vögeln, zog es an, nahm eine Bambusflöte und ging nach Süden in die Kaiserstadt. Flöte spielend lief er dort herum. »Djilili, monggolo, djimonggo, djimonggogo«, so spielte er und tanzte. »Woher kommt denn dieser merkwürdige Kerl?« – »Was ist das für ein schönes Lied, das er auf seiner Flöte spielt?« Die Leute auf den Straßen umringten ihn in Mengen und sprachen dies und jenes über ihn.
Eines Morgens kam die Dienerin des Kaisers vom Gemüsewaschen, und auf ihrem Heimweg blieb sie stehen, von

A-hsius buntem Kleid und seinem schönen Flötenlied gebannt. Der Kaiser wartete zu Haus darauf, daß sie das Gemüse in den Kessel täte; sie kam so lange nicht zurück, daß er schließlich Leute schickte, sie zu holen.

Als sie zu Haus war, wurde sie vom Kaiser wegen der Verspätung ausgeschimpft. Sie sagte: »Auf dem Heimweg sah ich auf der Straße einen merkwürdigen Kerl in einem Kleid aus hundert Vögeln. Er tanzte durch die Straßen und spielte Flöte dabei. Er spielte wunderbar und tanzte gar so schön! Ich sah ihm zu und vergaß die Zeit!« Als die Prinzessin dieses hörte, wußte sie, daß A-hsiu angekommen war. Sie fing zu lachen und zu sprechen an; sie wusch und kämmte sich. Die Hähne in der Hauptstadt krähten wieder, die Hunde bellten, und der Himmel wurde hell. Sie sagte: »Ich bin nicht mehr traurig. Laßt mich den Flötenbläser sehen! Ruft ihn her, er soll bei uns im Hause spielen!«

So kam A-hsiu also in des Südkaisers Haus, wo er hüpfend und sich drehend seine Bambusflöte spielte. Die Prinzessin sah ihm zu und klatschte fröhlich Beifall. A-hsiu sah sie an und lachte; sie sah A-hsiu an und lachte! Und der Kaiser lachte dumm! Da sagte die Prinzessin: »Kaiser, gib dem Mann deinen Kaisermantel und zieh du das Vogelkleid hier an! Nimm auch seine Flöte! Laß mich hören, wie gut du spielst!« Als sie so zum ersten Male zu ihm sprach, war der dumme Kaiser freudig überrascht, und in seiner Dummheit ließ er A-hsiu den Kaisermantel anziehen, während er selbst das Vogelkleid anzog. Dann nahm er A-hsius Flöte, drehte sich im Tanz und begann zu blasen. Doch sein Spiel war scheußlich anzuhören und sein Hopsen scheußlich anzusehen! Seine Flöte machte nichts wie »monggo, monggo«, und es klang wie das Blöken einer heiseren Ziege! Jetzt zeigte die Prinzessin auf die Gestalt des Südkaisers und sprach: »A-hsiu, A-hsiu, sieh! Der Kaiser hat sich in ein Untier verwandelt! Schieß ihn schnell tot!« A-hsiu und alle Würdenträger, Konkubinen, Diener und Dienerinnen, alle stimmten

überein, daß der Kaiser jetzt ein Untier war. A-hsiu nahm einen Pfeil und schoß ihn tot.
Nachdem der Südkaiser von A-hsiu erschossen war, sagte die Prinzessin: »A-hsiu, besteige schnell den Thron und mache dich zum Kaiser! Schnell, steige auf den Thron!« Alle Würdenträger, Konkubinen, Diener und Dienerinnen sahen zu, wie A-hsiu sich zum Kaiser machte. Die Prinzessin sagte: »A-hsiu, jetzt bist du Kaiser! Mögest du zehntausend mal zehntausend Jahre leben! Hoch lebe A-hsiu!«
So also war A-hsiu auf den Kaiserthron gekommen, und in seiner Freude versäumte er, die Worte »zehntausend mal zehntausend Jahre« zu wiederholen. Er sagte nur: »Ich bin Kaiser! Für ein Jahr, vielleicht für zwei, vielleicht für zwanzig oder dreißig, fünfzig oder sechzig, achtzig oder neunzig Jahre! In jedem Fall ist es ein ganzes Leben.«
Weil A-hsiu diese Worte sprach, können Menschen seither nicht mehr lange leben: Manche sterben schon mit ein, zwei Jahren, andere mit zwanzig, dreißig, fünfzig, sechzig oder achtzig, neunzig, und es ist für jeden ein ganzes Leben.

83. Der Alte Dschang

Der Alte Dschang lebte außerhalb der Stadt Sudschou, bequem und ohne Sorgen, und immer war genug zu essen da. Eines Tages hatte er nicht viel zu tun und dachte: ›Der Hang am Westberg hat gewiß sehr gute Erde. Ich will mal sehen, ob man dort ein Feld anlegen kann.‹ Also ging er hin und fing an, die Erde umzugraben. Wie er so grub und grub, gab es plötzlich ein Geräusch. Es hörte sich so an, als wäre er auf etwas Hartes gestoßen! Da grub er vorsichtig und immer vorsichtiger, bis er sah: es war ein großer Stein, ja eine ganz gewaltige Steinplatte. Er legte sie schön frei, und als er sie dann hochhob, strahlte es ihm entgegen: ein großer Topf voll Gold!

Der Alte überlegte eine Weile, dann entschloß er sich, den Goldtopf wieder zuzudecken. Nachdem der Boden wieder aussah wie zuvor, grub Dschang an andrer Stelle weiter und dann wieder und wieder anderswo, bis er im ganzen zehn Töpfe Gold gefunden hatte. Dschang überlegte wieder eine Weile, und dann beschloß er wie vorher, die Töpfe wieder zuzudecken und mit Erde zu bewerfen. Nach getaner Arbeit machte er sich auf, nach Hause. Unterwegs traf er Leute, und zu allen sagte er: »Geht ja nicht auf den Hang am Westberg! Etwas Fürchterliches gibt es dort!« Die Leute fragten: »Was ist los?« – »Ich war heute dort, um umzugraben, und als ich wegging, lag dort eine Riesenschlange, einfach fürchterlich, einfach fürchterlich! So lang, daß man es nicht beschreiben kann! Ihr Maul: so groß, daß sie gleich einen ganzen Menschen verschlingen kann! Fast zu Tode hat sie mich erschreckt! Ich sah sie ganz genau! Geht ja nicht hin!«
Die Leute – alles Bauern aus dem Dorf – waren abergläubisch. In der alten Zeit war das Gehirn der Menschen einfach, und wenn es irgendwo etwas zum Fürchten gab, dann wagten sie nicht hinzugehen. Deshalb ging eben niemand mehr zum Hang am Westberg, und Dschang ging selber auch nicht hin.

Ein Jahr verging, und nach mehr als einem Jahr gab es eine große, sehr schlimme Dürre. In dieser Gegend wohnten in den Dörfern Bauern und in den Städten Handelsleute. Es fehlte an Essen aller Art, und in der Stadt wie auf den Dörfern gab es nichts. Die Lage wurde kritisch, und der Kreisbeamte wußte keinen Rat. Traurig saß er da, den ganzen Tag, niemand kam zu ihm, und allmählich regte er sich auf. Er dachte nach und dachte nach und wurde noch erregter. Da fielen ihm die Reichen ein, und die großen Landbesitzer in und außerhalb der Stadt, und er ließ sie alle rufen. Aber niemand hatte die geringste Ahnung, was man machen könnte, um Essen zu beschaffen. Der Kreisbeamte kam nicht weiter; trotzdem blieb er höflich, rief jeden einzeln herein. Alle redeten und redeten und brachten auch dies und jenes mit, aber längst nicht genug. Es reichte bei weitem nicht. Bei der fünften Konferenz kam er auf den Gedanken, die Reichen unter Druck zu setzen durch einen amtlichen Befehl. Man redete vom Morgen bis zum Nachmittag, aber es kam nichts dabei heraus.

Schließlich kam ein Diener der Kreisverwaltung herein und sagte: »Draußen steht ein alter Mann, der Euch zu sehen wünscht.« Der Kreisbeamte sagte: »Wirklich, ich bin erschöpft! Nichts habe ich erreicht, vom Morgen bis zum Abend! Aber da er einmal hier ist, was hat der Mann zu sagen?« Der Diener lief zu ihm und fragte ihn, und der Alte sagte: »Ich komme eigens wegen unserer Lage, und ich bitte Euch, mein kleiner Bruder, dem Kreisbeamten auszurichten, daß ich helfen kann.«

Als der Diener hörte, daß der Alte helfen könnte, lief er zurück zum Kreisbeamten und sagte: »Der Alte sagt, er könne helfen in unserer Notlage, und er wolle unbedingt mit Euch sprechen.« Der Beamte sagte: »Was ist das für ein Mann? Warum war er bisher nicht hier? Wir hatten doch so viele Konferenzen! Geh und frag ihn, wer er ist.« Der Diener sagte: »Ich weiß nicht, wer er ist. Ordentlich und einfach sieht er aus. Ein Bauer, denke ich.« Da sagte der Beamte: »Geh und führe ihn ins Empfangsgemach.« Der Kreisbeamte ging ebenfalls dorthin und traf sich mit dem Alten, den er sich von oben bis unten besah.

›Strohsandalen hat er an‹, dachte der Beamte, ›und ein Hanfkleid, und einen Strohhut hat er auf. Der sieht nicht aus wie ein reicher Mann! Wieso kann der behaupten, daß er dem Volk Hilfe geben kann? Das ist ja ganz unmöglich.‹ So dachte er, aber laut sagte er: »Man hat mir mitgeteilt, du könnest helfen in unserer Hungersnot.« Dschang gab zur Antwort: »Jawohl, Herr Kreisbeamter, ich kann helfen.«

Der Beamte fragte: »Wo wohnst du und aus welchem Dorfe stammst du her?« Dschang sagte: »Ich lebe im ›Dschang

Familiensitz‹ außerhalb der Stadt.« – »Wer ist dein Grundherr?« – »Der bin ich selbst.« – »Und auf welche Weise kannst du bei dieser Dürre helfen?«

Dschang sagte: »Gold kann ich bringen.« – »Wieviel denn?« fragte der Beamte. »Ich habe zehn Töpfe voll.« Der Kreisbeamte staunte: »Und was ist dein Gewerbe? Bist du denn kein Bauer?« – »Oh doch, ich bin ein Bauer, und ich habe Felder.« – »Mach keine Witze: zehn Töpfe voll mit Gold? Dafür siehst du recht einfach aus!«

Dschang sagte: »Ah, das Gold ist ja nicht meins.« – »Wenn es nicht deins ist, wem gehört es denn?« Dschang: »Das weiß ich nicht.« Der Kreisbeamte: »Und wo ist das Gold?« – »Am Hang des Westbergs.«

Der Kreisbeamte war nicht sehr erfreut, weil er dachte, man hätte ihn betrogen, und er sagte: »Du machst Scherze, du dummer Kerl, du träumst!« – »Herr Kreisbeamter«, sagte Dschang, »beruhigt Euch! Hört, was ich sage! Ich bin gekommen, um in dieser Not zu helfen, nicht um Träume zu erzählen oder dummes Zeug zu schwatzen. Zehn Töpfe voll mit Gold befinden sich am Hang des Westbergs. Falls Ihr es mir nicht glaubt, bring ich Euch hin, damit Ihr es Euch ansehen könnt.«

»Woher weißt du, daß sich da am Hang zehn Töpfe Gold befinden? Erkläre mir das mal! Wenn es nicht dein Gold ist, wem gehört es denn? Du sagst, du weißt es nicht – aber woher weißt du überhaupt von diesem Gold?«

Der Alte Dschang erzählte nun: »Eines Tages, als ich mit der Arbeit fertig war, beschloß ich, ein Stück Wildnis umzugraben und dort eine Pflanzung anzulegen. Ich grub und grub und stieß auf etwas Hartes, und grub freudig weiter und legte eine große Steinplatte frei. Ich hob sie hoch: da war ein Topf voll Gold. Ich war verblüfft! Weil ich nicht wußte, wem das Gold gehört, warf ich die Stelle wieder zu und grub an andern Stellen weiter. Schließlich hatte ich zehn Töpfe Gold gefunden! Ich nahm mir nichts davon.«

»Wann hast du diesen Fund gemacht?« – »Vor einem Jahr.« – »Und woher weißt du, ob das Gold noch immer da ist?« Der Alte sagte: »Vorgestern hab ich nachgesehen! Außerdem, als ich damals von dem Fund zurückkam, sagte ich im Dorf den Leuten, sie sollten ja nicht auf den Hang am Westberg gehen, denn dort wäre ein Gespenst, ein furchtbares Gespenst, das Menschen fressen könnte.«
Der Kreisbeamte hatte einen guten Eindruck von diesen Einzelheiten und von des Alten Sicherheit; er war jetzt von der Wahrheit überzeugt und behandelte den Alten höflich. »Nimm Platz und ruh dich aus«, sagte er, »und dann will ich ein paar Diener aus dem Amt mit dir zu dem Fundort gehen lassen. Wenn du dem Volk auf diese Weise wirklich helfen kannst, machst du dich sehr verdient.« Der Alte lächelte und sagte nichts.
Der Kreisbeamte schickte nun alle andern Leute weg, und nachdem sie fortgegangen waren, gab er dem Alten sämtliche Amtsdiener mit, um das Gold auszugraben. Groß war die Freude, als sie alles fanden! Der Kreisbeamte, der ein anständiger Beamter war, fragte nun den Alten Dschang: »Wie kommt es, daß du nicht mal ein Stück davon genommen hast?« Der Alte sagte: »Ich habe stets genug zum Leben, denn wir sind Bauern seit jeher und nicht Gelehrte. Doch ich weiß, was gut und schlecht, recht und unrecht ist! Woher dies Gold gekommen ist oder wem es wohl gehört, das weiß ich nicht. Aber mir gehört es nicht, und daher kann ich nichts davon benutzen.« Der Kreisbeamte sagte: »Und jetzt, wieso hast du es jetzt herausgebracht?« Der Alte sagte: »Jetzt hat es Nutzen, Nutzen für die Allgemeinheit. Woher das Gold kommt, weiß ich nicht, aber dies ist etwas, das ich weiß. Zwar bin ich nur ein Bauer, aber ich verstehe, was dieser Nutzen ist.« Da freute sich der Kreisbeamte, und der Alte konnte jetzt nach Hause gehen.
Der Kreisbeamte machte öffentlich bekannt: »Dies ist das Gold vom Alten Dschang, der es für euch gegeben hat.« So

erfuhren all die Notleidenden seinen Namen, doch die Leute, die sein Gold bekamen, wußten nicht, woher es stammte. »Woher hat er wohl das Gold? Er ist doch kein Beamter.«

Im Dorf die Bauern aber sagten: »Damals hat der Alte uns vor dem Gespenst am Berg gewarnt; jetzt hat er dem Kreisbeamten Gold für uns gegeben. Darum hat der Kreisbeamte seinen Namen auf das Gold gesetzt. Der Alte ist ein Ehrenmann.« Die Bauern freuten sich und ehrten ihn. Von da an kamen sie alljährlich zur Zeit, wenn's viel zu tun gibt, zum Alten Dschang ins Dorf der Dschang-Familie und halfen ihm, und seine Ernten wurden deshalb immer besser. Jedes Jahr war seine Ernte reicher; jedes Jahr bepflanzte er mehr Land, und er kam zu schönem Wohlstand.

Der Alte hatte einen Enkel, Dschang Tschen, den er studieren ließ. Er holte einen Lehrer für ihn ins Dorf, ließ auch andere Dorfleute mitstudieren und baute eine Schule. Später ließ er Brücken reparieren, Straßen bauen, half Witwen und Waisen und tat auch sonst noch gute Werke, wofür man ihn sehr ehrte. Für den Enkel stellte er Bediente an: einen Bücherknaben und eine Zofe. Dschang Tschen war auch ein guter Mensch, benahm sich tadellos und lernte fleißig. Später erwies er sich als ausgezeichneter Student, und nachdem er die Staatsprüfung als bester bestanden hatte, wurde er Beamter. Er war schon längst Beamter, als er in einem Jahr um Urlaub bat, um nach Haus zu reisen.

Dort lebte noch die Zofe, die ihm, wie früher, die Füße wusch. Dabei bemerkte sie unter seinem Fuß ein Muttermal, das ihr gefiel, und sie spielte daran herum. Aber Dschang Tschen verbot es ihr: »Du darfst damit nicht spielen, weil es das Mal eines hohen Beamten ist. Nur mit solch einem Muttermal kann man Beamter werden.« Die Zofe sagte: »So so, bei euch feinen Leuten ist es das Mal des geehrten Mannes! Bei uns ist es das Mal des gewöhnlichen Menschen.« Er fragte: »Hast du auch ein Muttermal?« und sie sagte: »Ja, doch bei mir bedeutet es ein hartes Leben. Ihr seid ein feiner Mann, und ich bin arm.« – »Laß mich mal sehen«, sagte er. Aber so etwas tat man damals nicht, und die Zofe ließ ihn das Muttermal nicht sehen. Er überlegte, was er machen könnte, um es zu sehen, und so machte er die Zofe schließlich zu seiner Nebenfrau. »Meine Frau kriegt keine Kinder«, gab er an. Sein Großvater, der Alte Dschang, hatte daraufhin einen Traum:

Zu ihm ins Zimmer kam ein General der vorigen Dynastie. Als der Alte Dschang ihn sah, fragte er ihn böse: »Wozu kommst du hierher?« – »Ich komme, um dein Urenkelsohn zu werden.« – »Ich will dich nicht! Dich nicht! An deiner Kleidung sehe ich, du bist ein General der vorigen Dynastie. Ich weiß genau: Aufruhr hast du gemacht! Der Dynastie warst du nicht treu, und deine Sohnespflicht in der Familie versäumtest du. Du hast den guten Ruf deiner Familie ruiniert! Ich will dich nicht!« Der Alte war sehr wütend und warf den Mann hinaus.

Da zeigte ihm die Zofe das Kind, das sie soeben geboren hatte, und gratulierte ihm zu seinem Urenkelsohn! Aber: das Baby war noch nicht gewaschen, da starb es schon! Der Alte freute sich darüber und sprach: »Ich habe von dem bösen Mann geträumt, der sich wiederverkörpern will. Das war kein guter Mann, aber als ich ihn hinauswarf, blieb er höflich, ohne Zorn.« Damit war diese Angelegenheit beendet.

Nicht lange danach hielt der Alte seinen Mittagsschlaf, und im Traum erschien ihm, unverkennbar, wieder dieser Mann, diesmal als Zivilist gekleidet. Der Alte fragte: »Du weißt, ich will dich nicht, und trotzdem kommst du wieder? Wozu? Ich werfe dich nochmals hinaus!« – »Ich komme zu dir, um dir Glück zu bringen.« – »Was für Glück kannst du mir bringen? Weder deinem Kaiser, noch der eigenen Familie warst du treu. Ich will nichts von dir wissen.« – »Sage was du willst, aber ich bin anders. Ich bringe dir Belohnung für deine guten Taten.« – »Belohnungen sind gut, und ich will gute Menschen haben; aber einen General, der Aufruhr macht, den will ich nicht.« Jetzt ging der Mann in die Knie vor dem Alten Dschang und sagte: »Ich habe mich geändert und bin ein guter Mann! Der Lohn für deine guten Taten ist dies: ich bringe deiner Familie das Zeug zum Beamtentum.« Als der Alte Dschang erkannte, daß der Mann so ehrerbietig war, wurde ihm, obgleich er ja nur träumte, ganz klar im Kopf, und er fragte: »Warum kamst du das crste Mal? Und warum kommst du heute wieder?« Dann ließ der Alte ab von ihm, und der Mann ging langsam aus dem Zimmer.

Der Alte Dschang ging in die Halle. Er wunderte sich sehr: »Warum wohl dieser Traum? Als er damals fortging, kam der Urenkel zur Welt. Diesmal hatte er wohl keine böse Absicht. Wie kommt das alles?« So sann er hin und her. Nach ein paar Tagen kamen alle Hausbewohner, ihm zu gratulieren – ein Urenkel war geboren! Der Alte überlegte: »Mein Traum bedeutet, daß nun doch der Mann in diesem Kind wiedergeboren ist. Seine Seele ist es! Dieser neue Mensch, genannt Dschang Ping, ist in Wirklichkeit ein Mann der Ming-Zeit.«

Dschang Ping entwickelte sich gut, studierte fleißig, bestand die Staatsprüfung als bester, wie sein Vater, und wurde schon mit achtzehn Jahren Beamter. Damals lebten die Beamten in der Hauptstadt. Eines Tages ging er nach Haus, die Mutter zu besuchen. Weil es noch die alte Zeit war, lebte seine Mutter immer noch als Nebenfrau, die nicht nur die Hauptfrau und
die Staatsprüfung als bester, wie sein Vater, und wurde schon
mußte. Auch ihren Sohn bediente sie. Die Hauptfrau sprach zu ihr: »Du hast die Zimmer noch nicht aufgeräumt!« Sie war ärgerlich und tadelte die Nebenfrau. Ihr Sohn Dschang Ping litt sehr bei dieser Lage. Er war jetzt Beamter; warum durfte seine Mutter so behandelt werden?

Am nächsten Tag ging er mit seinem Vater zur Audienz. Der Kaiser hatte Dschang Ping recht gern und fragte: »Was gibt es heute zu berichten?« Und er fuhr fort zu fragen: »Dschang

Ping, was ist mit dir? Bist du schlechter Laune? Hast du Sorgen?« Dschang Ping sagte: »Majestät, es ist nichts.« Der Kaiser sagte: »Dschang Ping, sag es mir! Ich habe dich doch immer gut behandelt. Hast du Familiensorgen?« Dschang Ping gab keine Antwort. Der Kaiser wiederholte seine Frage: »Ich habe dich doch immer gut behandelt, was ist los? Ich will dir helfen, sprich!«

Da sagte ihm Dschang Ping, daß es die Sorge um die Mutter war. Der Kaiser lachte laut: »Ach du getreuer Sohn! Aber sage mir, warum du dich um deine Mutter sorgst!« Dschang Ping sagte, seine Mutter lebte immer noch als Nebenfrau: »Ich bin jetzt schon ein hoher Beamter, und meine Mutter muß noch immer die Hauptfrau und den Vater bedienen. Ich kann es nicht ertragen.« Der Kaiser sagte: »Ist das alles? Es ist gut, daß du es mir gesagt hast.« Dschang Ping fuhr fort: »Wenn ich ansehen muß, wie meine Stiefmutter meine Mutter tadelt, ist mein Leben schwer. Ich finde keine Ruhe.« Der Kaiser lachte wieder: »Das ist einfach! Du kannst beruhigt sein! Ich erlasse gleich Befehl, daß deine Mutter ›Gemahlin ersten Ranges‹ wird.« Dschang Ping erwiderte: »Sehr wohl«, kniete nieder, verbeugte sich und dankte. Dann verließ er den Palast.

Er ging zu seiner Mutter in ihr Zimmer, ohne wie sonst zuerst die Hauptfrau in ihrem Zimmer zu begrüßen. Diesmal ging er gleich ins Zimmer der Nebenfrau! Darüber war die Hauptfrau nicht erfreut, aber Dschang Ping kümmerte sich nicht darum. Er ging zuerst zu seiner Mutter, um ihr zu gratulieren, und dann ging er zur Hauptfrau und sagte: »Meine Mutter ist ›Gemahlin ersten Ranges‹ geworden.«

Das hatte sich die Hauptfrau ja nicht denken können. Dann fuhr er fort: »Auch du bist meine Mutter! In gleicher Weise habt ihr beide mich erzogen, in gleicher Weise bin ich auch euch beiden ein getreuer Sohn.« Deshalb sprach er mit dem Kaiser, worauf die Hauptfrau ebenfalls ›Gemahlin ersten Ranges‹ wurde.

84. Große Liebe

Die Geschichte ›Große Liebe‹, die man sich erzählt, handelt von der Prinzessin Lo-tschang. Sie hatte einen Prinzgemahl gesucht und in der Person des Hsü Bo-yän gefunden. Das Paar war glücklich und zufrieden, reich und geehrt, denn Lo-tschangs Bruder war Kaiser hier im Südland. Dieser Kaiser stand auf seiten der Partei der Literaten, und er war kein Freund der Militärpartei. Als Freund der Literaten war er nicht für Krieg, sondern blieb zu Hause im Palast und verbrachte seine Tage mit Getändel und beim Wein.

Seine Schwester, die Prinzessin Lo-tschang, liebte Kleider, und sie selbst entwarf eine Bekleidung: lange Hose, kurze Jacke, die sie zu tragen liebte, wenn sie zum Blumen-Bewundern spazieren ging, und sogar zum Essen oder zur Audienz. Andre Leute trugen diese Kleidung nicht, aber ihre Zofen bewunderten den Anzug und baten die Prinzessin, das Modell nachmachen zu dürfen. Die Prinzessin lieh den Zofen ihren Anzug, und sie ließen ihn kopieren, nicht im Palast, sondern draußen. Auch die Bauernfrauen liebten diesen Anzug: er ist leicht und angenehm zur Arbeit und braucht wenig Stoff. Manchmal sieht man dies Modell noch heute, aber selten bei konservativen Leuten oder bei offiziellen Gelegenheiten, denn es gilt als unvornehm. Hier bei uns trägt auch mal jemand diesen Anzug zum Neujahrsfest, aber die Alten sind dagegen und meinen, man würde dann als Dienstmädchen angesehen. Die Prinzessin damals trug den Anzug hauptsächlich beim Blumen-Bewundern und nicht in Anwesenheit von Fremden. Sie war hübsch und sehr beliebt beim Volk, und deshalb wird der Anzug heute noch gern getragen.

Fröhlich also war das Leben beim Kaiser im Palast, und der Kaiser hörte nicht auf seine Generäle. Das Militär im Nordland wurde unterdessen stark und plante, den Süden zu erobern. Der Kaiser und sein Hof im Süden merkten nicht, wie der Angriff losging! Yang Su, ein General vom Norden, griff zu, nahm den Südkaiser gefangen und tötete ihn. Die Prinzessinnen, das heißt Lo-tschang und ihre unverheiratete jüngere Schwester Ping-tschang, sowie alle andern Frauen im Palast wurden als Gefangene nach Norden verschickt. Kurz vor dem Aufbruch rief Lo-tschang ihren Gatten zu sich. Die Trennung von ihm fiel ihr schwer, weil sie sich so gut verstanden hatten. Sie nahm jetzt einen Spiegel und brach ihn in zwei Teile. Einen davon gab sie ihrem Mann und sagte: »Bo-yän! Wenn das Schicksal es erlaubt, komm nach Norden, mich zu suchen!« – »Gut«, sagte Hsü Bo-yän, und dann führten die Soldaten vom Norden die Prinzessin ab.

So kamen alle aus dem Südpalast nach Norden. Der höchste General der Nordarmee machte sich zum Kaiser. Damit ging die Dynastie des Südens unter, und die Dynastie des Nordens fing an aufzusteigen.

Der neue Kaiser nun verliebte sich in Lo-tschangs Schwester, die Prinzessin Ping-tschang, und General Yang Su verliebte sich in Lo-tschang. Der Kaiser gab Lo-tschang dem Yang Su, der sie mit nach Hause nahm, um sie zu seiner Nebenfrau zu machen. Zwar besaß er schon eine Reihe von Nebenfrauen, aber Lo-tschang war so schön! Und weil sie eine richtige Prinzessin war, ließ er für sie ein ganz besonderes Gebäude bauen, mit großem Luxus, denn er wußte: Südleute legen Wert aufs Baden, während man im Norden ja nicht so viel vom Wasser hält – also Yang Su baute für Lo-tschang ein Badehaus! In ihrem Kummer ging sie gleich hinein, badete und wusch sich ihre Haare, und Yang Su sah sie, als sie aus dem Bade kam. Rabenschwarz glänzten ihre Haare, und rosa schimmerte die weiße Haut. Verliebt bewunderte und pries er ihre Schönheit, und sie erwiderte: »Willst du Strohmatte sein, dann will ich darauf ruhen.« So wurde die Prinzessin Yang Sus Nebenfrau.

Aber bald gab es im Palast Geschichten, und am Ende von drei Jahren hatte die Prinzessin Kummer, denn in diesen

zwei, drei Jahren verliebte sich in sie auch Yang Sus Sohn, der älteste. Nach der Sitte dort im Norden konnte ein Sohn die Nebenfrauen seines Vaters heiraten, und ein jüngerer Bruder die Frauen seines älteren Bruders. Yang Sus erster Sohn traf nun eines Tages die Prinzessin beim Blumen-Bewundern und gab ihr dies Versprechen: »Ich gelobe, dich zu heiraten, sowie mein Vater stirbt.«
Darüber war sie ziemlich ungehalten. Noch dazu hatte Yang Sus vierter Sohn ein Fest bei sich; und als er die Prinzessin nach Haus begleitete, sagte er: »Ich will dich heiraten, sowie mein Vater stirbt.«
Lo-tschang sagte: »Das hat auch schon dein ältester Bruder gesagt.« Der vierte Bruder sagte: »Dann kann ich dich noch immer heiraten, sowie auch er gestorben ist.«
Jetzt war Lo-tschang wirklich aufgebracht: so viel Unmoral! So etwas gab es nicht im Süden! Ein Mann kann nicht die Witwe seines Bruders heiraten! Man darf auch nicht von einer ›Frau des Vaters‹ sprechen, denn sie ist eine ›Mutter‹. Auch Nebenfrauen gelten als ›Mütter‹, denn sie gehören zur elterlichen Generation. Wie konnte man im Norden nur so unmoralisch sein! Und also wurde die Prinzessin sehr betrübt.
Zu dieser Zeit hörte eines Tages eine Zofe im Palast, wie draußen jemand rief: »Gemüse zu verkaufen!«, und sie ging hinaus, um einzukaufen. Als sie wiederkam, erzählte sie: »Auf der Weststraße, vor der Tür des großen Hotels, stehen zwei, ein Herr mit seinem Diener, die sind verrückt! Für einen halben Spiegel wollen sie dreitausend Unzen Silber haben.«
Die Prinzessin schrak zusammen, als sie dies hörte, und ihre Augen füllten sich mit Tränen. Sie hielt die Zofe fest und fragte: »Wo steht dieser Herr mit seinem Diener?« Die Zofe gab zur Antwort: »Prinzessin, habe ich es nicht erzählt? Der Gemüsehändler sagte, er stünde auf der Weststraße, vor der Tür des großen Hotels.« Die Prinzessin sagte: »Geh nochmals zu dem Händler und frage ihn genauer aus!«

Die Zofe ging gleich hin, kam dann zurück und sagte: »Prinzessin, ich weiß genau die Stelle, an der er steht.« Die Prinzessin sagte: »Bring mich hin zu ihm.« Die Zofe sagte: »Wie kannst du hingehen? Ich habe dir doch bloß davon erzählt, weil ich die Sache komisch fand!« Aber die Prinzessin sagte: »Sei still und führ mich hin.«
Die Zofe brachte also die Prinzessin hin zur Weststraße, und schon von weitem sah man den Herrn und seinen Diener und hörte ihren Ruf: »Ein halber Spiegel zu verkaufen, für dreitausend Unzen Silber.« Da rannte die Prinzessin hin, und so traf sie ihren Ehemann!
Nun redeten die beiden, redeten endlos über ihre Leiden und Kümmernisse: Die Prinzessin war ja jetzt eine Nebenfrau des Großgenerals der Norddynastie, und Hsü Bo-yän, ohne Rang und ohne Geld, war nichts als ein Mann aus dem besiegten Südreich. Was sollte man nur tun? Dies alles sagte Hsü Bo-yän, aber die Prinzessin meinte: »Mach dir keine Sorgen und komm mit«, und sie nahm ihn mit zu sich in den Palast von Yang Su.
Es war ein Tag, an dem Yang Su beschloß, die Prinzessin zu besuchen. Er ließ ein Mahl mit Wein vorbereiten, und als es Abend war, ging er in die Gemächer der Prinzessin. Diese hatte seit dem frühen Morgen nicht aufgehört, mit Hsü Bo-yän zu sprechen; selbst als abends Licht angezündet wurde, war es, als ob sie noch längst nicht am Ende wären. In diesem Augenblick kam Yang Su in das Zimmer! Wie erschrak die Prinzessin, ganz zu schweigen von Hsü Bo-yän! Aber Yang Su sagte friedlich: »Beruhigt euch, und laßt uns essen.« So setzten sich die drei zum Essen. Der Prinzessin war es peinlich, daß ihr alter und ihr neuer Liebhaber zusammen saßen. Was konnte sie planen? Was sollte sie sagen? So war sie still und sagte nichts. Die beiden Männer, rechts und links von ihr, waren in Gedanken. Yang Su dachte: ›Zwar habe ich sie ein paar Jahre lang besessen, aber was ich hatte, war ihr Körper, nicht ihr Herz.‹ Gleichzeitig dachte Hsü Bo-yän: ›Es

geht nach ihm: Wenn Yang Su den Mund aufmacht, kann er einen Menschen töten lassen, noch bevor sich seine Lippen wieder schließen. Was kann ich planen? Am besten überlasse ich dem Himmel, was mit mir geschieht.‹ Angst überfiel jetzt die Prinzessin: ›Was, wenn Yang Su den Hsü Bo-yän umbringen läßt? Was dann?‹ In diesem Augenblick, als Hsü und die Prinzessin sich in großer Angst befanden, stand Yang Su auf vom Tisch und sagte zur Prinzessin: »Bereite dich zur Reise vor! Morgen früh will ich dir Leute schicken, die dich zurück in deine Heimat nach Süden bringen werden.« Mit diesen Worten verließ Yang Su den Raum.
Hsü Bo-yän und die Prinzessin hoben jetzt den Kopf, mit Tränen in den Augen, Tränen des Glücks. Dann standen sie vom Eßtisch auf und gingen in das Schlafzimmer der Prinzessin. Dort sagte sie zu ihm: »Geh und nimm ein Bad, und dann schlafe dich in meinem Bett einmal richtig aus.« Aber er erwiderte: »Nein, nein. Dies ist eines andern Mannes Zimmer, eines andern Mannes Bett. Für mich kann dies kein Schlafplatz sein.« Die Prinzessin sagte: »Was sonst?« – »Prinzessin«, sagte Hsü, »es würde dich nur quälen, und ich würde hier nicht schlafen können. Außerdem, diese Jahre haben mich gelehrt, Leiden zu ertragen.«
So setzten sich die beiden also auf die Erde, angelehnt an eine Mauer, und unterhielten sich. Und so verging die Nacht. Es wurde hell. Da sagte Hsü zu der Prinzessin: »Willst du mit mir gehen?« Die Prinzessin sagte: »Die Spiegelhälften haben wir vereint, wie kann denn ich mit dir nicht vereint sein?« Hsü war hocherfreut, reichte ihr die Hand und zog sie hoch. Dann sahen sie am Tor einen Pferdewagen, und als der Kutscher die Prinzessin sah, sagte er: »Bitte sehr, Prinzessin, im Auftrag des Großgenerals! Alles, was ihr braucht, ist schon bereit.«
Zehntausendfach war die Prinzessin dankbar! Man spricht vom Süden als dem Land von Zivilisation und Bildung, im Gegensatz zum Norden, dem Land der Kriegskunst. Die

Prinzessin hätte nicht gedacht, daß Yang Su zum Edelmut erzogen worden war; solche Feinheit kommt nicht von ungefähr! Und in der Tat: Yang Su war nicht nur hier im Norden als Militär erzogen, sondern auch im Süden als Student der Literatur. So wurde er ein General, der zweierlei vereinte: Kriegskunst des Nordens und Verfeinerung des Südens. Nur darum konnte er so edel handeln. Von jedem andern Mann, der ihn im Palast angetroffen hätte, wäre Hsü Bo-yän hingerichtet worden. So also reisten Hsü und die Prinzessin Lo-tschang friedlich ab und kehrten nach dem Süden zurück, wo sie ein paar Jahre glücklich miteinander lebten.

Lo-tschangs Schwester Ping-tschang, die ja im Norden eine Nebenfrau des Kaisers geworden war, genoß derweil des Kaisers Gunst. Nach ein paar Jahren reiste er mit ihr nach Süden, damit sie ihren Ahnen opfern könnte. Prinzessin Lo-tschang kam mit ihrem Gatten Hsü, um ihre Schwester zu begrüßen. Als sich die Schwestern wiedersahen, vergossen sie natürlich Tränen und begannen, ihr Schicksal zu erzählen. Die jüngere fragte die ältere: »Wie ist es dir ergangen in den letzten Jahren hier?« Lo-tschang sagte: »Sieh nur, wie ich angezogen bin, dann weißt du gleich Bescheid! Mein Gatte Hsü wollte erst nicht kommen, weil er fand, daß seine Kleider zu zerrissen sind!«

Bei diesen Worten lachte der Kaiser des Nordens laut, faßte Hsü am Arm und sagte: »Was hat denn das zu sagen? Selbst ein Kaiser kann arme Verwandte haben. Komm mal bald, mich zu besuchen! Ich bin der reichste Mann der Welt. Willst du Gold, dann gebe ich dir Gold; willst du Silber, gebe ich dir Silber.« Der Kaiser sprach so freundlich, und als Lo-tschang und Hsü des Kaisers Worte hörten, freuten sie sich sehr. Auf Befehl des Kaisers wurde Hsü zum Großgouverneur des Südens gemacht, und noch dazu gab ihm der Kaiser ein großes Haus und hundert Morgen Land. Von da an lebten sie nun wieder wie früher, reich und geehrt.

Aber Lo-tschangs Schwester, Ping-tschang, lebte nicht mehr

lange; nach ein paar Jahren starb sie, und aus Liebe zu ihr ließ der Kaiser ihren Körper in den Süden bringen und dort begraben.
Nicht viel später gab es hier im Süden wieder Unruhen, so daß der Kaiser, zusammen mit Yang Su, wieder vom Norden zum Kampf nach Süden zog. Diesmal schlugen sich die Nordsoldaten nicht so tapfer wie letztes Mal, und noch dazu: der Kaiser wurde krank und starb. Prinzessin Lo-tschang und Hsü Boyän begruben seine Leiche neben Ping-tschang. Die große Nordarmee wurde nun besiegt, und auch ihr General Yang Su fand in der Schlacht den Tod. Weil er so gut zu Lo-tschang und Hsü gewesen war, ließen sie Yang Sus Leiche durch Leute nach dem Norden in seine Heimat schaffen.
Deshalb sagt man seitdem sprichwörtlich: »Wenn man jemandem verzeihen kann, so soll man ihm verzeihen.« Das bezieht sich auf Yang Su und Hsü Bo-yän. Yang Su schenkte damals Hsü Bo-yän das Leben und hätte nie daran gedacht, daß Hsü sich eines Tages seiner Leiche annehmen würde. Edle Gesinnung wird in dieser Weise stets durch Edelmut belohnt.

85. Der gute Alte und sein Hund

Es waren einst zwei alte Männer. Der eine war ein guter Mensch, der Hunde liebte. Der andere war ein böser Mensch, der Hunde haßte. Die beiden waren Nachbarn. Der gute Alte hatte einen Hund. Als dieser Hund eines Tages an einer Stelle bellte, grub der Alte in der Erde und fand reiche Schätze.
Das erregte nun den bösen Alten, und er borgte sich den Hund; doch der bellte nicht für ihn, denn der böse Alte war ja nicht sein Herr. Da schlug der Alte nach dem Hund, und vor Schmerzen bellte er. Der böse Alte grub an dieser Stelle in die Erde, aber fand bloß Scherben und anderes wertloses Zeug.

Der Alte wurde wütend und schlug den Hund so lange, bis er starb.
Nun bat der gute Alte um den toten Hund. Er grub ihn ein in seinem Garten und pflanzte auf das Grab ein Bäumchen. Das Bäumchen wuchs und wurde riesengroß, und der Alte machte aus dem Holz einen Stößel, der im Mörser Gold und Silber machte!
Das erregte nun den Nachbarn erneut, und er borgte sich den Stößel; doch bei ihm tat der Stößel nichts, und er verbrannte ihn zu Asche.
Der gute Alte holte sich die Asche und ging damit nach Haus. Da gab es einen Wind, der in die Asche fuhr und sie zerstreute. Die Asche fiel am Straßenrand auf einen toten Baum, der augenblicklich blühte! Als der Kanzler diese Sache hörte, schickte er dem guten Alten einen hohen Lohn. Daraufhin bewies der andre Alte wieder seine böse Art, indem er zu dem Kanzler sagte: »Ich kann es auch.« Doch als er es versuchte, gelang es nicht, und so befahl der Kanzler, ihn hinzurichten.

86. Der Mensch stirbt am Reichtum, der Vogel am Futter

Es war einmal ein Jäger, der einen großen Vogel fing. Der Vogel sah sehr ungewöhnlich aus, und so beschloß der Mann, ihn nicht zu töten, sondern auf der Straße lebendig zu verkaufen. Es schien, als ob das Tier verstand, was der Jäger plante, und es sagte: »Wenn du mich freiläßt, zeig ich dir einen Ort, wo es Gold in Mengen gibt.« Der Jäger stimmte zu, und der Vogel brachte ihn in ein fernes Tal. »Dies ist das Goldtal«, sprach der Vogel, »bevor die Sonne aufgeht, mußt du es verlassen.«
Als der Jäger sah, daß die ganze Gegend voller Gold war, freute er sich über alle Maßen und fing an, Stück für Stück alles aufzusammeln und in seinen Sack zu tun. Was ihn

ärgerte, war nur, daß er nicht alles Gold würde mitnehmen können. Kurz vor Sonnenaufgang drängte ihn der Vogel, doch der Jäger sagte: »Warte noch ein bißchen, warte!« Plötzlich ging die Sonne auf, und ihre Strahlen waren so stark, daß ein Mensch sie nicht ertragen konnte. Außerdem gab es durch das Gold im Tal einen Widerschein, und so ging des Jägers lebendige Gestalt in Flammen auf.

Am Abend kam der große Vogel zurückgeflogen und sah des Jägers Leiche. Er dachte: ›Ich kann ihn fressen, so wie Trockenfleisch‹, und so fraß er an dem toten Jäger herum, Bissen für Bissen. Da er ebenfalls sehr gierig war, fraß er ihn gänzlich auf. Da war sein Bauch so dick und stramm, daß er nicht mehr auffliegen konnte, sondern sich ausruhen mußte. Bald war es wieder kurz vor Sonnenaufgang. Der große Vogel wollte zwar abfliegen, aber sein Bauch war immer noch zu voll. Weil er zu viel gefressen hatte und deshalb nicht mehr fliegen konnte, ging er nach Sonnenaufgang am Ende ebenfalls in Flammen auf.

87. Die Befreiung der Schildkröten

Es war einmal ein guter Mann. Wann immer er eine Schildkröte sah, die man gefangen hatte, dann kaufte er sie den Leuten ab. Er setzte das Tier ins Wasser, damit es zurückschwimmen konnte an den Ort, an dem es aufgewachsen war. So ging es Jahr für Jahr und Tag für Tag. So viele Schildkröten rettete er, daß man sie gar nicht zählen konnte.

Nun fing es in seiner Heimat eines Tages an zu regnen. Es regnete und regnete viele Monate lang, so daß es Hochwasser gab. Die Flußdeiche brachen alle. Das Wasser stieg und stieg, bis alles Land zur Rechten und zur Linken überflutet war. Die Menschen trieben hilflos im Wasser daher. Plötzlich tauchte ein Schwarm von Schildkröten auf. Sie nahmen den guten Mann und seine Familie auf ihre Rücken und setzten alle an einem hoch gelegenen Ort an Land. Er wurde vom Tod in den Fluten nur deshalb gerettet, weil er den Schildkröten immer das Leben gerettet hatte.

88. Warum bei Maus und Vogel die Fledermaus verhaßt ist

Einst kam es zwischen Maus und Vogel zum Kampf. Die Fledermaus sah zu. Hört nur: als es schien, daß der Vogel siegte, rief die Fledermaus: »Ich bin ein Vogel, seht doch meine Flügel!«

Dann sah die Fledermaus, wie es der Maus gelang, den Vogel zu besiegen, und sie sagte schnell: »Ich bin ja eine Maus, seht doch meine spitze Mäuseschnauze!«

Da wurden beide, Maus und Vogel, wütend wegen ihrer Rechthaberei, und seitdem, wo immer sie die Fledermaus auch treffen, jagen sie sie fort. So kann die Fledermaus nirgends eine Wohnung finden und muß in dunklen Löchern unter Dächern von Menschenhäusern leben.

89. Der vegetarische Tiger

Früher gab es hier auf einem Berg einen Tiger, der gewöhnlich keine Menschen fraß. Er tat es nur im Notfall, wenn er ganz besonders hungrig war. Eines Tages, nachdem der Tiger den ganzen Tag lang nichts gefressen hatte, sah er eine Frau den Berg herunterkommen. Er lief ihr nach und fraß sie auf. Als er fertig war, tat ihm plötzlich die Kehle furchtbar weh – so weh, daß er nicht mehr schlucken konnte. Er mußte schnell zum Großen-Weg-Gott gehen. »Großer-Weg-Gott, rette mich!« sagte er. Der Große-Weg-Gott sagte: »Ich will dich retten, wenn du mir versprichst, nie wieder einen Menschen aufzufressen. Auch Tiere darfst du nicht mehr fressen. Du mußt Vegetarier werden.«

Der Tiger, der seine Schmerzen los sein wollte, stimmte zu, und der Große-Weg-Gott holte ihm etwas aus dem Hals: eine Haarnadel der aufgefressenen Frau! Der Große-Weg-Gott sagte: »Das war eine Strafe vom Himmel. Du darfst in Zukunft keinesfalls mehr Menschen fressen.« Von da an lebte dieser Tiger vegetarisch. Er wurde gänzlich zahm, und später nahm der Große-Weg-Gott ihn als Jünger an.

Deshalb steht in manchen Gegenden im Große-Weg-Gott-Tempel nicht nur der Große-Weg-Gott selbst, sondern auch ein Tiger-Gott.

90. Affe und Krabbe

Eine Krabbe und ein Affe lebten einst am selben Ort. Der Affe war recht niederträchtig, und von Zeit zu Zeit spielte er der Krabbe üble Streiche. Eines Tages gingen sie zusammen aus, und die Krabbe fand einen Kloß aus Reis. Der Affe hatte bloß einen Persimonenkern, den er der Krabbe gab, im Tausch für ihren Kloß.

Die Krabbe nahm den Kern und säte ihn, und wenig später wuchs daraus ein Persimonenbaum, der viele Früchte trug. Die Krabbe wußte nicht, wie man auf Bäume klettert, und sie bat den Affen, ihr zu helfen. Er kletterte hinauf und fraß alle reifen Persimonen auf. Die harten, noch unreifen Früchte schmiß er mit aller Macht auf die Krabbe, die dadurch fast zu Tode kam.

Weinend lief sie in ihr Haus, wo ihre Freunde sie besuchten und trösteten und ihr das Versprechen gaben, in ihrem Namen an dem Affen Rache zu nehmen.

Also setzte sich die Schildkröte in seinen Wasserkrug. Die Mörserkeule versteckte sich auf seinem Dach. Der Kessel stellte sich in einen dunklen Gang, und die Eisenstange lehnte sich an den heißen Herd.

Der Affe hatte Hunger, als er nach Hause kam, und er ging

zum Herd, um zu essen. Doch als er mit der Eisenstange den Kessel heben wollte, verbrannte ihm die Stange die Hände. Er lief hinaus zum Wasserkrug und tauchte seine Hände ein; da biß die Schildkröte in seine Finger. Er lief zurück ins Haus, durch den dunklen Gang; da stieß er sich Gesicht und Kopf an dem Kessel, so daß er die Besinnung fast verlor. Nun wollte er nach draußen fliehen. Da sprang die Mörserkeule vom Dach und tötete den Affen.

91. Die beiden Schwestern

Früher lebten mal zwei Schwestern. Die ältere der beiden war verhältnismäßig dumm, die andere verhältnismäßig klug. Eines Tages wollte ihre Mutter fortgehen, um ihre eigene Familie zu besuchen. Die beiden Mädchen sollten zu Hause bleiben und das Haus bewachen. Die Mutter war besorgt und dachte, daß die Kinder in der Nacht sich fürchten könnten, und so bat sie eine Tante aus einem anderen Familienzweig, herzukommen und den Mädchen zur Gesellschaft hier zu schlafen. Die Schwestern kannten diese Tante nicht, und darum sagte ihre Mutter vor dem Weggehen: »Die Tante hat ein Muttermal auf ihrer rechten Backe, und sie wird drei Mal leise an die Haustür klopfen.« Nach diesen Worten der Ermahnung ging die Mutter fort.

Die Schwestern wohnten mitten in der Wildnis in den Bergen, und dort liefen damals noch wilde Menschenfresser in der Gegend herum. Als die Mutter ihre Kinder warnte, war eine Wilde nebenbei versteckt gewesen und hatte alles mitangehört. Sie erkannte gleich die günstige Gelegenheit zu einem reichen Abendessen. Diese Wilde aus den Bergen also nahm schwarzen Schlamm und machte sich damit ein schwarzes Mal auf ihre rechte Backe. Sobald es dunkel war, ging sie an das Haus der Schwestern und klopfte leicht drei Mal an. Die Mädchen dachten, die Tante sei gekommen, und ließen sie voll Freude ein. Drin im Haus tat die Wilde aus den Bergen als wäre sie die Tante und sagte: »Kinder, eure Mutter ist zu ihren weit entfernten Verwandten gegangen und hat mich, eure Tante, gebeten, euch zur Gesellschaft hier zu schlafen. Ich, eure Tante, liebe saubere Kinder. Wer von euch beiden sich am saubersten gewaschen hat, darf die ganze Nacht bei der Tante schlafen. Wer nicht so sauber ist, muß am Fußende der Tante liegen.« Als die ältere der Schwestern dieses hörte, wusch sie sich ganz sauber und legte sich zum Schlafen der Wilden aus den Bergen an die Seite. Die Jüngere war etwas schlauer. Es war ihr aufgefallen, daß die Tante am ganzen Körper Haare hatte, was ihr unheimlich vorkam. Daher wusch sie sich nur wenig und beschmierte sich sogar mit etwas Schmutz. Die schlecht gewaschene und mit Schmutz beklebte Jüngere schlief also am Fußende der Wilden aus den Bergen.

Als die beiden Mädchen schliefen, packte die Wilde aus den Bergen die ältere der Schwestern, tötete sie und begann sie aufzufressen. Das Geräusch des Fressens war so laut, daß es die Jüngere aufweckte. Sie fragte: »Tante, Tante, was ißt du denn, das so viel Krach macht?« Die Wilde aus den Bergen sagte: »Als ich durch die Berge kam, fand ich eine trockne Rübe.« Die Jüngere sagte: »Ist noch etwas übrig? Kannst du mir davon ein bißchen abgeben?« Die Wilde aus den Bergen hatte aber schon alles aufgefressen, nur ein Stückchen von den Eingeweiden war noch übrig. So gab sie denn der Kleinen ein Stück Eingeweide. Als das Mädchen dies weiche, nasse und stinkende Zeug befühlte, rollte sie voll Schreck aus dem Bett, rannte aus dem Zimmer und kletterte ins zweite Stockwerk. Die Wilde zündete ein Streichholz an und ging auf die Suche nach dem Kind, aber das kleine Mädchen pinkelte die Flamme aus. Die Wilde zündete noch ein Streichholz an, und das Kind löschte es wieder genauso aus. So ging das eine lange Zeit, bis die echte Tante kam, die Wilde packte und die Kleine rettete.

92. Kaninchen und Teufelsfische

Einst lebte ein Kaninchen in den Büschen an der Meeresküste. Täglich hüpfte es zum Ufer und sah hinüber zu einer nahen Insel. Die Bäume waren dort so grün, und die Vögel flogen umher. ›Wenn ich doch drüben wohnen könnte‹, dachte das Kaninchen.

Eines Tages sah es lauter Teufelsfische im Wasser. Es kam ihm der Gedanke, mit Hilfe der Fische auf die Insel zu gelangen. »Meine Herren Fische«, sagte das Kaninchen, »wirklich, ihr seid gute Schwimmer! Ihr schwimmt so schön in Reih und Glied! Könnt ihr wohl eine Reihe bilden von hier nach drüben zu der Insel? Zählen kann ich dann, wieviele von euch es gibt.« Die Fische fühlten sich geschmeichelt bei dieser Rede und reihten sich auf, einer hinter dem andern, hinüber bis zur Insel. Nun hüpfte das Kaninchen vom Rücken eines Teufelsfischs zum andern, von Fisch zu Fisch, wobei es zählte: »eins, zwei, drei ...«

Schließlich kam es auf dem letzten an, und als es eben auf die schöne Insel springen wollte, rief es höhnisch: »Oh ihr dummen Fische! Besten Dank für eure Dienste!« Doch da öffnete der letzte Fisch sein Maul und biß das Kaninchen. Er biß den Schwanz ihm ab! Das Kaninchen spürte Schmerz und sah mit Schreck, daß wenig übrig war von seinem schönen Schwanz. Drei Tage und drei Nächte weinte es, und seine Augen wurden rot davon.

So kam es, daß Kaninchen kurze Schwänze haben und rote Augen, bis auf den heutigen Tag.

93. Der gierige Fuchs

Ein gieriger Fuchs kam an die Tür des Hauses einer Frau, wo er ein Kind weinen hörte. Die Mutter sagte zu dem Kind: »Wenn du weiter weinst, werfe ich dich raus, dem Sil-

berfuchs zum Fraß.« Der Fuchs am Eingang hörte es und freute sich. Er dachte: ›Jeden Tag müh ich mich ab, im Wald mein Fressen aufzutreiben, und trotzdem ist mein Bauch nie voll. Wie herrlich, daß mir heute ein weißes, zartes Kind hingeworfen werden soll.‹
Er wartete sehr lange, und das Kind schlief langsam ein. Seine Mutter sagte: »Schlaf, mein Liebling, schlafe ein. Kommt der Fuchs, bringt ihn deine Mutter um.« Der Fuchs, der dieses hörte, rannte eiligst weg.

94. Die getreue Katze

Ein Mann besaß einst eine Katze. Sie war sehr klug und weiß wie Schnee, und ihr Besitzer liebte sie. Die beiden aßen, ja schliefen auch zusammen, und die Katze hing an ihrem Herrn.
Doch dann änderte sich etwas: Ein Beamter sah die Katze, und er wollte sie besitzen. Erst wollte er sie kaufen, aber ihr Besitzer lehnte ab. Dann wollte er sie tauschen für ein schönes Pferd, aber ihr Besitzer lehnte wieder ab. Als der Beamte merkte, daß er auf diese Weise die Katze nicht bekommen konnte, beschloß er, ihren Herrn aus dem Weg zu räumen, und verklagte ihn mit der Verleumdung, er gehöre einer Räuberbande an. Da griff der Mann nach seiner Katze und rannte fort.
Unterwegs fand er Unterkunft bei einem großen Kaufmann, und dieser Kaufmann wollte ebenfalls die weiße Katze haben. Er versuchte allerlei, um sie zu bekommen, und als es nicht gelang, beschloß er, ihren Herrn umzubringen und tat Gift in seinen Wein. Die Katze aber kippte schnell den Becher um. Nun tat der Kaufmann Gift auch in das Essen. Die Katze aber kippte auch die Schale um. Jetzt verstand der Mann des Kaufmanns Absicht, und er floh, zusammen mit der Katze.
Sie kamen unterwegs an einen Fluß, und aus Versehen fiel der

Mann hinein. Da fing die Katze an zu weinen, und sie weinte lange Zeit. Als sie schließlich merkte, daß ihr Herr nicht wiederkam, sprang sie in den Fluß, wo sie ertrank.

95. Der Dank der Ameisen

Vor langen Zeiten lebte ein Student, der zu den Staatsprüfungen reisen wollte. Unterwegs kam er an ein Flüßchen, und er sah im Wasser eine Menge Ameisen, die nahe am Ertrinken waren. Der Student war gutherzig und warf ein großes Blatt ins Wasser. Allen Ameisen gelang es hochzuklettern, und so wurden sie gerettet.

Der Student ging weiter und kam zur Prüfung an. Als er seine Fragen las, fand er, daß die meisten gar nicht schwierig waren; da er sich fleißig vorbereitet hatte, gab er gute Antworten.

Doch nachher fiel ihm ein, er hatte unten bei dem Zeichen ›Pferd‹ nur drei Punkte, statt vier, gemacht. Früher kam es in der Prüfung auf jedes Zeichen an: mit auch nur einer falschen Schreibung kam man niemals durch! Natürlich dachte der Student, er wäre durchgefallen. Doch zu seiner Überraschung hatte er bestanden, und er bekam den Titel Hsiutsai.

Als nämlich seine Prüfungsarbeit gelesen wurde, setzte eine Ameise sich auf die Stelle, wo er den Punkt vergessen hatte, so daß kein Punkt zu fehlen schien. Das war der Dank der Ameisen!

96. Die Rache des Stars

Ein Mann besaß einst einen Star, dem er täglich Schweinefleisch zu fressen gab. Mit der Zeit verarmte dieser Mann. Eines Tages kam der Schweinefleischverkäufer wieder mal vorbei und rief seine Ware aus. Wie immer bat der Star seinen Herrn: »Kauf doch Fleisch! Kauf doch Fleisch!« Traurig sagte er: »Ich hab kein Geld, ich kann keins kaufen.« – »Das macht nichts«, sagte jetzt der Star, »laß mich nur frei, ich besorge mir schon was!« Da ließ der Herr den Vogel frei.

Der Star flog nun ins Haus des reichen Mannes, dessen Frau er eine Spange aus Silber stahl. Sein Herr, dem er sie brachte, freute sich natürlich. Doch die Frau ließ den Verlust der Spange nicht auf sich beruhen. Sie fragte alle ihre Diener und Dienerinnen, wenn auch umsonst. Am nächsten Morgen, als sie vor dem Gesichtwaschen ihre Ohrringe abgelegt hatte, mußte sie sich etwas holen und verließ ganz kurz den Raum. Als sie wiederkam und sich umsah, waren ihre Ohrringe vom Tisch verschwunden, und ein großer Star flog eben aus dem Fenster. Da wußte sie Bescheid und machte einen Plan, den Star zu fangen.

Am nächsten Tag legte sie mit Absicht ein paar goldne Sachen auf den Tisch, verschloß fest das Fenster und die Tür und legte sich ins Bett, in der Hand die Zugschnur für die Luke unterm Dach. Als alles ruhig war, kam der Star und guckte durch die Luke: niemand war im Zimmer! Und er flog hinein, um die goldnen Sachen wegzunehmen. Da gab es einen Knall: die Luke war zu! Er konnte nicht heraus, und es dauerte nicht lange, bis die Leute ihn gefangen hatten.

Der Herr des Hauses gab Befehl, dem Star alle seine Federn auszureißen und ihn dann freizulassen. Der Star, gänzlich nackt, drückte sich unter Tisch und Bett herum, um nicht gesehen zu werden. Schließlich kroch er auf die Straße und hockte sich in die Gosse. Zum Glück kam ein Gemüsehändler, den er kannte, vorbei, und er rief ihn an: »Gemüsemann! Gemüsemann!« Erst dachte der Gemüsehändler, es wäre ein Mensch, der da um Hilfe rief. Er sah sich um: niemand war da. Er kriegte Angst! Und als die Hilferufe weitergingen, rief er: »Wer bist du, Mensch oder Gespenst?« – »Weder

Mensch noch Gespenst.« – »Was bist du denn?« – »Ich bin es, der Star!« – »Wo denn?« – »Hier, in der Gosse!«
Der Gemüsehändler guckte in die Gosse und fand den Star in seiner traurigen Verfassung. »Wie hast du dich denn so verändert?« fragte er. »Ach«, sprach der Star, »frag mich nicht! Bring nur deinen Korb hierher!« Das tat der Mann; der Vogel hüpfte in den Korb und bat, ihn nach Haus zu bringen.
Als sein Herr ihn sah, weinte er und war bekümmert. Der Vogel aber sagte: »Es ist nicht schlimm. Füttere mich einen Monat lang mit Baumwolle und Schweinefleisch, zerhackt und gemischt, dann ist alles wieder gut.« Das tat der Herr, und nach einem Monat waren wirklich alle Federn nachgewachsen. Der Vogel sagte: »Jetzt will ich Rache nehmen«, und damit flog er fort.
Er flog zu einem Tempel und versteckte sich in einer Götterstatue. Es war früh am Morgen, und der Tempeldiener war beim Fegen. Der Star, der dem Gott im Ärmel saß, hustete ein bißchen, und der Tempeldiener wurde ganz aufgeregt. Er kniete vor dem Gott, berührte mit dem Kopf den Boden und sagte: »Wundersamer Gott! Haben wir dich etwa schlecht behandelt?« Der Star erwiderte: »Nein, nein, du hast mich gut behandelt, du verdienst nur Glück. Aber der reiche Herr war grausam und wird großes Unglück haben. Sag ihm, er soll schnell hierher kommen. Ich kann ihm einen Ausweg zeigen.«
Der Tempeldiener lief, wie der Wind, zu dem reichen Mann, der an die Götter glaubte. Als er die Botschaft hörte, ging er sofort zum Tempel, wo er vor dem Gott einen Fußfall tat. Der Vogel sagte: »Oh Herr! Dir droht ein großes Unheil! Wenn du versuchen willst, es abzuwenden, mußt du dir dreihundert Schläge mit dem großen Knüppel geben lassen.« Also rief der reiche Mann nach Leuten, die ihm dreihundert Schläge geben mußten. Als diese Schmach vorüber war, stand er auf, um wegzugehen; da rief der Star: »Halt an!

Noch etwas anderes! Du mußt noch deinen Bart ausreißen, um das Unheil wirklich abzuwenden!« Da ließ der Reiche sich wohl oder übel auch noch den Bart ausreißen.
Nun fand der Star, er hätte ihn genug bestraft, kam aus dem Götterärmel heraus, flog aufs Dach und rief: »Du hast mir meine Federn ausgerissen und ich dir deinen Bart!« Da starb der reiche Mann beinahe vor Scham und Wut.

97. Die zwei Brüder

Es lebten einst zwei Brüder. Der Ältere war gerissen, der Jüngere ehrlich und vertrauensvoll. Nach dem Tode ihrer Eltern schlug der Ältere vor, den Besitz aufzuteilen und getrennte Haushalte zu führen. Dem zweiten Bruder war der Wunsch des Älteren Befehl, und so traf der Ältere alle Anordnungen. Dem Älteren war wohlbekannt, daß sein Bruder vertrauensvoll und darum leicht zu betrügen war. Er nahm also sämtlichen Besitz für sich und gab dem Jüngeren nichts als eine Laus. Der Jüngere nahm die Laus mit Freude und ohne Widersprüche an.
Da der Jüngere nur diese eine Laus bekommen hatte, liebte er sie sehr und trug sie immer bei sich, wenn er zur Arbeit ging. Eines Tages, als er nach der Arbeit Ruhepause machte, nahm er die Laus heraus und spielte mit ihr. Da kam mit einem Mal der große Hahn des östlichen Nachbarn und verschlang die Laus mit einem Happs. Der Jüngere begann zu weinen und jämmerlich zu schluchzen. Der östliche Nachbar sah, daß der Jüngere so schmerzlich weinte, und fragte nach dem Grund. Der Jüngere erwiderte: »Wir teilten unsern Besitz, und mein großer Bruder gab mir nur eine Laus. Die aber hat dein Hahn eben aufgefressen. Nun habe ich gar nichts mehr. Je länger ich daran dachte, um so größer wurde meine Trauer. Ohne es zu wollen, fing ich deshalb an zu weinen.« Als der östliche Nachbar diese Lage sah, sagte er: »Du brauchst gar nicht zu

weinen! Es war mein Hahn, der deine Laus gefressen hat! Zur Entschädigung gebe ich dir den Hahn.«

Voll Freude nahm der Jüngere den Hahn, den er zur Entschädigung bekam, mit zu den Leuten, wo er Arbeit hatte. Nach getaner Arbeit fing er eben an, den Hahn mit Reis zu füttern, da kam der große gelbe Hund dieser Leute angelaufen, stritt sich mit dem Hahn um das Futter, schnappte einmal zu und biß ihn tot. Als der Jüngere sah, daß sein Hahn totgebissen war, fing er wieder jämmerlich zu weinen an. Der Hausherr fragte nach dem Grund, und nachdem er ihn erfahren hatte, schenkte er dem Jüngeren den großen gelben Hund als Entschädigung.

Voller Freude, so einen großen gelben Hund zu haben, kehrte nun der Jüngere nach Haus zurück, um sein Feld zu pflügen. Der große gelbe Hund konnte pflügen wie ein Rind; er pflügte schnell und gut. Fröhlich lief der Jüngere zu seinem Bruder und erzählte ihm, wie er den großen gelben Hund bekommen hatte und daß der Hund gut pflügen konnte. Sowie der Ältere dies hörte, lieh er sich des Bruders großen gelben Hund, von dem er sich beim Pflügen helfen lassen wollte. Aber als der Hund sich bei dem Älteren befand, wollte er nicht einen Schritt mehr tun, wie sehr der Mann auch schrie, um ihn anzutreiben. Da fiel dem Älteren nichts anderes ein, als Knödel für den Hund zu kochen und diese an beiden Enden seines Feldes hinzulegen, weil er meinte, daß der Hund wohl pflügen würde, um die Knödel zu fressen zu bekommen. Wer hätte je gedacht, daß der Hund die Knödel einfach fressen würde, ohne das Feld zu pflügen! Der Ältere bekam die Wut und schlug ihn tot.

Dann erzählte er dem Jüngeren, was vorgefallen war, worauf der Jüngere ihn fragte: »Wo ist er jetzt, der tote große gelbe Hund?« Der Ältere erwiderte: »Ich habe ihn begraben, in dem Bambushain am Hang.« Jeden Morgen in der Frühe ging nun der Jüngere zu jenem Bambushain und brachte unter Tränen dem großen gelben Hund eine Opfergabe. Wer hätte dies gedacht: Durch sein Weinen rührte der Jüngere den Berggott, so daß der Gott Gold, Silber und andre Kostbarkeiten von den Bambussen herunterfallen ließ. Der Jüngere lud die Schätze auf und trug sie heim und berichtete auch diese Sache seinem Bruder. Da kaufte sich der Ältere Wachskerzen und Weihrauchstäbchen, die er in dem Bambushain auch unter Tränen opferte. Kaum fing er an zu weinen, als Hundekot und Schweinemist herunterfiel und ihn überall beschmutzte, so daß er furchtbar stank. Der Ältere bekam die Wut und hieb die Bambusse allesamt ab.

Als der Jüngere am nächsten Tag wieder zum Opfern ging, sah er nichts als die abgehauenen Bambusse. Da konnte er nichts andres tun, als die Bambusse mit nach Haus zu nehmen. Er flocht aus ihren Blättern fein einen großen Hühnerkäfig, den er in die Haustür stellte. Wer hätte wohl geahnt, daß alle Hühner des ganzen Dorfes dahin laufen würden, um ihre Eier hineinzulegen! Als er am Morgen all die Eier in dem Käfig sah, erzählte er dies wieder seinem Bruder. Dieser lieh sich den Käfig von ihm aus. Wer hätte nun dies geahnt: Sobald der Käfig in des Älteren Haustür stand, liefen alle Hühner aus dem Dorf hinein und machten Mist! Der Ältere bekam Wut, zündete den Käfig an und verbrannte ihn.

Da blieb dem Jüngeren nichts übrig, als die Asche beim Melonenpflanzen als Dünger auszustreuen. Sehr viele und sehr große Melonen wurden reif, und die Affen kamen aus den Bergen und halfen ihm, die Melonen auf den Markt zu schaffen. Durch den Verkauf bekam er sehr viel Geld. Als der Ältere dies hörte, sagte er, er wolle auch einmal Melonen von des Bruders Feld verkaufen gehen. Der Jüngere war einverstanden. Am Abend ging der Ältere schon zeitig auf das Feld und wartete, daß die Affen kämen, um für ihn Melonen auf den Markt zu schaffen. Er wartete und wartete, und keine Affen kamen. Da wurde er sehr müde und schlief ein.

Als die Affen schließlich kamen, hielten sie den Mann, der

dort schlief, für eine der Melonen. Sie hoben ihn mit sieben Händen und acht Füßen auf und trugen ihn zu einer Brücke. Da entfuhr dem Älteren ein Furz, der heftig stank. Die Affen dachten, diese Melone ist wohl faul, und so warfen sie den Älteren in den Fluß, wo er ertrank.

98. Der Papagei

Man sagt, daß auf dem Südberg vor sehr langer Zeit die Mutter eines Papageis erkrankte. Sie nahm alle Medizinen, vom Tau der Sterne am Himmel bis zu den Kräutern auf dem Grund des Meeres, doch die Krankheit wurde immer schlimmer.

Eines Tages kam ein Kräuterdoktor in die Gegend, und der Papagei bat ihn, seine Mutter anzusehen. Der Kräuterdoktor sagte zum Papagei: »Die Familie Flußberg hat einen Jadehuhnbaum. Deine Mutter muß eine seiner Früchte essen. Aber es ist schwer, eine Frucht zu kriegen, denn auf dem Baum liegt ein Netz, und unter ihm ist eine Falle.« Der Papagei bedankte sich bei dem Kräuterdoktor, und trotz der Gefahr für ihn flog er zur Familie Flußberg.

Er flog zu der Familie Flußberg und ging herunter bei dem Jadehuhnbaum. Wirklich, auf dem Baum lag ein Netz, und unter ihm war eine Falle. Der Vogel machte einen Fehltritt, fiel in die Falle und wurde von Herrn Flußberg gefangen, der ihn in einen Käfig tat. Eines Tages sagte der Papagei zu Flußberg: »Bruder Flußberg, laß mich frei! Meine Mutter ist sehr krank und wird nur dann gesund, wenn sie die Frucht von deinem Jadehuhnbaum ißt. Heute spucke ich ein Goldstück aus, morgen ist mein Kot ein Silberstück. Allmählich wirst du Kästen und Kästen voll von Gold und Silber haben.« Als Flußberg diese Worte hörte, sagte er: »Wenn das so ist, will ich weder Gold noch Silber. Du kannst eine von den Früchten haben, und ich lasse dich auch frei.«

Die Nachricht von dem Vogel, der sprechen konnte, Goldstücke spucken und Silberstücke machen konnte, erreichte auch den Kaiserpalast. Gleich zog der Kaiser mit Soldaten aus, umzingelte das Dorf von Flußberg, verhaftete den Mann und prügelte ihn beinah tot. Den Papagei nahm er ihm weg.

Als der Kaiser nun den Papagei besaß, dachte er am Tag nie an Staatsgeschäfte, und nachts ging er nicht schlafen, sondern hielt sich immerzu in einem Pavillon im Blumengarten auf. Dort horchte er, ob der Papagei zu sprechen anfing, und wartete darauf, daß er Gold ausspuckte und Silber machte. Aber seit der Papagei in den Palast gekommen war, sprach er kein Wort, sondern spuckte bloß an einem Tag einen Tropfen gelbes Wasser aus und machte am nächsten Tag ein Häufchen weißen Kot. Der Kaiser hielt es für Gold und Silber und ließ beides trocknen.

Der Papagei inzwischen dachte an die kranke Mutter. Er dachte auch an Flußberg und war sehr betrübt. Mit dem Schnabel klammerte er sich an einen Bodenstab des Käfigs und sprach kein Wort. Der Kaiser klopfte links vom Papagei an die Stäbe, damit der Vogel den Kopf hochhöbe; er klopfte rechts, damit er spräche. Aber der Papagei bewegte sich nicht. Unter dem Käfig stehend sagte der Kaiser zu dem Papagei: »Sprich doch! Dann gebe ich dir einen goldnen Käfig.« Da hob der Papagei den Kopf, wandte sich zur Seite und machte Kot, der dem Kaiser in die Nase fiel und sie verstopfte.

Der Kaiser dachte, es wäre Silber, und holte mit dem Finger ein Stück heraus. Das gab Gestank! Der ganze Blumengarten stank danach! Nach einer Weile wurde aus dem Kot ein Klumpen Fleisch, und des Kaisers Nase war jetzt ganz verstopft. Da machte er ein Donnerwetter und traf Anstalten, den Papagei zu töten. Jetzt fing der Papagei zu sprechen an. »Herr Kaiser«, sagte er, »ich wünsche, daß der Klumpen Fleisch in deiner Nase immer größer werde, und du entsprechend immer reicher.«

Als das der Kaiser hörte, lachte er und sagte: »Guter Papagei, guter Vogel!« und er brachte gleich einen goldnen Käfig an. Doch sowie der Papagei im goldnen Käfig saß, aß er nichts am Tage und trank nichts in der Nacht.

Eines Tages rief der Kaiser den Vogel an und befahl ihm, Gold und Silber von sich zu geben. Doch der Vogel legte wieder seinen Kopf auf eine Bodenstange und tat nichts, so daß der Kaiser wütend wurde und ihm eine runterhauen wollte. Da hob der Vogel eine seiner Krallen und kratzte ihm zehn Löcher ins Gesicht. Vor Schmerz schrie der Kaiser zum Himmel und zur Erde, und er beschloß, den Papagei zu töten, doch da sprach der Vogel wieder: »Herr Kaiser, diesmal wünsche ich, daß du immer mehr Narben im Gesicht und entsprechend immer mehr Reichtümer bekommst. Je größer deine Narben werden, desto reicher sollst du werden.«

Als das der Kaiser hörte, lachte er und sagte: »Guter Papagei, guter Vogel!« Der Vogel sagte außerdem: »Herr Kaiser, laß mich frei! Gib mir zunächst ein Nest aus Reisstroh. Dann will ich jeden Tag dreitausend Goldstücke spucken und jede Nacht achthundert Silberstücke machen. Danach laß mich dann frei!« Als das der Kaiser hörte, freute er sich sehr und versprach, ihn freizulassen.

Jetzt berief der Kaiser die Minister, um sich mit ihnen zu beraten, und dann erließ er den Befehl, alles Reisstroh im Lande einzusammeln, damit man für den Papagei ein Nest herstellen könnte. Nach zwölf Tagen war das Nest gebaut. Nochmals berief der Kaiser die Minister, die als Augenzeugen zusehen sollten, wie der Papagei im Blumengarten Glück prophezeien und dann Gold und Silber produzieren würde. Der Kaiser öffnete die Tür des Käfigs, bat den Papagei, in das Nest zu gehen, und sagte dazu: »Nun wünsche etwas Gutes!« Der Vogel hüpfte aus dem Käfig heraus, spannte beide Flügel aus, flog dem Kaiser auf den Kopf, hackte ihm das linke Auge aus und flog dann ab in die Luft. Die Minister hielten sich vor Angst die Köpfe und verkrochen sich wie Ratten. Der Kaiser rang für eine Weile mit dem Tode, und dann starb er bei dem Käfig.

Der Papagei indessen flog zu Flußbergs Haus und sah, daß dessen Augen voll Tränen standen. Er sagte zu Flußberg: »Gib mir für meine Mutter eine Frucht von deinem Jadehuhnbaum. Als Dank will ich dir Gold und Silber geben.« Flußberg gab zur Antwort: »Ich will nicht dein Gold, ich will nicht dein Silber. Ich schenke dir die Frucht. Nimm sie und heile deine Mutter.«

So flog der Papagei mit der Frucht davon, und bald war er am Fuß des Südbergs, wo er einen Brunnen sah. Er wollte trinken, flog zum Brunnenrand und sah, daß seine Mutter tot im Brunnen lag. Er fing zu weinen an, und sein Weinen rührte Berge und Täler. Alle Vögel im Gebirge kamen zum Beileidsagen, und dann trugen sie die Mutter des Papageis dahin, wo sie begraben werden sollte. Nur ein Vogel hatte sich verspätet. Er kam an, als die Mutterleiche schon die halbe Strecke weggetragen war und hatte daher keine Zeit, seine weiße Trauerkleidung anzuziehen. Er wickelte den weißen Stoff nur um den Hals und eilte zum Begräbnis. Dieser Vogel wurde zu dem Raben, der heute einen weißen Halsring hat.

99. Die beste Antwort

Ein alter Herr hatte Geburtstag und lud dazu seine drei Schwiegersöhne ein. Nachdem sie gegessen und Wein getrunken hatten, warf er ein Silberstück auf den Tisch und forderte alle drei auf, je ein Gedicht zu machen als Antwort auf einen Rätselvers, den er jetzt sagen werde. Die Silbermünze sei der Preis für die beste Antwort. Dann sagte er:

»Manchmal groß, manchmal klein;
manchmal viel, manchmal wenig.
Was mag es sein?«

Der ältere Schwiegersohn sagte:

»Geöffnet ist er groß; rollt man ihn, ist er klein;
viel benutzt im Regen, wenig im Sonnenschein.
Es ist ein Regenschirm!«

Der zweite Schwiegersohn sagte:

»Gefaltet ist er klein, geöffnet groß und breit;
viel benutzt im Sommer, wenig zur Winterszeit.
Es ist ein Fächer!«

Der dritte Schwiegersohn, der sonst ein Dummkopf war, bekam den Preis. Er sagte:

»Mal ist sie groß und dick, mal klein und dünn;
sie freut mich viel des Nachts und wenig nur am Tage.
Es ist mein Eheweib!«

100. Der Dumme lernt das Klugsein

Ein reicher Vater hatte einen dummen Sohn, der seinem Vater Sorgen machte: die Familie, bei der er für den Sohn eine Braut gefunden hatte, bereute ihr Versprechen und wollte nicht, daß ihre Tochter die Frau des dummen Sohnes würde. Der Vater sagte deshalb zu seinem Sohn, er solle ausziehen, das Klugsein zu erlernen. Er gab ihm hundert Dollar, und der Sohn ging mit dem Geld davon.
Bald sah er einen Mann, der an einem Teiche saß und sagte: »Ein Teich aus klarem Wasser, und weder Fisch noch Krabbe drin.« Der Dumme gab ihm zwanzig Dollar und merkte sich den Satz. Dann ging er weiter bis zu einer kleinen Brücke aus Holz. Zwei Bauern kamen ihm von drüben entgegen. Der eine sagte zu dem andern: »Brücken aus zwei Balken sind gut zum Laufen; Brücken aus einem Balken sind unbequem.« Der Dumme gab den Bauern zwanzig Dollar für diesen Satz.

Dann ging er weiter bis zu einem Wald, wo er zwei Männer beim Jagen traf. Der eine sagte zu dem andern: »Das bunte wilde Hühnchen ist von Hütte Ost zu Hütte West geflogen; zwei Männer schossen danach; hast du es getroffen, hab ich es getroffen?« Der Dumme gab den beiden Jägern je zwanzig Dollar und merkte sich auch diese Sätze. Dann ging er weiter und kam zur Stadt. Dort wohnte ein Beamter. Als der Dumme an des Beamten Haus vorbeikam, sah er, wie der Beamte an der Tür von seinen Gästen Abschied nahm. Die Gäste verbeugten sich und sagten: »Wir treffen uns dann später im Gericht.« Der Dumme gab den Gästen seine letzten zwanzig Dollar und merkte sich auch diesen Satz. Dann kehrte er zurück nach Hause.

Bei seiner Heimkehr hörte er, daß sein Schwiegervater gerade Geburtstag hatte, und so ging er hin. Wer hätte nun gedacht, daß der Schwiegervater eben dabei war, seine Tochter einem andern Mann zur Frau zu geben? Als der Dumme eintrat, gab man ihm eine Schale Wasser. Er sagte: »Ein Teich aus klarem Wasser, und weder Fisch noch Krabbe drin.« Als die Gastgeber dies hörten, brachte man ihm gleich eine Schale Tee! Auch beim Essen wollte man ihm Streiche spielen und ließ ihm nur ein einziges Stäbchen geben. Er dachte an seinen zweiten Satz und sagte: »Brücken aus zwei Balken sind gut zum Laufen; Brücken aus einem Balken sind unbequem.« Alle, die dies hörten, waren höchst erstaunt, und man gab ihm gleich ein zweites Stäbchen. Später mußten die Tochter und der neue Bräutigam zum Himmel und zur Erde Verbeugung machen, und alles kam, um zuzusehen. Der Dumme sagte: »Das bunte wilde Hühnchen ist von Hütte Ost zu Hütte West geflogen; zwei Männer mit Flinten schossen danach; hast du es getroffen, hab ich es getroffen?« Als die Leute diese Sätze hörten, wurden sie ganz aufgeregt und meinten, der Dumme sei nicht dumm! In dieser Lage bekam der Schwiegervater Angst vor Unannehmlichkeiten, und er beschloß, den Dummen abzuschieben. Der Dumme hatte selbst die Absicht

wegzugehen, und als der Schwiegervater ihn höflich zur Tür begleitet hatte, verbeugte er sich vor ihm und sagte: »Wir treffen uns dann später im Gericht.«
Der Schwiegervater dachte nun natürlich, daß der Dumme ihn verklagen wollte, und eilig übergab er ihm die Braut!

101. Die dumme Frau

Einstmals lebte eine Frau, die sehr unaufmerksam war. Eines Abends ging sie aus, um Kleider für ihr Kind einzukaufen. Dumm, wie sie war, hob sie das Kind, das gerade schlief, vom Bett und nahm es mit. Unterwegs paßte sie nicht auf; ihr Fuß verfing sich in Melonenpflanzen, und sie fiel hin. Aber gleich ging sie wieder weiter, das Kind im Arm, bis sie auf eine breite Straße kam. Da sah sie, daß sie nicht ihr Kind in den Armen hielt, sondern eine dicke Wintermelone! In Tränen lief sie ihren Weg zurück, fand auch das Kind in dem Melonenfeld und trug es heim. Zu Hause aber sah sie, daß ihr Kind schlafend auf dem Bett lag! Was sie in den Armen hielt, war die große Holzkopfstütze aus dem Bett.

102. Die Geschwister

Es war einmal eine Familie, in der es drei Geschwister gab. Der ältere Bruder war ein Räuber, der nichts tat, als fremder Leute Eigentum zu stehlen. Der jüngere Bruder war ein Dummkopf, der mit seinem Gerede alles durcheinander brachte. Die Schwester, die von allen die älteste war, bekam ein Kind, ohne verheiratet zu sein. Vorehelich ein Kind zu kriegen, war damals eine Schande; deshalb ließ sie es im Hof verscharren.
Später wurde sie verheiratet. Eines Tages kam der dumme Bruder, sie zu besuchen. Inzwischen hatte sie ein eheliches

Kind geboren. Die Schwiegermutter bat den dummen Bruder, das Kind zu halten. Der Dummkopf sagte: »Das ist wirklich stark! Das erste mußte ich verscharren, und das zweite soll ich halten!« Darüber wurde seine Schwester aber böse, denn er hatte ihre Schande erwähnt. Wütend sagte sie: »Mein dummer Bruder muß es halten, weil mein kluger Bruder nicht gekommen ist.« Der dumme Bruder aber merkte nichts. Er sagte: »Dein kluger Bruder? Beim Stehlen hat man ihn erwischt, und deshalb kann er gar nicht kommen!« Da starb die Schwester fast vor Wut, denn der dumme Bruder hatte nun die ganze Familienschande öffentlich bekanntgemacht.

103. Der Dumme hütet das Haus

Es war einmal ein kleiner Junge, dessen Vater verreisen wollte. Er sagte zu dem Jungen: »Falls jemand kommt, mich zu besuchen, gib ihm diesen Zettel zu lesen: ›In ein paar Tagen bin ich wieder hier‹.« Der Junge sagte: »Gut.«
Als in den nächsten zwei, drei Tagen niemand kam, dachte er: ›Bisher ist kein Besuch gekommen, und bald ist Vater wieder hier. Den Zettel brauche ich nicht mehr.‹ Und so verbrannte er den Zettel.
Plötzlich läutete die Klingel; der Junge lief zur Tür und machte auf. Der Besucher fragte: »Ist dein Vater da?« Der Junge dachte: ›Uh, das ist Pech. Was soll ich tun?‹ Und er stotterte: »Ich habe den ..... den Vater verbrannt.« Fast wäre der Besucher gestorben!

104. Bauern in der Stadt

Es waren einst zwei Bauern. Sie legten eines Tages ihr Geld zusammen und gingen zur Stadt, um sich zu amüsieren.

Sie meinten, sie müßten in der Stadt sich wie Städter benehmen. Falls sie einen Mann in guter Kleidung sehen sollten, planten sie, ihm nachzugehen, um zu sehen, was er täte. Auf diese Weise, dachten sie, könnten sie genau so sein wie Städter.
Bald erschien ein solcher Mann, und er kaufte sich eine Stange Zuckerrohr. Er kaute es, und den Abfall steckte er in seine Tasche. Die beiden Bauern sahen wohl, daß er kaute; doch von hinten konnten sie nicht sehen, was er mit dem holzigen Abfall tat. Sie dachten, er hätte alles mitgegessen. Wahrscheinlich, dachten sie, ist das die Art der Städter.
Sie kauften also Zuckerrohr und fingen an, es gänzlich aufzuessen. Inzwischen ging ihr Mann in eine Nudelküche und bestellte eine Schale Nudelsuppe. Also folgten sie ihm nach. Als der Mann bemerkte, daß die beiden ihr Zuckerrohr mit allem Holz herunterschluckten, mußte er so tüchtig lachen, daß ihm die Nudeln aus der Nase kamen!
Die beiden Bauern sagten: »Zu leben wie die Städter, ist wirklich schwer! Beim Zuckerrohr spuckt man das Holz nicht aus und Nudeln ißt man durch die Nase! Wir bleiben wohl am besten, was wir sind: Bauern!«

105. Ein Hahn legt keine Eier

Gan Lo war ein treuer und berühmter Staatsbeamter im Staate Tjin zur Zeit der Streitenden Reiche. Schon als kleiner Junge erwies er sich als ungewöhnlich klug. Sein Großvater, namens Gan Mou, war ein hoher Minister in Tjin.
Der Herrscher von Tjin, ein diktatorischer Mann, rief eines Tages den Minister Gan Mou zu sich und sagte: »Besorge einen Hahn, der für mich Eier legen kann. Wenn du in drei Tagen keinen finden kannst, wirst du hingerichtet.«
Natürlich wußte Gan Mou, daß es keine Hähne gibt, die Eier legen; er wagte aber keinen Widerspruch, sondern ging nach

Hause und war so bedrückt, daß er nicht mal essen konnte. Sein Enkel Gan Lo merkte es und fragte: »Großvater, was bekümmert dich?« Der Großvater sagte: »Stell keine dummen Fragen! Die Angelegenheiten von Erwachsenen sind nichts für Kinder.« – »Ach, Großvater, sag's mir doch!« Gan Mou hatte diesen Jungen stets geliebt; er wußte auch, wie klug er war, und so erzählte er ihm alles.
Gan Lo dachte eine Weile nach; dann sagte er: »Großvater, geh nicht zur morgigen Audienz! Laß mich an deiner Stelle gehen!« – »Kinder sollen keinen Unsinn reden! Du könntest dabei getötet werden.« – »Keine Sorge«, sagte Gan Lo, »ich weiß schon, was ich tue.« Gan Mou war noch immer nicht dafür, aber Gan Lo bat ihn dringlich: »Laß mich gehen, laß mich meinen Plan versuchen! Gelingt er nicht, kannst du immer noch hier zu Hause deine Hinrichtung erwarten.« Gan Mou merkte nun, daß der Junge wirklich pietätvoll war. So gab er endlich die Erlaubnis.
Am nächsten Tage also ging der zwölfjährige Gan Lo zur Audienz. Der Herrscher fragte: »Was ist das für ein hergelaufenes Kind?« – »Ich bin kein hergelaufenes Kind, ich bin Gan Mous Enkel!« – »Warum ist denn dein Großvater nicht zur Audienz erschienen?« – »Mein Großvater kann nicht erscheinen«, sagte Gan Lo, »weil er zu Haus ein Kind geboren hat.« Als der Herrscher dieses hörte, schimpfte er: »Dummer Junge, rede keinen Unsinn! Wie kann ein Mann ein Kind gebären?« Darauf sagte Gan Lo: »Eure Hoheit! Da Ihr wißt, daß ein Mann kein Kind gebären kann, wieso denkt Ihr, daß ein Hahn Eier legen kann?«
Als der Herrscher diese Worte hörte, sah er ein, daß sie folgerichtig waren, und ließ die angedrohte Todesstrafe für Minister Gan Mou fallen.

106. Die kluge Frau

Einst lebte eine wachsame und kluge Frau, die in jeder Lage das Richtige zu tun verstand. Eines Abends ging ihre Familie geschäftehalber aus, so daß die Frau allein zu Hause war. Plötzlich brachen Räuber bei ihr ein, und es war für sie unmöglich, Widerstand zu leisten. Da fiel ihr etwas ein: »So viel schweres Zeug wegzutragen«, sagte sie vergnügt, »wird euch hungrig machen. Bevor ihr geht, will ich euch einen Topf voll Reisbrei kochen.«

Die Räuber fanden das vernünftig. Sie waren einverstanden und warteten geduldig, bis der Reisbrei fertig war. Als sie eben ihre Schalen mit Brei zum Munde führten, nahm die Frau eine große Kelle voll und schleuderte den Brei den Räubern ins Gesicht. Der Brei war heiß und verbrühte ihre Haut. Der Brei war klebrig und verschmierte ihnen das Gesicht. Sie ließen ihre Beute fahren und rannten fort, so schnell es ging!

107. Die Kürbisklippe

Vorzeiten lebte mal ein Mann, der schon über sechzig Jahre alt geworden war. Sein Name ist nicht mehr bekannt, aber jedermann kennt seine Geschichte. So ist es eben, und schließlich kommt es auf die Geschichte an und nicht auf den Namen. Jedenfalls wir hier erinnern uns nur an einen über sechzig Jahre alten Mann.

Er war ein reicher Mann und lebte in einem feinen, großen Ziegelhaus, umgeben von einem Bambushain und anderen Bäumen. Es war ein schöner Besitz. Das Haus war voll von Söhnen und Enkeln, ja, sogar ein Urenkel war schon da. Jeder sagte, was für ein glückliches Schicksal er hätte, und er selbst fand das auch. Er ließ sich sein Grab bauen und seinen Sarg anfertigen, und jedes Jahr bekam der Sarg eine neue

Schicht Lack. Das war nun schon sechs bis sieben Mal geschehen. Der Tod, meinte der Mann, ist schließlich auch etwas wert. Aber manche Leute haßten ihn und nannten ihn den ›Ollen Todverweigerer‹.

Derweile dachte er: ›Im Leben ist mir alles gut gelungen, außer daß ich niemals Beamter gewesen bin.‹ Als Beamter hätte er viel Macht, und wenn er stürbe, würde er sogar dem Höllenkönig Eindruck machen. Seine Pächter brachten ihm zwar jetzt jährlich eine große Menge Pachtkorn, doch auf diese Weise konnte sein Vermögen nur langsam wachsen. Als Beamter würde er dagegen schnell zu Reichtum kommen. Wenn er Beamter wäre, würde ihm Silber ins Haus geliefert werden, eine Last nach der andern! Also sah er sich nach einem Beamtenposten um, und außerdem beschloß er, eine Nebenfrau zu nehmen.

Natürlich war es etwas leichter, eine Nebenfrau zu finden als Beamter zu werden, und er nahm die unberührte, achtzehnjährige Tochter eines Pächters als Konkubine. Aber schließlich, durch den Onkel eines Onkels, durch den Schwager eines Schwagers und durch Familienbeziehungen um viele Ecken herum, wurde er auch noch Beamter und wurde in die Provinz Sitschuan versetzt. Zwar weiß man nicht, in welchen Bezirk und mit welchem Amt er dorthin gehen sollte, aber wichtig ist ja nur, daß er Beamter in Sitschuan wurde.

Als ihm beide Pläne so gelungen waren, fühlte er sich glücklich. Er machte Vorbereitungen für die Reise, auf die er auch die Nebenfrau mitnehmen wollte. Plötzlich fiel ihm ein, daß das, was so einfach aussah, gar nicht so einfach war. Mit der Nebenfrau zu reisen, würde teuer sein, schon allein, weil eine zweite Sänfte nötig wäre und ein extra Pferd. Bei Schiffahrten müßte er für eine Person mehr bezahlen. Und außerdem: eine so junge Frau, noch dazu hübsch, würde sie auf der Reise nicht den Kopf drehen und ihr Gesicht zeigen? Würde sie nicht von Männern gesehen werden? Würde sie nicht Männer sehen? Das alles machte ihm Sorgen. Der Alte war nämlich geizig und dazu eifersüchtig. Je mehr er grübelte, um so mehr fiel ihm ein, was schief gehen könnte. Sollte er sie lieber zu Hause lassen? Aber wenn sie zu Hause bliebe, würden alle seine Söhne und Enkel Räuberaugen und Räuberaugenbrauen machen! Dieser Gedanke machte ihm die größten Sorgen. Er sollte sie wirklich lieber nicht zurücklassen!

Nun lebte in der Nähe im Gebirge ein Taoist, der mit ihm befreundet war. Er ging zu ihm und fragte ihn um Rat. Der Vorschlag des Taoisten war ein böser Plan: Er gab dem Mann einen Flaschenkürbis und brachte ihm eine Zauberformel bei. Dann sagte er: »Wenn du die Formel ein Mal sprichst und die Frau dann anbläst, geht sie in den Kürbis hinein. Wenn du sie wieder heraus haben willst, brauchst du nur die Formel nochmals zu sprechen und auf den Kürbis zu blasen, dann ist sie wieder da. Auf der Reise verstaust du sie einfach in dem Kürbis, und damit sind all deine Probleme gelöst.« Der Mann nahm den Kürbis, befühlte ihn und fragte besorgt: »Macht einem das nichts aus, da hineingesteckt zu sein?« Der Taoist sagte: »Nein. Einem guten Menschen macht es nichts aus, und ich nehme an, sie ist ein guter Mensch. Aber böse Menschen darf man nicht in diesen Kürbis zaubern: erstens können sie nicht wieder zurückverwandelt werden, und zweitens hat der Kürbis dann seine Zauberkraft verloren.«

Als der Mann den Kürbis hatte, war das, was ihm als schwieriges Problem erschienen war, eine einfache Sache. Er reiste nur mit einem Pferd und einem Diener, der bisher sein Kuhhirt war und ›Knabe Li‹ gerufen wurde. Das Pferd trug einen Teil der Sachen, und Knabe Li den Rest. An des Mannes Gürtel hing der Kürbis, und darin saß die kleine Konkubine. Wie herrlich war die ganze Reise! Wenn es Zeit war zum Essen oder Schlafen, ging der Mann in ein stilles Zimmer, wo ihn niemand stören konnte, nahm den Kürbis ab, blies darauf, und sie kam heraus. Nach dem Essen oder morgens vor der

Abreise blies er wieder, und sie verschwand im Kürbis, den er dann an seinen Gürtel hing. Alles klappte, und er war ohne Sorgen. Er brauchte nicht zu fürchten, daß sie verloren ging oder weglief, oder daß ein Fremder sie sah. Dazu noch war es eine große Ersparnis. Nicht nur, daß er bei Überfahrt über einen Fluß für eine Person weniger zu zahlen brauchte, nicht nur, daß er die Kosten für Pferd und Wagen sparte, auch im Hotel zahlte er für eine Person weniger! Wenn es regnete, brauchte er kein weiteres Regendach zu kaufen, und wenn die Sonne schien, keinen Sonnenschirm. Auch für Tee und Essen konnte er das Geld für eine Person sparen.

Aber dies achtzehnjährige Mädchen litt sehr bei diesem Leben. Sie war ein guter Mensch und voll von Leben, und sie hatte große Pläne für ihr Leben gehabt. Sehr ungern war sie die Frau des ›Ollen Todverweigerers‹ geworden, und als sie in das Haus des Alten einzog, war es, als ob schwarze Wolken die Sonne verdeckten. Ihr strahlendes Gesicht verdunkelte sich. Ihr Lachen, das ihre Züge wie eine Blume zum Blühen brachte, verwelkte. Das hoffnungsvolle Leuchten ihrer Augen verlosch, und sie hob kaum noch den Kopf. Nun noch dazu dieser Kürbis, in den er sie hineinblies! Den ganzen Tag lang war es dunkel, und keinen einzigen Menschen bekam sie zu sehen, außer diesem Ollen Todverweigerer, mit dem sie essen und schlafen mußte und den sie haßte, mehr und immer mehr. Den ganzen Tag im Kürbis konnte sie sich nicht bewegen, nicht einmal sitzen oder stehen! Sie mußte zusammengekauert hocken! Sie hätte den ganzen Tag bis zum Abend weinen können, aber es hätte nichts genützt. Und wenn sie sich halbtotgelacht hätte oder halbtotgeärgert, es hätte auch nichts genützt. So blieb sie still und einsam und wie tot. Es wäre besser, im Gefängnis zu sitzen! Im Gefängnis kann man laufen, sitzen, stehen, und durch das Fenster kommen Sonnenstrahlen! Im Gefängnis gibt es auch noch andere Gefangene, und vor dem Tor da stehen Wächter. Im Gefängnis ist man wenigstens in menschlicher Gesellschaft!

Die Leiden im Kürbis sind viel schlimmer als die im Gefängnis und schlimmer als alle andern Leiden: Wird man geschlagen, kann man zurückschlagen; wird man beschimpft, kann man zurückschimpfen; wird man in Wut gebracht, kann man sich Luft machen. Aber in diesem Kürbis stirbt man vor Einsamkeit! Und noch dazu: mit einem Blasen holt er einen heraus, mit dem nächsten Blasen ist man wieder drin! Das ist einfach keine menschenwürdige Behandlung!

Es dauerte nicht lange, bis sie es nicht mehr aushalten konnte, und sie fing an nachzudenken, wie sie sich von diesem scheußlichen Leben befreien könnte. Sein Gehirn kann man in jeder Lage anstrengen, und so hatte sie sich bald etwas ausgedacht. Folglich, als der Alte sie am nächsten Abend wieder aus dem Kürbis blies, schien sie sehr angeregt zu sein: »Jetzt erst weiß ich, wie schön es drin im Kürbis ist!« Der Alte fragte: »Wieso?« – »Anfangs«, sagte sie, »wußte ich von nichts. Aber dann gewöhnte ich mich an das Im-Kürbis-Sein und merkte, wie schön es dort ist.« – »Warum hast du es zuerst nicht schön gefunden? Du mußtest keine Feldarbeit tun, du mußtest nicht spinnen und weben, du brauchtest gar nichts zu tun. Das fandest du nicht schön?« – »In der ersten Zeit im Kürbis hatte ich noch Angst und wagte nicht mal, meine Augen zuzumachen. Heute endlich machte ich die Augen zu. Und als ich sie wieder öffnete, da sah ich all die Feen.« – »Feen?« staunte der Alte. »Ja, lauter Feen! Manche spielten Laute, manche bliesen auf der Flöte, manche spielten Schach oder stickten Blumenmuster. Als sie mich sahen, hat mich jede einzeln begrüßt.« – »Sie haben dich begrüßt?« fragte der Alte noch mehr erstaunt. »Ja, und sie luden mich zum Essen ein. Es gab lauter feine, leckere Sachen, aber wie die Gerichte hießen, weiß ich nicht! Fragen wollte ich sie nicht, denn vielleicht hätten sie mich ausgelacht.« – »Was es nicht alles gibt!« – »Und die Becher, Näpfe und Schalen waren alle aus Gold und Silber.«

Als der Alte »Gold und Silber« hörte, entfuhr ihm ein Schrei, als ob etwas an sein Herz und seine Leber gestoßen wäre, ein Schrei der Gier. »Die Feen sagten«, fuhr das Mädchen fort, »morgen würde es ein großes Festmahl geben, nachdem heute keine Zeit zu Vorbereitungen gewesen wäre und daher das Essen einfach war.« Der Alte dachte nach und sagte dann: »Du hast das alles bloß geträumt.« – »Oh nein, das war kein Traum! Zuerst, als ich die Augen schloß, war's ähnlich wie ein Traum. Aber was ich sah, sah ich erst, als ich die Augen wieder öffnete! Auch sagte mir die Haushaltungsfee, als ich eben beim Essen war, daß mein Herr mich gleich abrufen würde; ich solle gehen und morgen früh wiederkommen. Kaum hatte sie's gesagt, da hast du mich herausgeblasen! Das letzte, was ich aß, war eine süße Speise, und meine Lippen sind noch süß davon. Frage, wen du willst: Feen sieht man nur mit offenen Augen, nachdem die Augen erst einmal geschlossen waren.«

Der Alte mußte ihr nun glauben, und so fragte er: »Warum hast du nicht um eine der goldenen Schalen gebeten?« Diese Frage hatte sie erwartet und sagte daher ohne Zögern: »Wie konnte ich das tun?« – »Und hast du mir etwas von dem Essen mitgebracht?« Auch an diese Frage hatte sie gedacht und sagte: »Alle Feen standen um mich herum, da konnte ich nicht gut etwas für dich einpacken.« – »Wieso denn nicht? Bei jedem Essen gibt man einem etwas mit. Leute, die etwas auf sich halten, geben einem sogar die Lotosblätter zum Einwickeln. Diese Feen sollten dir etwas ganz Besonderes zum Mitnehmen geben. Hast du nicht gesehen, wie es bei der Hochzeit meiner jüngsten Tochter war? Jeder Gast nahm etwas mit! Aus der Brühe, die am Ende im Feuertopf übrig war, fischten die Gäste sich die Fleischstückchen heraus, bevor sie die Brühe tranken. Sie aßen bloß den Reis und nahmen die Nudeln mit nach Haus. Du warst doch auch dabei?« – »Wieso denn ich? Mein ältester Onkel war dabei, und er hat erzählt, du hättest bloß Vorspeisen angeboten!« Sie fingen an zu streiten, aber das Mädchen beschloß, auf den

Kürbis zurückzukommen. »Dieser Kürbis ist so schön. Wo hast du ihn nur her?« – »Woher der Kürbis? Der Taoist, der hinten im Gebirge bei uns lebt, hat ihn mir geschenkt. Und bei der Hochzeit damals ließ ich Schweine schlachten und dreißig Gänse zubereiten.«

Geizig war der Alte, aber niemand sollte sagen, er sei geizig, und deshalb stritt er weiter über das Gelage bei der Hochzeit seiner jüngsten Tochter. »Den Taoisten kenne ich. Meine Schwägerin hat ihn mal verprügelt, und trotzdem kam er nochmals zum Stehlen unsrer Pfefferschoten! Ich hätte nicht gedacht, daß er einen Kürbis von so hohem Wert besäße!«

Der Alte hörte gar nicht hin, was sie sagte, sondern redete nur immer weiter, wie das Fest bei der Hochzeit seiner jüngsten Tochter so üppig war. Schließlich sah das Mädchen ein, es war hoffnungslos, und es hatte keinen Zweck, seine endlosen Prahlereien abzuwehren. Sie seufzte und verstummte und hoffte auf den nächsten Tag.

Am nächsten Mittag, als er sie zum Essen herausgeblasen hatte und sie eben anfangen wollte zu sprechen, fiel dem Alten ein, der Gastwirt könnte hören, daß zwei Leute redeten, so daß er hereinkommen und für zwei Leute die Rechnung einkassieren würde. Also gab er dem Mädchen mit den Augen ein Zeichen, nicht den Mund aufzumachen, und so konnte sie nichts sagen.

Nachdem sie am Abend wieder herausgekommen war und vom Kürbis sprechen wollte, fing der Alte an: »Gib her, was du mir mitgebracht hast!« Das hatte sie nun nicht erwartet, und sie erschrak. Aber sie faßte sich: »Bei dem Festessen heute gab es viel mehr Gänge als gestern. Unmöglich hätte ich alles essen können, selbst sieben oder acht Leute hätten es nicht geschafft. Goldene Schüsseln, jadene Teller. Eine Schale mit Fleisch, aufgebratenes Schweinefleisch ...« und sie fuhr fort, einzelne Gerichte aufzuzählen, weil sie Zeit brauchte, um sich auszudenken, warum sie nichts mitgebracht hatte.

»Aufgebratenes Schweinefleisch?« begann der Alte sich zu wundern, »was für ein Festessen ist denn das, wo man *das* bekommt?« – »Das fand ich auch«, erwiderte das Mädchen, »aber die Haushaltungsfee, die ins Herz der Menschen sehen kann, hat's mir erklärt: was es bei Festessen gäbe, wäre mir womöglich nicht bekannt, und deshalb hätte sie eigens für mich aufgebratenes Schweinefleisch bestellt.« Damit war des Alten Einwurf erledigt, und das Mädchen konnte jetzt anfangen zu erklären, warum sie nichts mitgebracht hatte: »Die Fee bemerkte auch, daß ich etwas mitnehmen wollte, und sie lachte mich gleich aus, denn bei ihnen gäbe es das nicht, man nähme nichts nach Haus. Dann machte sie Witze über dich und mich, ich könnte an nichts denken als an dich, und angesichts so vieler Leute war es mir sehr peinlich.« – »Ach, du bist zimperlich! Zimperliche Menschen kommen zu nichts! Ich an deiner Stelle hätte meine Handtasche geschüttelt und gesagt: wie kann ich für mich allein Essen annehmen, wenn ich nichts mitnehmen darf für ihn?«
Das Mädchen sagte: »Du bist von den Feen eingeladen mitzukommen und dich zu vergnügen, wenn du einmal Zeit hast. Ich soll fragen, wann du kommen willst, sie wollen ein Essen für dich vorbereiten.« – »Oh, das ist fein. Gern will ich zum Vergnügen zu ihnen gehen.« – »Es ginge nicht, habe ich den Feen gesagt, denn nur du wüßtest das Geheimnis, wie man in den Kürbis käme, und du könntest dich ja nicht selber hineinblasen.« – »Das hättest du nicht sagen sollen! Ich kann die Zauberformel dem Knaben Li beibringen, der mit uns reist. Mache mit den Feen einen Tag aus! Dann blase ich erst dich hinein, und dann bläst Knabe Li auch mich hinein. Was du zu den Feen sagtest, glauben sie womöglich und laden mich gar nicht erst ein!« – »Das stimmt. Das werden sie glauben, und damit ist der Fall erledigt.« – »Oh nein, gar nicht erledigt! Ich mache einfach meine ›Gesichtshaut dick‹, und dann wird es klappen.«
Das Mädchen dachte eine Weile nach, und dann entschied sie:

»Nein, so geht es nicht. Am besten gibst du diese Sache auf.« – »Und wovor hast du Angst? Etwa, daß es Gerede geben könnte? Gerede wird vom Wind verweht! Aber ein Festessen, das ist reelle Ware!« – »Vor Gerede fürchte ich mich nicht. Aber wie, wenn Knabe Li dich in den Kürbis bläst, aber nachher dich nicht wieder herausbläst, sondern wegläuft mit dem Gepäck?«

›Ja richtig‹, dachte er bei sich, ›ich hätte nicht gedacht, daß sie so schlau ist. Sie ist noch schlauer als die alte Henne auf dem Dach.‹ – »Es scheint, du willst nun doch nicht in den Kürbis gehen«, sagte sie. Eine Weile war der Alte nachdenklich still; dann plötzlich sagte er: »Die Schüsseln aus Gold, die Schalen aus Silber ...« – »Jaja, die Schüsseln sind aus Gold, die Schalen aus Silber. Und die Stäbchen sind aus vergoldetem Silber.« – »Sind die Schüsseln groß?« – »Riesig groß, wie man sie früher hatte. Groß und dick und goldglänzend!« – »Oh«, rief er nun, »ich muß ganz unbedingt dort hin! Ich kann ja *dir* die Formel beibringen, und *du* bläst mich hinein.« – »Das wird nicht gehen.« – »Warum denn nicht? Es geht!« – »Die Formel kann ich ja nicht lernen.« – »Die paar Worte lernst du leicht.«

Jetzt hatte sie ihn endlich dahin gebracht, daß er sie bitten mußte zuzustimmen. Es zog sich hin bis Mitternacht, bis sie »ja« sagte und sich dann Mühe gab, die Formel auswendig zu lernen. Bevor er sie am nächsten Morgen wieder in den Kürbis blies, trug er ihr zwei, drei Mal auf, eine bestimmte Einladung für ihn bei den Feen zu erreichen.

Gegen Mittag kamen sie in Weißer Kranichschnabel bei Chungking an. Der Ort, der eine lange Straße hatte, war damals sehr belebt. Es war Markttag, auf der Straße war viel Betrieb. Der Alte wollte hier zu Mittag essen und dann zum andern Flußufer übersetzen. Dem Knaben Li befahl er, beim Boot zu bleiben und auf die Sachen aufzupassen, während er selbst in ein Gasthaus ging. Er setzte sich dort in den Oberstock, nahm den Kürbis von seiner Seite und blies das

Mädchen heraus, zum Essen. Gerade als sie herauskam, hörte man Tumult auf der Straße. Der Alte sah aus dem Fenster: Etwas war los mit dem Knaben Li, der eben in eine Schlägerei verwickelt wurde. Der Alte lief schnell hinunter, um die Sache beizulegen, und man nahm ihn mit in ein Teehaus, um dort zu verhandeln. Das Mädchen blieb allein im Oberstock des Gasthauses, und sie sah aus dem Fenster auf die Straße.

Auf der Straße schoben sich Menschen über Menschen, manche von Osten nach Westen, manche von Westen nach Osten. Im Gewimmel sah sie einen jungen Mann, der gerade zu ihr nach oben schaute. Es muß wohl Liebe auf den ersten Blick gewesen sein, denn der Mann kam zu ihr nach oben. Sonst war niemand da. Sie begrüßten sich und fingen an sich zu unterhalten.

Als sie tief ins Gespräch gekommen waren, kam der Alte allein zurück ins Gasthaus. Der Knabe Li hatte jemandem etwas kaputt gemacht und war nicht gleich bereit gewesen zu zahlen. Man hatte gestritten, man hatte verhandelt und war übereingekommen, daß Li im Teehaus bleiben sollte, bis der Alte die Rechnung beglich. Also kam er, um Geld zu holen. Als er die beiden so intim miteinander sah, sprühte er Feuer und wollte sofort zuschlagen. Aber da nahm das Mädchen den Kürbis, sagte die Formel und blies den Alten hinein. Weil der Alte ein böser Mensch war, verwandelte sich der Kürbis: er wurde groß und flog von selbst aus dem Fenster. Er flog bis in die Mitte des Flusses, fiel ins Wasser und wurde ein Fels, der noch jetzt so aussieht wie ein Flaschenkürbis. Er war so groß, daß er als Klippe aus dem Wasser ragte. Der Alte aber war drin und konnte nie wieder heraus.

Man wartete auf ihn im Teehaus eine lange Zeit, und als er gar nicht kam, um die Rechnung zu bezahlen, ging man zusammen mit dem Knaben Li auf die Suche nach dem Alten. Man fand ihn nicht, aber man fand sein Pferd und sein Gepäck. Li nahm Geld aus dem Gepäck und zahlte sich frei.

Er beschloß, an diesem Ort zu bleiben, und er erzählte den Leuten die ganze Geschichte. Weil die neue Klippe im Fluß, nach der Beschreibung von Li, genauso aussah wie der Kürbis am Gürtel des Alten, nannte man sie Kürbisklippe.

108. Die schweren Fragen

Es war einmal ein reicher Mann. Er hatte nicht nur eine Menge Geld, sondern auch eine äußerst kluge Frau. Ob eine Sache verwickelt oder schwierig war, sie wußte Rat oder fand die Lösung. Daher war der Reiche stolz und hängte an sein Tor ein Schild mit der Aufschrift: »Fast niemand kommt mir gleich. Ich brauche keinen Menschen.«

Eines Tages ging der König mit vielen Beamten auf einen Ausflug, begleitet von Leibwachen, die ihm die Straßen freimachten. Er kam an dem Tor des reichen Mannes vorbei und las das Schild. ›Wie kommt der Mann zu so viel Stolz?‹ dachte der König, ›klug mag er ja sein, aber ‚ich brauche keinen Menschen' stimmt sicher nicht.‹ Als der König wieder zu Hause bei sich im Palast war, schickte er nach dem Reichen. Dieser wußte natürlich nicht, was los sein könnte, nahm Abschied von seiner Frau und ging zum König.

Der König sagte: »Du hast an dein Tor zwei stolze Sätze geschrieben. Alles kannst du also, und daher gebe ich dir drei Aufträge. Erstens: Züchte ein Schwein so groß wie der Berg Taischan. Zweitens: Braue mir Wein, so viel wie Wasser ist im Meer. Drittens: Webe ein Tuch, das lang ist wie ein Weg. Bis morgen hast du Zeit. Kannst du es nicht, mußt du das Schild entfernen und wirst bestraft für deine Prahlerei.«

Bei diesen Worten stand der Reiche wie mit kaltem Wasser übergossen, und mit Hängekopf und Trauermiene konnte er gerade noch nach Hause gehen. Als seine Frau ihn sah in seiner Trübsal, fragte sie sofort: »Warum bist du denn so traurig?« – »Laß nur«, seufzte er, »wenn ich's dir sage, wirst

auch du noch traurig.« – »Bitte sprich!« – »Nun also, das ein bißchen prahlerische Schild an unserm Tor ist dummerweise vom König gesehen worden, und daraufhin hat er mir drei Aufträge gegeben. Was soll ich denn nur tun?« Nachdem er alles berichtet hatte, meinte die Frau: »Was ist da weiter schwierig? Geh morgen zum König und sage: ›Eure Majestät gaben mir den Auftrag, ein Schwein so groß zu züchten wie der Berg Taischan. Wollen Majestät die Güte haben, zuerst einmal den Taischan abzuwiegen! Und was den Wein betrifft, wollen Majestät die Güte haben, auszumessen, wieviel Scheffel Wasser das Meer enthält! Und was das Tuch betrifft, wollen Majestät die Güte haben, die Wegeslänge abzumessen! Dann kann ich mit der Ausführung der Aufträge sofort beginnen.‹ Du sollst mal sehen, was der König dann macht!«
Über diesen klugen Rat war der Reiche sehr erfreut und ging am nächsten Morgen hin zum König, der ihn unverzüglich fragte: »Hast du meine Aufträge ausgeführt?« Der Reiche sagte ehrerbietig: »Ich bin natürlich fähig, sie auszuführen, doch was das Schwein betrifft, wollen Majestät die Güte haben, zuerst einmal den Taischan abzuwiegen ...«, und er sprach genauso weiter, wie seine Frau es vorgeschlagen hatte.
Als der König diese Antwort hörte, war er erst mal eine Weile stumm. Dann aber sprach er: »Du bist wirklich äußerst klug. Du darfst dein Schild behalten.«

109. Die Wüste

Den Großvater fragte sein Enkel: »Großvater, was für ein Ding nennt man Wüste?«
Der Großvater gab ihm zur Antwort: »Ein Platz, auf dem nichts ist, wird Wüste genannt.«
Da fragte das Kind ohne Zögern: »Ist Großvaters Kopf eine Wüste?«

110. Eine Schale Abwaschwasser

Es war einmal ein Junge, der beim Essen seinem Vater etwas sagen wollte. Doch jedes Mal, sowie er sagte: »Vater...«, und noch bevor er weitersprechen konnte, sagte der Vater: »Beim Essen spricht man nicht.« Als der Junge nochmals anfing: »Vater...«, wurde nun der Vater ernstlich böse: »Hast du nicht gehört? Hundert Mal hab ich dir schon gesagt: ›Beim Essen spricht man nicht‹.« Weil der Junge sah, daß der Vater wütend war, traute er sich nicht, nochmal zu sprechen.

Nachdem der Junge aufgegessen hatte, fragte ihn der Vater: »Was also wolltest du mir beim Essen sagen? Jetzt darfst du reden.« Der Junge sagte: »Ich wollte dir bloß sagen: Was in dieser Schale ist, ist nicht Gemüsesuppe, sondern Abwaschwasser. Zu spät. Du hast die Schale ja schon ausgetrunken.«

111. Der Gelehrte und seine Bücher

Es lebte einmal ein Gelehrter, der nie in einem Buche las, aber ständig ausging, um sich zu amüsieren. Mit seinem kleinen Diener wohnte er in einem Tempel. Eines Morgens ging er wieder aus und kehrte erst am Abend, als es dunkelte, langsam laufend und erschöpft vor Müdigkeit zurück zum Tempel. Als er im Tempel war, befahl er seinem Diener, ihm schnell ein Buch zu bringen. Der Junge brachte eine Aufsatz-Sammlung. Der Gelehrte sagte: »Das ist nicht genug.« Der Junge holte ein zweites Buch, Historische Memoiren. Wieder sagte der Gelehrte: »Das ist nicht genug.« Und sogar das dritte Buch, Annalen der Han Dynastie, befriedigte ihn nicht.

Ein Mönch, der in dem Tempel wohnte, war erstaunt und sagte: »Wenn du nur eins von diesen Büchern gründlich kenntest, wäre es fabelhaft. Warum aber sagst du, es sei nicht genug?« Der Gelehrte erwiderte: »Müde bin ich vom Flanieren und will mich schlafen legen. Der Junge sollte mir Bücher holen, doch diese drei zusammen sind mir nicht genug als Stütze für meinen Kopf.«

112. Zum Östlichen Paradies

Es war einmal ein sittenfrommer Sohn. Beim Tode seines Vaters bestellte er einen Mönch zum Sutra-Lesen, damit des Vaters Seele richtig ins Jenseits käme. Einhundert Silberdollar verlangte der Mönch für diesen Dienst. Der Sohn fand es zu teuer. Sie handelten lange, bis sie sich schließlich auf siebzig Dollar einigten. Der Mönch fing also an zu rezitieren: »Begib dich zum Östlichen Paradies, begib dich zum Östlichen Paradies, ...«

Der Sohn war höchst erstaunt und sagte: »Jeder andere, der Sutras liest, um Seelen ins Jenseits zu leiten, sagt die Worte: ›Begib dich zum Westlichen Paradies‹. Warum sagst du: ›Begib dich zum Östlichen Paradies‹?« Der Mönch erwiderte: »So mache ich es immer. Für siebzig Dollar schicke ich die Seele zum Östlichen Paradies, und erst für hundert Dollar zum Westlichen.«

Im stillen dachte der Sohn: ›Für nur dreißig gesparte Dollar würde des Vaters Seele Schaden leiden und niemals das Westliche Paradies erreichen. Bestimmt kann seine Seele dann keinen Frieden finden.‹ Dann sagte er laut: »Ich lege noch dreißig Dollar dazu, und dafür schickst du meinen Vater zum Westlichen Paradies.« Folglich begann der Mönch zu rezitieren: »Begib dich zum Westlichen Paradies, begib dich zum Westlichen Paradies ...«

Im nächsten Augenblick kam aus dem Innern des Sarges eine Stimme: »Du sittenloser Sohn! Lumpiger dreißig Dollar wegen läßt du mich rennen, erst zum Östlichen Paradies und dann auch noch zum Westlichen!«

113. Die Seidenhose

Neben dem Haus von Herrn Sommerregen, dem Schelm, befand sich ein blühendes Altkleidergeschäft. Dort hatte man einmal Herrn Sommerregen beleidigt, und er wollte sich rächen. Eines Tages, als gerade viel Betrieb im Laden war, zog er zu Hause Strümpfe, Stiefel und einen langen Überrock an, aber keine Hose. Dann ging er in den Laden. Damals trug man lange Überröcke. Er ging langsam und hielt den Rock mit beiden Händen zu. Niemand bemerkte, daß er keine Hose trug.

Im Laden suchte er die beste Seidenhose aus und tat, als ob er die Farbe genauer ansehen wollte. Ein paar Leute drängten sich dazwischen, und er benutzte die Gelegenheit, schnell die Hose anzuziehen. Schon war er dabei, den Laden zu verlassen, als der Verkäufer aufmerksam wurde. Der Kunde trug ja eine Hose genau wie die, die er ihm eben gezeigt hatte! Er sagte: »Ach bitte, wo ist die Hose, die Sie anprobieren wollten?« – »Die hab ich Ihnen doch zurückgegeben«, sagte Sommerregen. »Aber ich habe sie nicht bekommen!« – »Unsinn, Sie hatten so viel zu tun, Sie haben es vergessen.« – »Aber mein Herr, die Hose, die Sie anhaben, sieht aus . . .« – »Sieh mal an«, rief Sommerregen mit ernstem Gesicht, schlug den Rock hoch und fingerte an der Hose, »wollen Sie etwa behaupten, ich wäre ohne Hose gekommen? Unerhört! Unglaublich! So eine Frechheit!« Der Verkäufer sah genau, daß es die Hose aus dem Laden war, aber er konnte doch nicht behaupten, Herr Sommerregen wäre ohne Hose gekommen!

Inzwischen hatte der Inhaber gemerkt, daß da etwas nicht in Ordnung war und kam selbst dazu: »Ach bitte, Herr Sommerregen, werden Sie nicht böse! Dieser dumme Verkäufer schwatzt Unsinn. Verzeihen Sie uns!« – »Verzeihen? Das kann ich nicht verzeihen! So wird man als Gelehrter hier behandelt! Unerhört!« So schimpfte Sommerregen, und erst als der Inhaber soundsoviel Schmerzensgeld gegeben hatte, ließ Sommerregen die Sache auf sich beruhen. Daß er die Hose behielt, brauche ich wohl nicht zu sagen!

114. Der Tiger des Kreisbeamten

Früher einmal gab es einen Kreisbeamten, der in seiner Freizeit immer Tiger malte. Aber seine Malkunst war nicht groß, und seine Tiger sahen gar nicht aus wie Tiger. Eines Tages malte er mal wieder einen Tiger, und dann rief er einen der Amtsdiener, zu dem er sagte: »Sieh dir dies an und sage, was es ist!« Der Diener sagte: »Es sieht aus wie eine Katze.« Der Kreisbeamte dachte, der Diener wollte ihn beleidigen. Daher wurde er sehr wütend und ließ dem Diener zwanzig Schläge mit dem großen Knüppel geben.

Dann rief er einen zweiten Diener und fragte ihn dasselbe. Dieser Diener war sehr klug. Er sagte: »Herr, ich wage es nicht, es Euch zu sagen.« Der Kreisbeamte fragte: »Warum denn nicht?« Der Diener sagte: »Ich fürchte Euch, Herr Kreisbeamter, darum wage ich es nicht, es Euch zu sagen.« Der Beamte fragte: »Wen, glaubst du, fürchte ich?« Der Diener: »Ihr fürchtet nur den Kaiser.« – »Wen fürchtet denn der Kaiser?« – »Der Kaiser fürchtet nur den Himmel.« – »Wen fürchtet denn der Himmel?« – »Der Himmel fürchtet Wolken.« – »Wen fürchten denn die Wolken?« – »Die Wolken fürchten Wind.« – »Wen fürchten denn die Winde?« – »Winde fürchten Wände.« – »Wen fürchten denn die Wände?« – »Wände fürchten Ratten.« – »Und wen fürchten Ratten?« Jetzt bekam der Diener Mut und sagte: »Ratten fürchten sich vor nichts, außer vor dem Bild, das Ihr gemalt habt.«

Nach diesen klugen Worten konnte der Kreisbeamte den Diener nicht gut verdreschen lassen!

NACHWORT

Probleme der chinesischen Märchenforschung

Das einzige Volk der Welt, das auf eine ununterbrochene literarische Tradition von mehr als dreitausend Jahren zurückblicken kann, sind die Chinesen. Seit mehr als tausend Jahren haben sie ihre Schriften gedruckt, zuerst auf Holzplatten und in moderner Zeit mit Setzmaschinen. Noch heute werden immer wieder alte Bücher in großen Auflagen nachgedruckt und sind schnell verkauft. Es ist unmöglich, daß ein Mensch im Lauf seines Lebens alles liest, was an chinesischer Literatur gedruckt ist, von Handschriften ganz zu schweigen. Jedem Reisenden, der zuerst in den Nahen Osten und dann in den Fernen Osten reist, muß auffallen, wie selten man im Nahen Osten lesende Leute sieht und wie oft man im Fernen Osten jemanden bemerkt, der in einer Minute Freizeit ein Buch zur Hand nimmt: Der Fahrstuhlmann hält in der einen Hand ein Buch, während er, ohne hinzusehen, mit der andern Hand die Hebel bedient; das Mädchen im Kinoschalter liest, wenn einmal eine Minute lang kein Billettkäufer kommt. Natürlich gibt es eine Menge Literatur, die nur dem wirklich Gebildeten verständlich ist; aber auch fast ebenso viel Volksliteratur, die jeder nur etwas Gebildete, vom Grundschüler an, lesen kann. Die Achtung vor dem Geschriebenen, vor den alten Schriften, erstaunt den Europäer, der oft nur in der Schule seine Klassiker liest, weil sie zum Unterricht gehören, und sonst neue Bücher vorzieht.

Die chinesische Literatur, das heißt: Schöne Literatur und historische Schriften, wurde von Gelehrten geschrieben, und zwar von frühesten Zeiten an nicht in der Sprache des Volkes, sondern in einer gehobenen Sprache, die nicht verständlich ist, wenn man die Worte nur hört, ohne die Schriftzeichen zu kennen. Diese Schriftsprache ist knapp, herb und formvollendet, wenn ein Meister sich ihrer bedient. Nur diese Art Literatur hat man früher in China als »Literatur« bezeichnet und hoch geschätzt. Dagegen galten nicht als »Literatur« alle Romane, Dramen, andere Theaterstücke, die meisten Balladen und andere Volkslieder, die in der Sprache des Vol-

kes abgefaßt waren, obwohl viele Gelehrte diese Werke mit Genuß lasen und die meisten gebildeten Leute sie gut kannten. Die meisten dieser volkstümlichen Werke stammten ebenfalls aus dem Pinsel von Gelehrten: Ein gebildeter Mann zum Beispiel, der in den Staatsprüfungen durchgefallen war und sein Leben als Hauslehrer fristete, schrieb einen Roman und verdiente damit Geld; oder ein erfolgreicher Literat schrieb sich und seinen Freunden zur Unterhaltung leichte Lektüre. Ein volkstümliches Werk verfaßt zu haben, konnte ein Gelehrter vor sich und seinen Freunden rechtfertigen: wollte er nicht das Volk, das »richtige Literatur« nicht lesen konnte, belehren und moralisch heben? Fast ausnahmslos gaben diese Autoren ihren Namen nicht an, und viele dieser Werke blieben anonym, aber neuere Forschung hat bei einigen den Namen des Verfassers herausgefunden. Nur wenige »Männer aus dem Volk« haben selbst etwas geschrieben, und wenn, dann meistens Balladen im lokalen Dialekt, daher nur lokal verständlich. Dagegen ist die von Gebildeten geschriebene Vulgärliteratur überall in China dem verständlich, der sie lesen kann, unabhängig davon, wie verschiedene Leser aus verschiedenen Provinzen die Schriftzeichen verschieden aussprechen mögen. Das hängt mit der chinesischen Schrift zusammen, die nicht Wörter aus Lautzeichen zusammensetzt, wie wir es tun, sondern sinnandeutende Symbole benutzt. Die Aussprache wird entweder gar nicht oder nur nebenbei und ungefähr bezeichnet. Das System ist vergleichbar unsern arabischen Ziffern, die jedermann versteht beim ersten Blick, aber je nach seiner Landessprache verschieden ausspricht.
Als Folge der Einstellung zur Literatur wurden Volksmärchen früher gar nicht aufgezeichnet. Das änderte sich erst um 1920, als eine »literarische Revolution« in Gang gekommen war. Früher erwähnte ein Gelehrter gelegentlich ein Märchen in Andeutungen oder zeichnete eine ihm interessante Geschichte auf, die er irgendwo gehört hatte, vielleicht als einen »wahren Bericht«. Solche Aufzeichnungen waren kurze Notizen, nie vollständige Texte und schon gar nicht in den Worten des Erzählers, von dem der Gelehrte die Geschichte übernommen hatte, sondern immer umgearbeitet zu einem Werk der Literatur.

Als moderne chinesische Volkskundler begannen, Märchen zu sammeln, bearbeiteten auch sie die Geschichten, nicht um »Literatur« daraus zu machen, aber doch, um sie stilistisch zu verbessern. Vulgäre Ausdrücke wurden vermieden, Sätze in Ordnung gebracht, Charakterzüge geschärft. Manche Geschichten wurden gar nicht erst niedergeschrieben, weil sie zu »unmoralisch« erschienen.

Die ersten der Europäer, die in China Märchen sammeln wollten, ließen sich von gebildeten Chinesen ihrer Bekanntschaft Geschichten erzählen. Das wird aus ihren Büchern ganz klar. Die Erzähler waren Sprachlehrer oder Assistenten, jedenfalls Gebildete, und daher erzählten sie häufig keine Volksmärchen, sondern Auszüge aus Romanen und Theaterstücken, literarischen Fabeln und Kurzgeschichten. Viele Chinesen, fast alle Gebildeten, kannten sicherlich diese Geschichten, die aber mit wenigen Ausnahmen weder der Form noch dem Inhalt nach echte Volksmärchen waren. Erst seit rund vierzig Jahren gibt es Sammlungen chinesischer Märchen, die von einfachen Menschen aus dem Volk stammen und nach Diktat oder auf Tonband aufgenommen und dann übersetzt worden sind.

Als Märchen bezeichnete Geschichten aus China sind also nicht immer wirkliche Volksmärchen. Auf der andern Seite sind viele Geschichten echte Volksmärchen, obwohl der Text an eine literarische oder historische Quelle erinnert. Es ist zweifellos eine Folge des vielen Lesens der Chinesen, daß nicht selten eine Geschichte aus dem Pinsel eines Gelehrten oder sogar aus den offiziellen Reichsannalen allgemein bekannt und beliebt war, und so zu Volksgut wurde. Ein Beispiel dafür ist in der vorliegenden Sammlung das Märchen *Große Liebe* (Nr. 84). Gewiß, dies Märchen ist letztlich inspiriert durch literarische Quellen: zuerst durch eine Novelle der Tangzeit, dann durch Theaterstücke. Aber es enthält Motive, die nicht aus diesen Quellen stammen: Es ist nicht nur ein Preisen ehelicher Treue, sondern auch ein Preisen der Großmut des Ministers, der die Frau ihrem ursprünglichen Mann zurückgibt. Dabei weicht die Geschichte, in der von mir auf Tonband aufgenommenen Version, von traditionellen Moralanschauungen stärker ab als ihre Quelle, denn der herr-

schenden Moral nach will ein Mann nicht eine Frau zurückhaben, die jahrelang einem andern Mann gehörte. Außerdem sind die Namen der Helden verwechselt und verändert worden, und alles zusammen ließ ein Volksmärchen entstehen.
Viele ähnliche Beispiele sind leicht zu finden. Wir dürfen sagen, daß in China ein dauernder Austausch stattfand: Wer im Volk lesen konnte, las und erzählte aus Werken der Literatur, die dadurch bekannt und in stets abgewandelter Form zu Volksgut wurden; andererseits haben die Gelehrten viel ursprüngliches Volksgut in ihren Werken verwendet, so daß aus Volksgut in umgearbeiteter Form auch literarische Werke werden konnten. So haben wir zwar sehr wenige echte Volkslieder aus den Jahrhunderten vor 1920, aber viele Lieder und Balladen, von denen sich zeigen läßt, daß sie umgearbeitete, verfeinerte Volkslieder und Volksballaden sind.
Der einfache Chinese kommt mit den literarischen Meisterwerken auf verschiedene Weise in Berührung: einmal, wie schon gesagt, durch die von gebildeten, meist anonymen Autoren verfaßten Volksromane. Diese Art von Literatur hatte keinen gesetzlichen Schutz, und daher sind viele dieser Romane von verschiedenen Personen zu verschiedenen Zeiten überarbeitet worden. Ein neuer anonymer Autor verlängerte oder kürzte den Roman, veränderte vielleicht sogar die Charaktere oder die Handlung. So sind auch von der kommunistischen Regierung berühmte Romane, wie *Die Brüder vom Liang-schan Moor* (Shui-hu chuan) überarbeitet worden, wobei einige der Haupthelden revolutionäre und andere reaktionäre Züge bekamen, bis die Partei am Ende (1975) entschied, daß der Roman überhaupt keinen revolutionären Charakter hätte. Auch die Kuo-min-tang-Regierung Chiang Kai-sheks veranlaßte literarische Änderungen. Zum Beispiel wurden anstößige Episoden aus dem klassischen Roman *Die goldene Vase* (Chin-p'ing-mei) herausgestrichen. In beiden Fällen waren die Regierungen und die von ihnen angestellten Schriftleiter zweifellos der Ansicht, daß ein Roman belehren soll und keinesfalls das Volk verführen darf.
Genau so sind chinesische Theaterstücke »lebende Literatur«. Auch sie wurden zu allen Zeiten immer wieder umgeschrieben, auch sie sollten nicht nur unterhalten, sondern dem

Volk Werte einprägen, die seine Führer für wünschenswert hielten. Das kommunistische Regime hat viele Jahre lang versucht, die klassischen Theaterstücke so umzuformen, daß sie die sozialistische Ethik propagieren; aber schließlich kam man zu dem Schluß, daß es nur in Einzelfällen möglich war. Folglich wurden die alten Stücke verboten, und man setzte dem Volk neu geschriebene, der neuen Moral entsprechende Dramen vor. Viele von diesen sind inzwischen auch schon umgeschrieben worden.

In der vorkommunistischen Zeit waren es vor allem die Theaterstücke, die das Volk – einschließlich der Leute, die nicht lesen konnten – in verständlicher und unterhaltender Form mit Geschichten aus der traditionellen Literatur bekannt machten. Dies Material hat sich zum Teil in echten Märchen festgesetzt. In Dörfern und städtischen Armenvierteln wurde allerdings nicht ganz dasselbe Theater gespielt wie in den kulturellen Zentren, zumal die untersten Schichten die traditionelle Theatersprache nicht verstehen konnten. Diese Sprache hatte nur ursprünglich, im 14. bis 16. Jahrhundert, der Volkssprache nahegestanden, und zu allen Zeiten verstand die Landbevölkerung sowieso nur ihren lokalen Dialekt. Hier traten nun die Straßentheatergruppen ein, die mit ihren eigenen einfachen Stücken von Dorf zu Dorf und von Stadtviertel zu Stadtviertel zogen, immer in den ärmsten Teilen der Stadt. Viele dieser Stücke folgen entweder der Vorlage eines traditionellen Stückes, wie es von Stadt-Truppen gespielt wird, oder sie sind neue Dramatisierungen von Themen aus Volksromanen. Obwohl diese Stücke in der Volkssprache in volkstümlichem Stil und nicht selten sehr grob sind, propagieren sie im Grunde dieselben Moralregeln wie die Stücke im klassischen Theater, mit Abweichungen höchstens in Einzelpunkten oder etwa in dem Gewicht, das einzelnen Moralregeln zugemessen wird.

Die ärmsten Gemeinden hatten zumindest ihr Kasperle-Theater (Bu-dai hsi), Puppentheater (Kue-lei hsi) oder Schattentheater (Ying hsi), die vielleicht noch einen Grad einfacher waren als die Straßentheater. Auch sie behandelten immer dieselben Themen nach denselben Quellen und mit derselben Moral.

Weitere Berührung mit der Literatur hatte das Volk stets durch die Balladensänger und die verschiedenen Klassen von Geschichtenerzählern. Auch sie haben ihre Themen oft der Roman- und Theaterliteratur, gelegentlich der klassischen Literatur entnommen. Ich habe Geschichtenerzähler beobachtet, die den gedruckten Text eines Volksromans in der Hand hielten, während sie vortrugen, aber sie veränderten dabei nicht nur den Stil und die Sprache, indem sie das Hochchinesische des Textes in den lokalen Dialekt übersetzten, sondern auch den Inhalt durch Streichungen und Unterstreichungen. Aber das Moralsystem, das ihre Erzählungen und Lieder widerspiegeln, war mit wenigen Abweichungen immer dasselbe wie das der herrschenden Oberklasse von ehedem. Heute kommt als weiterer literarischer Kontakt für das Volk der Film und das Fernsehen hinzu, vielleicht bald schon an erster Stelle unter den Quellen, die zur Märchenbildung führen können. Schließlich muß man noch erwähnen, daß die Öffentlichkeit in China stets überschwemmt war mit Bildern, die Szenen aus denselben Theaterstücken oder aus der Geschichte zeigen und wieder dieselben Lehren enthalten. Noch heute sind in Hongkong, Taiwan und den chinesischen Überseesiedlungen die Wände der chinesischen Volkstempel voll mit solchen Bildern.

Das chinesische Volk und seine Volksliteratur wurde also durch alle Jahrhunderte bis zum heutigen Tag bombardiert mit Materialien, die immer wieder die Moral der herrschenden Gruppe propagierten, sei es das konfuzianische System der alten Oberklasse (noch heute wirksam unter Nichtkommunisten), sei es das kommunistische System auf dem Festland seit 1948. Deshalb enthält die nichtkommunistische Märchenliteratur die Werte des alten China, und die im kommunistischen China veröffentlichte Märchenliteratur die neuen kommunistischen Werte. Einige solcher »neuen« Märchen sind in die vorliegende Sammlung mit aufgenommen worden.

Ein Beispiel ist *Die Kürbisklippe* (Nr. 107). Wir kennen dies Märchen in vielen Varianten. In der Hauptform stammt es aus Indien[1], wurde um das Jahr 300 n. Chr. von einem buddhistischen Mönch ins Chinesische übersetzt[2] und trat um das Jahr 500 bereits als eine rein chinesische Geschichte auf[3]. Der moderne Dichter Lu Hsün hat sie neu bearbeitet[4], etwa zur selben Zeit, als Varianten aus dem Volksmund aufgezeichnet wurden[5]. Das Märchen war also ursprünglich eine literarische Geschichte, ist aber jetzt ein Volksmärchen. Die kommunistische Tendenz zeigt sich schon darin, daß ein alter, reicher Mann als böse und hassenswert erscheint: Er denkt nur an sich, will Beamter werden, um sich unrechtmäßig zu bereichern, nimmt einem armen Pächter die junge Tochter weg, ist verfressen, geizig und dumm. Zweifellos soll die alte Oberklasse damit dargestellt und gebrandmarkt sein. Dagegen ist das Mädchen aus dem Volk als klug und rebellisch gezeichnet. Sie zeigt die moderne Freiheit dadurch, daß sie, obwohl verheiratet, bereits Minuten nach des Mannes Weggang mit einem Fremden flirtet. Da alle bekannten vorkommunistischen Varianten diese Elemente nicht enthalten, können wir mit Sicherheit behaupten, daß sie vom Herausgeber in die Geschichte eingeführt sind, um sie propagandistisch nützlich zu machen. Als zweites Beispiel sei die Geschichte A-hsiu (Nr. 82) genannt. Gleich am Anfang wird der Kaiser als lächerliche, unsympathische Figur dargestellt: Er klettert auf ein Dach und blamiert sich, als er das Wunder des wirklichen Helden nachahmen will. Die kaiserlichen Wachen sind bösartig: Sie verdreschen eine harmlose arme Frau. Der Kaiser bricht mehrmals sein Wort und fordert vom Helden immer neue Proben, um sein Wort nicht halten zu müssen und zugleich aus Habgier. Der zweite Kaiser in demselben Märchen ist dumm und lüstern und kommt dadurch zu Tode. Wieder wird die alte Oberklasse lächerlich und verächtlich gemacht, während das Märchen als Ganzes erhalten geblieben ist. Dieselbe Verachtung für den Kaiser sehen wir in dem Märchen *Der Papagei* (Nr. 98), in dem der Kaiser aus Vergnügungssucht alle Geschäfte aufgibt und sich von einem Vogel irreführen und beschmutzen läßt. Der Vogel verlangt von ihm unglaubliche Leistungen; der Kaiser tut aus Geldgier alles; der Vogel nimmt Rache und bringt ihn zu Tode, während die »treuen« Minister dabeistehen und zu feige sind, den Kaiser zu retten. Der Vogel ist das Muster eines guten Wesens: Er leidet viel, und alles zum Wohle seiner Mutter.[6]

Dagegen vertritt *Der Alte Dschang* (Nr. 83), wie die Erzählerin in ihrem Nachwort selbst betont, die altchinesische Moral, die bewußt propagiert wird: Der Staatsbeamte versucht, so gut er kann, dem Volk zu helfen; zu diesem Zweck versucht er sogar, reiche Leute unter Druck zu setzen, damit sie freiwillig Gelder beisteuern. Er weist den armen Bauern nicht ab, sondern empfängt ihn, obgleich er keine Hilfe von ihm erwarten kann. Trotz seiner Armut ist der Bauer ehrlich: Er steckt den gefundenen Schatz nicht ein, hält den Fund geheim, damit nicht ein Unbefugter ihn nähme. So kann der Schatz zum Wohl für die Allgemeinheit benutzt werden. Der Beamte rühmt sich nicht selbst des Erfolges, sondern nennt öffentlich den armen Bauern, der von den himmlischen Mächten belohnt wird: Nicht nur wird er allmählich reich, sondern sein Enkel wird Beamter, das heißt, er steigt in die Oberklasse auf. Der Urenkel ist ein Muster kindlicher Pietät: Obwohl seine Mutter noch zur Unterklasse gehört, läßt er sich nicht von ihr bedienen, wie es seinem Stande als Beamtensohn entsprochen hätte, und er erreicht, daß die Mutter offiziell in die Oberklasse erhoben wird. Daß er seine Mutter und Stiefmutter gleich gut behandelt, wird ihm als (konfuzianische) Tugend angerechnet.
Als ein Beispiel für Veränderungen traditioneller Werte, die im Zuge der Modernisierung schon vor der kommunistischen Revolution zweifellos von den Herausgebern gedruckter Märchen an gesammelten Texten vorgenommen wurden, kann *Bienen als Ehevermittler* (Nr. 34) gelten. In der Geschichte wird deutlich befürwortet, daß Mädchen die Literatur studieren sollen, statt nur Hausfrauen zu sein, und mit Bedauern wird berichtet, daß die unaufgeklärte Bevölkerung eine Heirat mit einem gebildeten Mädchen nicht gern sieht. Ferner wird der Volksglaube als Aberglauben betrachtet. Diese Einstellungen waren bezeichnend für die Zeit zwischen 1920 und 1940, und die diesbezüglichen Sätze kommen bestimmt nicht aus dem ursprünglichen Märchentext. Das läßt sich geradezu »beweisen« durch Märchen, die direkt von heutigen chinesischen Erzählern aus dem Volk in Taiwan aufgenommen wurden. Fast alle Familien, von denen wir im Diktat oder auf Tonband Märchen aufnahmen, besaßen Radioapparate, viele

sogar Fernsehapparate. Die Bauern, die außer Radio- und Fernsehapparaten auch noch Fahrräder, Motorräder und vieles andere haben, sind mit der modernen Welt bekannt. Diese Leute können die Weltlage und die Marktlage diskutieren, aber in ihre Märchen haben sie bisher noch keine neuen Werte oder Moralvorstellungen hineingebracht. Das Wenige, das man in diesen Texten entdecken kann[7], betrifft Äußerlichkeiten, nicht das Moralsystem.

Die seit 1949 im kommunistischen China veröffentlichten Märchen bereiten dagegen dem Märchenforscher größere Schwierigkeiten. Findet man Versionen, die schon vor 1949 veröffentlicht oder außerhalb der Volksrepublik gesammelt worden sind[8], kann man durch Vergleiche die ursprüngliche Form des Märchens herausschälen, das dann als wissenschaftlich brauchbares Material anzusehen ist. Da wir aber bei weitem nicht alle chinesischen Märchen kennen, von Versionen verschiedener Herkunft ganz zu schweigen, ist diese Methode nicht immer möglich. Jedenfalls möchten wir betonen, daß beinahe jedes chinesische Märchen eine Moral enthält, die im Einklang mit einem ganzen System von Werten steht und dem Erzähler bewußt ist. In einer Umfrage unter Erzählern außerhalb der Volksrepublik, welche Märchen die Befragten bevorzugten und warum, und welche sie ablehnten und warum, wurde immer wieder betont: Märchen sind »gut«, weil sie die konfuzianischen Tugenden der Pietät, der Loyalität, der Rechtlichkeit und der Bescheidenheit preisen; »schlecht« dagegen, mindestens für Kinder, sind Geistermärchen und blutrünstige Kampfgeschichten, weil sie Angst erzeugen oder zu Aggressivität führen könnten. Das ist die bewußte »Ideologie«. Was die Gefühle anbelangt, geht man wohl nicht fehl mit dem Verdacht, daß die meisten Erzähler und Zuhörer die »schlechten« Märchen so lieben wie die »guten«.

Außer der Bedeutung der moralischen Werte haben chinesische Märchen noch andere Merkmale. Sozialpsychologen haben herausgefunden, daß Chinesen offenbar das Bedürfnis oder, vielleicht besser, den Wunsch fühlen, Handlungen nach Ort und Zeit genau festzulegen, im Gegensatz zu Indern, bei denen viel mehr Geschichten etwa so beginnen: »Vor Tausenden von Jahren lebte ein Mann ...« In China dagegen gibt es viel öfter als in Indien Märchen, in denen die Personen mit richtigen Namen genannt und die Orte der Handlung genau identifiziert sind. Dies mag mit zwei Faktoren zusammenhängen. Erstens ist das Leben des einzelnen sozial genau festgelegt. Das trifft für die ganze chinesische Geschichte zu, einschließlich der Volksrepublik. Das Individuum existiert nicht allein für sich, sondern ist vor allem ein Glied der Familie (der Brigade in der Volksrepublik), darüber hinaus ein Glied der Gemeinde (Kommune) und endlich des Staates. Das Wort für »Individuum«, ebenso wie das Wort für »Freiheit«, wurde erst durch den Einfluß westlicher Schriften in der chinesischen Sprache gebildet. Jedes Menschen Platz soll klar bestimmt sein, so daß es keinen Zweifel gibt. Zweifel, meinte das konfuzianische System, schaffe psychische Unsicherheit und soziale Unruhe. Der zweite Faktor, der zu dem Wunsch nach Genauigkeit paßt, ist eine Meinung, die ich häufig von Chinesen zu hören bekam: Kindern soll man keine unwahren Geschichten erzählen, »Lügengeschichten« könnten zum Lügen verleiten, und Lügen brächten Unordnung in die Gesellschaft. Damit hängen nicht nur die genauen Benennungen zusammen, nicht nur die Historisierungen von Märchen und Mythen, sondern auch der relative Mangel an Tiermärchen. Wir wissen, daß Indien reich ist an Tiermärchen, die zu Hunderten von buddhistischen Mönchen ins Chinesische übersetzt worden sind. Inzwischen sind fast alle von ihnen aus dem chinesischen Märchenschatz verschwunden. Warum? Tiere können nicht sprechen, und wer es behauptet, belügt die Zuhörer. Nur in Tiergeschichten, in denen Menschen mit Tieren sprechen, liegt die Sache anders: Spricht ein Tier mit einem Menschen, nimmt man automatisch an, daß dies »Tier« ein Geist ist oder ein verwandelter Mensch. Geister existieren wirklich; das glaubt fast jeder Chinese.

Eine weitere Besonderheit chinesischer Märchen ist ihre Kürze. Freilich gibt es begabte Erzähler, die sich auf bestimmte Zuhörer einstellen und ihre Erzählungen reich ausschmücken, wodurch sie auch berühmt werden. Aber im allgemeinen drückt sich ein Chinese gern kurz und prosaisch aus. Er vermeidet dadurch »Lügen«, aber das ist wohl nicht der einzige Grund. Es mag das Bemühen des Erzählers eine Rolle spielen, den Zuhörern so wenig wie möglich Einsicht in seine eigene Persönlichkeit zu geben. Ich komme zu dieser Vermutung, weil auch bei psychologischen Untersuchungen die Testprotokolle von Chinesen[9] viel kürzer und prosaischer sind als zum Beispiel solche aus Japan oder gar Mexiko. Während die mexikanischen Protokolle, die ich sah, fast kleine Romane darstellen, sind die chinesischen eher Telegramme, bei denen jedes Wort fünf Mark zu kosten scheint. Auch im zwischenmenschlichen Verkehr, selbst unter Verwandten, versucht man als Chinese so wenig von seinem Innern preiszugeben wie nur möglich. Ob diese Erklärung zutrifft, weiß ich nicht; aber Tatsache ist, daß chinesische Märchen, mit geringen Ausnahmen, weniger bunt sind als indische und viele andere.

Allerdings muß man dabei bedenken, daß Geschichten nie in einer *vollständig* »natürlichen Situation« aufgezeichnet werden. Die Tatsache, daß ein Fremder da ist und gar mitschreibt, oder daß ein Tonband läuft, mag den chinesischen Erzähler dazu verleiten, sich »literarischer«, das heißt knapper und genauer auszudrücken oder Werte auszudrücken, die nach des Erzählers Meinung dem Aufzeichner gefallen würden.

Südchinas Märchen

Unter Südchina verstehen wir hier die Provinzen südlich des Yangtse-Flusses, mit Ausnahme der Provinz Kiangsu (in der Nanking und Schanghai liegen), aber einschließlich der Westprovinz Szuchwan, deren größter Teil nördlich des Yangtse liegt. Südchina ist natürlich im ganzen ein Land chinesischer Kultur, aber es gibt dort Unterschiede, die nicht nur regional sind und teilweise schärfer als die zwischen Pommern und Tirol.

Zunächst die Sprache: Während Nordchina im ganzen eine Sprache spricht, die dem heutigen Hochchinesischen sehr nahe steht, zerfällt der Süden in zahlreiche Dialektgebiete. Oft sind die lokalen Dialekte so begrenzt, daß man sich nach

einer halben Stunde Autofahrt nicht mehr ohne Schwierigkeit verständigen kann. Seit langem haben alle Regierungen Chinas versucht, das Hochchinesische (Guo-yü) im ganzen Land durchzusetzen. Dieser Prozeß ist durch den allmählich durchgeführten Schulzwang gut fortgeschritten.
Aber die Unterschiede zwischen Nord und Süd sowie innerhalb des Südens betreffen nicht nur die Sprache. In vielen Einzelheiten der Kultur, und damit auch in der Volksliteratur, weicht der Süden, ohne in sich einheitlich zu sein, vom Norden ab.
Diejenigen Südchinesen, die zwischen dem 16. und 19. Jahrhundert aus ihrer Heimat, der Küstenprovinz Fukien, nach Taiwan (Formosa) eingewandert sind, werden heute, wie in diesem Buch in den Anmerkungen, »Taiwanesen« genannt. Sie selbst nennen sich nach ihrer Herkunft »Min-nan« (Süd-Fukienesen), und ihre Zahl in Taiwan wird heute auf 12 Millionen geschätzt. Märchen von festländischen Chinesen, die aus andern südchinesischen Provinzen nach 1948 nach Taiwan gekommen sind, haben wir nur dann aufgenommen, wenn sie von den Eingewanderten als Märchen ihrer ursprünglichen Heimat bezeichnet wurden.
Außer den Chinesen leben im Süden viele Minderheiten, und eine von ihnen gilt als eine chinesische Minderheit: die Hakka, die einen chinesischen Dialekt sprechen. Sie selbst glauben, vor etwa tausend Jahren aus Mittelchina nach dem Süden ausgewandet und daher »richtige« Chinesen zu sein. Neuere Forschung beginnt an dieser Tradition zu zweifeln. Die Hakka leben in den Küstenprovinzen Kuangtung und Fukien, und viele sind im 19. Jahrhundert ausgewandert, unter anderm ebenfalls nach Taiwan, wo ihre heutige Zahl auf drei Millionen geschätzt wird. Ferner gibt es vor allem in den Provinzen Kuichou und Yünnan Minderheiten, die nichtchinesische Sprachen sprechen. Es ist möglich, daß das eine oder andere der in dieses Buch aufgenommenen Märchen aus diesen Provinzen von diesen Nichtchinesen stammt, obwohl sie nur wenig von bekannten chinesischen Märchen abweichen.
Der Märchenschatz dieses ganzen südchinesischen Gebietes enthält viele Märchen, die überall in China bekannt sind,

wenngleich wir hier eine Reihe neuartiger Varianten haben; aber er enthält auch Märchen, die man im Norden kaum oder gar nicht kennt. Eine geplante Gegenüberstellung von süd- und nordchinesischen Märchen wird dies untersuchen.

Aufbau des Buches

Bei der Auswahl der Märchen zu diesem Band haben wir unveröffentlichte Texte bevorzugt, vorwiegend aus eigener Sammelarbeit. Leider ist es heutzutage nicht möglich, im festländischen China Märchen selbst zu sammeln; und Manuskriptsammlungen, die es dort geben soll, sind nicht zugänglich. Daher mußten hier einige von chinesischen Kollegen vor oder nach der Revolution gesammelte und bereits veröffentlichte Märchen aufgenommen werden. In Taiwan werden dem Märchensammler keine Schwierigkeiten gemacht, und daher sind in Taiwan gesammelte Märchen in diesem Band stark vertreten. Die Anmerkungen zeigen, daß die meisten dieser Märchen auch aus festländischen Sammlungen bekannt sind. Außerdem enthält mein selbst gesammeltes Material viele Geschichten, die bisher noch nicht belegt waren. Damit ist aber keineswegs gesagt, daß diese Märchen nur in Taiwan vorkommen.

Die Anordnung der Märchen in diesem Buch entspricht der Anordnung in meinen *Typen chinesischer Volksmärchen*[10], mit der Ausnahme, daß ich Märchen über Mensch-und-Tier sowie reine Tiermärchen an den Schluß gerückt habe. Zu welchem Typ ein Märchen gehört, ist in den Anmerkungen angegeben, soweit möglich.

Zu den Texten selbst: Außer den Märchen, die aus chinesischen Publikationen übersetzt sind, enthält dieser Band Ergebnisse von zweierlei Sammeltätigkeit. Erstens: Märchen, die von mir oder meinen Assistenten auf Tonband aufgenommen sind (zwischen 1972 und 1975); die Erzähler, Männer und Frauen, waren als gute Erzähler empfohlen, und viele ihrer Märchen sind lang und reich. Zweitens: Märchen, die mit Hilfe einer Befragungsmethode im Diktat aufgeschrieben sind (1972–1975). Mit dieser Methode sollte untersucht werden, wie sich Märchen verbreiten. In jedem Fall wurden Familien befragt, in denen es einen Vater, eine Mutter und mindestens ein Kind im Alter von zehn bis zwanzig Jahren gab. Es entstand eine Sammlung von mehreren hundert Texten und ein Katalog von über tausend Märchentiteln. Bei einer solchen Methode werden notwendigerweise Menschen befragt, die keine begabten Märchenerzähler sind. Das tut mir nicht leid, denn ich bin der Ansicht, daß Märchen, die von Durchschnittsmenschen erzählt werden, uns besser zeigen, was einen Volkserzähler ausmacht, als Märchen, die von Meistererzählern vorgetragen werden. Es wurde deutlich, daß die besten Erzähler zugleich Dichter sind, die beim Vortrag ausschmücken, verschönern und verfeinern. Ihre Geschichten müssen oft als Werke eines individuellen Künstlers betrachtet werden, womit sie aufhören, echte Volksmärchen zu sein.

Bei der genannten Untersuchung wurden die Texte deshalb nach Diktat aufgenommen, weil die nicht an Vortragen gewöhnten, einfachen Leute einen Widerstand gegen das Tonbandgerät zeigten, was bei den Meistererzählern nicht der Fall war. Die Assistenten[11] waren Studentinnen, die selbst aus den Dörfern (bei Miao-li und bei Hsin-chu in Taiwan) stammten bzw. selbst in der Stadt (Taipei) lebten, wo sie die Umfrage durchführten.

Bei der Übersetzung der Märchen bemühten wir uns, die Märchen so wiederzugeben, wie sie erzählt wurden, also keine Änderungen zu machen. Daher ist das Buch nicht einheitlich im Stil, im Gegensatz zu manchen andern Märchensammelbänden, deren Herausgeber für alle Märchen durchgängig denselben Stil gewählt haben, vermutlich empfunden als legitimer »Märchenstil«, der aber nicht unbedingt dem Stil der ursprünglichen Texte entspricht.

Für die Umschreibung der chinesischen Namen im Lauf der Märchen wurde die deutsche Umschrift (Rüdenberg) benutzt, ebenfalls in den Anmerkungen, jedoch wurden Buchtitel und Autorennamen in der herrschenden englisch-amerikanischen Umschrift (Matthews) geschrieben, weil sie in dieser Form in Bibliographien stehen. Provinznamen sind so buchstabiert wie normalerweise in der Zeitung.

Bei Kalenderdaten handelt es sich immer um den alten chinesischen Bauernkalender von 354 oder 384 Tagen. Der 15. Tag des ersten Monats entspricht also nicht unserm 15. Januar, sondern einem Tag, der zwischen Anfang und Ende Februar an verschiedenen Tagen liegt. Ein Datum in unserer Form bezieht sich auf unsern Kalender.

1 Enthalten im *Chiu Tsa pi-yü ching* (das alte Buch der Fabeln).

2 Ch'en Shou-yi, *Chinese Literature*, New York, 1960, S. 270–1.

3 Ebenda, später im *Fa-yüan chu-lin*, Kap. 61 und *T'ai-p'ing yü-lan*, Kap. 359.

4 *Lu Hsün ch'üan chi*, Band 8, S. 37–38.

5 Siehe Typ 30. Es ist möglich, daß sich eine kurze Geschichte in *Lieh-tse* (Kap. 8) bereits auf eine Geschichte ähnlicher Art bezieht (siehe J. R. Ware, *Pao-p'u-tse*, S. 35); der heutige Text von *Lieh-tse* ist wahrscheinlich erst nach Eindringen des Buddhismus in China geschrieben.

6 Ein weiteres Beispiel ergibt ein Vergleich von unserer Geschichte »Die Rache des Stars« (Nr. 96) mit einer modernen Form, die ich in meinen *Folktales of China*, Chicago 1965, S. 137–141, »The Mynah Bird« gebracht habe.

7 Vgl. meine *Studies in Taiwanese Folktales*, Taipei 1970.

8 Einige Märchensammlungen sind in Hongkong publiziert, besonders die von Sung Chê herausgegebenen. Ich konnte feststellen, daß sie beinahe wortgetreue Nachdrucke von in Peking herausgegebenen Büchern sind. Sie enthalten daher dieselbe Ideologie wie ihre Muster.

9 vor allem bei dem TAT (Thematic Apperception Test) und dem Rorschach-Test.

10 Vgl. Typen-Übersicht, S. 430–436. Die Titel der Märchen sind in den meisten Fällen vom Übersetzer hinzugefügt.

11 Ich möchte an dieser Stelle all den Erzählern, die mir Märchen erzählt haben, und allen, die meinen Assistenten geholfen haben, meinen Dank aussprechen. Meine Assistenten waren Miss Huang Chih-lien, Huang Ch'un-ying, Fang Wei-ching, Hsü Yen-ch'iu, Ch'en Li-li, Ku Mei-ling, Mrs. Liu Yü-kuang, Mr. Fan Tê-hsin, Mr. Jan Cheng-wen. Tonbänder wurden für mich aufgenommen von Prof. Ch'en Hsin-hsiung, Mr. Hu Sheng-i und Mr. Jan Cheng-wen. Ihnen allen gebührt mein Dank.

ANHANG

Literaturverzeichnis

Nur die zitierten Bücher sind hier aufgezählt. Bei allen Märchen, zu denen keine literarischen Angaben gemacht sind, handelt es sich um von mir aufgenommene Märchen, die entweder handschriftlich auf chinesisch oder auf Tonband in meinem Besitz sind. Chinesische Bücher sind nach dem Titel alphabetisiert, Bücher in westlichen Sprachen nach dem Verfasser.

Aarne-Thompson, *The Types of the Folktale*, Folklore Fellows Communication, nr. 184, Helsinki 1961. [AT]

Ahern, Emily, *The Cult of the Dead in a Chinese Village*, Stanford 1975.

Ch'iao-nü ho kai-niang-ti ku-shih (Geschichten vom klugen und vom dummen Mädchen). Verfasser Lou Tse-k'uang. Shanghai 1933.

Chin-ching chi (Geschichte vom goldenen Spiegel). Inhaltsangabe in *Ch'ü-hai*, Bd. 2, S. 782–3.

Chi-kung chuan (Geschichte des Mönchs Chi-kung). Volksroman aus dem 19. Jahrh. Benutzt Ausgabe in 280 Kapiteln, Taiwan 1969.

Chih-i hsü-pien (Fortsetzung der Aufzeichnungen über Wunder), von Ch'ing-ch'eng (Ps.), Mandschuzeit. Enthalten in *Pi-chi hsiao-shuo ta-kuan*, Sammlung 1.

Ching-hua yüan, Roman von Li Ju-chen, frühes 19. Jahrh. (übersetzt von Lin Tai-yi, *Flowers in the Mirror*, Berkeley 1965).

Ch'iu-yü-wan sui-pi (Skizzen der Herbstregenschale). Verfasser Liang Shao-jen, Mandschuzeit. Enthalten in *Pi-chi hsiao-shuo ta-kuan*, Sammlung 1.

Ch'ü-hai tsung-mu t'i-yao (Inhaltsangaben aus dem Meer der Theaterstücke). Verfasser Huang Wen-ch'ang, 18. Jahrh. Ausgabe Peking 1959.

Chu Hung-wu pu-i ch'eng ti-yeh (Chu Yüan-chang wird vom gewöhnlichen Mann zum Kaiser). Theaterstück.

Chü pao p'en (Die Schale mit Kostbarkeiten). Diskutiert in *Ch'ü-hai*, Kap. 28, Bd. 2, S. 1339–1341, wo die Quellen dieses Theaterstücks erwähnt sind.

Ch'üan chia fu (Glück für die ganze Familie). Theaterstück, aufgeführt in Taipei am 20. Februar 1975.

Eberhard, Wolfram, *Folktales of China*, Chicago 1965 (Paperback-Ausgabe).

Èberhard, Wolfram, *The Local Cultures of South and East China*, Leiden 1968.

Eberhard, Wolfram, *Studies in Taiwanese Folktales*, Taipei 1970.

Eberhard, Wolfram, *Studies in Hakka Folktales*, Taipei 1974.

Eberhard, Wolfram, *Typen chinesischer Volksmärchen*, Folklore Fellows Communication, nr. 120, Helsinki 1937. [Typ, bzw. Typen]

Eberhard, Wolfram, und P. N. Boratav, *Typen türkischer Volksmärchen*, Wiesbaden 1953.

Enzyklopädie des Märchens. Handwörterbuch zur historischen und vergleichenden Erzählforschung. Hrsg. Kurt Ranke, Berlin, die ersten Lieferungen 1975; geplant auf 12 Bde. [EM]

Erh-shih szu hsiao ko (Lied über die 24 Beispiele kindlicher Pietät, Taipei 1927. (s. W. Eberhard, *Taiwanese Ballads*, Taipei 1972, S. 33)

Erkes, Eduard, »Der Pfau in Religion und Folklore«, *Jahrbuch des Museums für Völkerkunde zu Leipzig*, Jahrgang 10, 1926/1951, S. 67–73.

Feng-shen yen-i. Volksroman, wohl 18. Jahrh. (s. W. Grube, *Feng-shen yen-i, die Metamorphosen der Götter*, Leiden 1912).

Feng-t'u yü sheng-huo (Volksbräuche und das Leben). Verfasser Shih Ts'ui-feng. Taichung 1966.

Goodrich, Anne, »The Peking Temple of the Eastern Peak«, *Monumenta Serica*, Nagoya 1964.

Grube, W., *Pekinger Volkskunde*, Veröffentl. d. kgl. Museums f. Völkerkunde, Berlin, Bd. 7, nr. 1/4..

Han-shu (Annalen der früheren Han-Dynastie). Verfasser Pan Ku u.a. (Ausgabe: K'ai-ming, Schanghai)

Hayden, G. Allen, *The Judge Pao in Plays of the Yüan Dynasty*. Ph.D. Thesis, Stanford 1971, Univ. Microfilm Ausgabe, Ann Arbor.

Hensman, Bertha, and K. P. Mack, *Hong Kong Tale-Spinners*. Hongkong 1968.

Hou-wang Orakel, eine Serie von 100 Orakel-Zetteln, gesammelt in einem chinesischen Tempel in San Francisco.

Hsiang-yen ts'ung-shu (Gesammelte Nachrichten über duftende Schönheiten), Sammelwerk, 19. Jahrh. mit Artikeln aus den Jahrhunderten vor dem 19. Jahrh.

Hsi-yo chi (Eine Reise nach dem Westen). Roman wohl von Wu Ch'eng-en, spätes 16. Jahrh.

Hsüeh Ting-shan cheng hsi (Hsüeh Ting-shan bekriegt den Westen). Volksroman, 19. Jahrh., in 71 Kapiteln.

Hui-ta-wang (Großer König Asche). Hrsg. Lin Lan, Schanghai 1933 (Dies Buch erschien früher unter dem Namen *Hsiao Chu Pa-chieh*)

Hu-nan min-chien ku-shih (Volksmärchen aus der Provinz Hunan). Verfasser Sung Chê, Hongkong 1961.

I-feng yüeh-k'an (Kunst-Strömung). Monatsschrift, Hangchou 1933.

Ikeda, Hiroko, *A Type and Motif Index of Japanese Folk-Literature*, Folklore Fellows Communication nr. 209, Helsinki 1971.

Kao-p'o i-ts'uan (Sammlung von Wundergeschichten vom hohen Hügel). Autor Yang I, Mingzeit. Ausgabe *Pi-chi hsiao-shuo ta-kuan*, Sammlung 1.

Keng-szu pien (Buch vom Jahre Keng-szu). Verfasser Lu Tsan, Mingzeit. Ausgabe *Pi-chi hsiao-shuo ta-kuan*, Sammlung 1.

Kuang-tung min-chien ku-shih (Volksmärchen aus der Provinz Kuangtung). 2 Bde., Kanton 1959. Kein Autorenname angegeben.

Kui-chou min-chien ku-shih (Volksmärchen aus der Provinz Kui-chou). Hrsg. Sung Chê, Hongkong 1961 (beruht auf einer Ausgabe in Peking).

Li-yüan ts'ung-hua (Vermischte Erzählungen aus dem Schuh-Garten). Verfasser Ch'ien Yung, frühes 19. Jahrh. Ausgabe *Pi-chi hsiao-shuo ta-kuan*, Sammlung 1.

Liang-ko hsi-kua-tse (Zwei Wassermelonen). Hrsg. Szu-t'u Pai, Hongkong, Verlag I-mei, 1956.

Liu, James, *The Chinese Knight-Errant*, London 1967.

Motif-Index of Folk-Literature. Revised and enlarged edition by Stith Thompson. 6 Bde. Copenhagen 1955–58. [Mot.]

Min-chien (Im Volk), auch *Min-chien yüch-k'an* (Monatsschrift »Im Volk«), Zeitschrift erschien in Hangchou zwischen 1930 u. 1934.

Nair, P. Thanpappan, »The Peacock Cult in Asia«, *Asian Folklore Studies*, Bd. 33, 1974, S. 93–174.

Pao-kung an (Die Rechtsfälle des Richters Pao). Erste bekannte Ausgabe von 1594. Häufige, umgearbeitete Versionen bis zur Jetztzeit.

Pao-p'u-tse, Verfasser Ko Hung, 4. Jahrh.

Rudelsberger, H., *Chinesische Novellen*, Wien 1924.

San-hsi Pai Mu-tan (Drei Flirte mit Fräulein Weiß-Päonie). Volksroman, wohl 19. Jahrh., 70 Kapitel.

San-hsia wu-i (Drei Helden und fünf Rechte). Volksroman, veröffentlicht 1879.

Seki, Keigo, »Types of Japanese Folktales«, *Asian Folklore Studies*, Bd. 25, 1966, S. 1–220.

Shih-chi (Historische Memoiren). Verfasser Szu-ma Ch'ien u.a. Ausgabe K'ai-ming, Schanghai.

Shina minzoku shi (China's Folklore). Verfasser Nagai, Ryuzo. 3 Bde., Tokio 1940.

Sou-shen chi (Aufzeichnungen über das Suchen nach Göttern). Verfasser vielleicht Kan Pao, frühes 4. Jahrh.

Sui Yang-ti yen-shih (Geschichte des Liebeslebens vom Kaiser Yang der Sui-Dynastie). Anonymer Volksroman in 40 Kapiteln. Taiwan. Nachdruck 1974 benutzt.

T'ai-p'ing kuang-chi (Erweiterte Sammlung der T'ai-p'ing Periode). Enzyklopädie, 10. Jahrh. Benutzt Ausgabe *Pi-chi hsiao-shuo ta-kuan*, Sammlung 1.

T'ai-wan K'o-chia su-wen hsüeh (Die Volksliteraturkunde der Hakka von Taiwan). Verfasser Lou Tse-k'uang, Taipei 1971.

T'ai-yang ho yüeh-liang (Sonne und Mond). Verfasser Ch'ing-shui (ps.), Shaohsing 1933.

T'ien-sui ko (Die Halle des himmlischen Feuerbohrers). Theaterstück, Autor unbekannt. Inhaltsangabe in *Ch'ü-hai*, Kap. 37, Bd. 1, S. 1724–1731.

Ting-hsien yang-ko hsüan (Auswahl aus den Pflanzerliedern von Ting-hsien). Hrsg. Li Ching-han u.a., Ting-hsien 1933, 1050 Seiten.

Tu-chiao hai-tse (Das einbeinige Kind). Hrsg. Lin Lan, Schanghai 1932.

Tun Li-ch'en, *Annual Customs and Festivals in Peking*. Übs. von D. Bodde, Peiping 1936.

Tung yo chi (Die Reise nach dem Osten), Volksroman in 56 Kapiteln. Autor unbekannt.

Typ s. W. Eberhard, *Typen chinesischer Volksmärchen.*

Wa-wa shih (Der Stein des Säuglings). Verfasser Sun Chia-hsün. Schanghai 1930.

Wan-hua lou (Der Turm der zehntausend Blumen). Volksroman. Autor unbekannt.

Wen-hsüan (Sammlung von Literatur). Hrsg. Prinz Chao-ming. Um 500 n. Chr.

Wilhelm, Richard, *Chinesische Märchen.* 1. Aufl. Jena 1914.

Wo-ping chi (Geschichte vom Liegen auf Eis) Theaterstück, Autor unbekannt. Um 1700? Diskutiert in *Ch'ü-hai*, Kap. 35, Seite 1645–7.

Wu-hu p'ing hsi (Die fünf Tiger befrieden den Westen). Volksroman, wohl 19. Jahrh. Autor unbekannt. 112 Kapitel.

Wu-hu p'ing nan (Die fünf Tiger befrieden den Süden). Volksroman in 42 Kapiteln. Autor unbekannt. 19. Jahrh.

Yü-fu-ti ch'ing-jen (Die Geliebte des Fischers). Hrsg. Lin Lan. Schanghai 1934.

Yün-chung-ti mu-ch'in (Die Mutter in den Wolken). Hrsg. Lin Lan, Schanghai 1933.

Yün-nan min-chien ku-shih (Volksmärchen aus Yünnan). Hrsg. Sung Chê, Hongkong 1961.

Yün-nan min-tsu wen-hsüeh tz'u-liao (Material zur Literatur der Rassen von Yünnan), 2 Bde., ohne Autorennamen. K'un-ming 1957.

Yung-ch'uang hsiao-p'in (Kleine Werke vom quellenden Fenster). Verfasser Chu Kuo-chen. 16. Jahrh. Ausgabe *Pi-chi hsiao-shuo ta-kuan*, Sammlung 1.

Yung-wan pi-chi (Yung-wan Pinselnotizen). Autor Hsüeh Fu-ch'eng. 19. Jahrh. Enthalten in der Sammlung Pi-chi hsiao-shuo ta-kuan.

Zeitschriften

Chung-hua jih-pao. Tageszeitung, Taipei.

Chung-kuo shih-pao (China Times). Tageszeitung, Taipei.

Chung-yüan (The Hakka Monthly). Zeitschrift. Veröffentlicht in Miao-li, Taiwan.

Hsin-sheng pao (New Life Paper), Tageszeitung, Taipei.

Journal of the Oriental Society of Australia.

Min-su (chou-k'an). Zeitschrift, veröffentlicht von der Sun Yatsen Universität, Kanton.

Monumenta Serica. Zeitschrift, veröffentlicht in Peking, später in Nagoya und Los Angeles.

Oriens. Zeitschrift veröffentlicht in Leiden, Holland.

Oriens Extremus, Zeitschrift veröffentlicht in Hamburg.

Sinologica, Zeitschrift veröffentlicht in Basel.

Anmerkungen

Typenübersicht nach W. Eberhard, Typen chinesischer Volksmärchen: Märchen: Tiere, Typen-Nummern 1–7; Tiere und Menschen, 8–19; Tier oder Geist hilft dem Guten, schadet dem Bösen, 20–30; Tier oder Geist heiratet einen Mann oder eine Frau, 31–46; Schöpfung, Weltbeginn, erste Menschen, 47–65; Entstehung der Dinge und der Menschen, 66–91; Die Flußgötter und der Mensch, 92–102; Heilige und Menschen, 103–111; Geister und Totengeister und Menschen, 112–124; Götter und Menschen, 125–142; Unterwelt und Wiedergeburt, 143–149; Götter und Heilige, 150–168; Magier, magische Schätze und magische Werke, 169–189; Menschen, 190–209; Helden und Heroen, 210–269.

Schwänke: Die Dummen, Typen-Nummern S 1–10; Die Klugen und die Gerissenen, S 11–31.

Für die Erstellung der vergleichbaren AT-Nummern danken Herausgeber und Verlag Herrn Prof. Kurt Ranke.

1 *Der Fischottergeist.* Aus Kuan-yün, Kiangsu. Veröffentlicht in *Hui-ta wang*, S. 48–54. Typ 112. Der »Holzprinz« ist wahrscheinlich der spätere Kaiser Schen-dsung, der von 1068–1085 regierte. Nach dem Glauben der chinesischen Geomantiker gibt es in der Erde sogenannte Drachen-Adern. Personen, die in einer solchen Ader am rechten Platz begraben werden, haben Nachkommen, die Kaiser werden, da der Kaiser mit dem Drachen identifiziert wurde.

2 *Kuhhirt und Weberin.* Aus Taiwan. Erzählt von Herrn Hu Sheng-i, einem Hakka, 1972, Tonband H. Typ 34. Eines der frühesten und noch heute beliebtesten Märchen, weil es mit einem Fest am siebten Tag des siebten Monats zusammenhängt, das noch jetzt gefeiert wird. Der Jadekaiser (Yü-huang-di) ist der höchste Gott der Volksreligion. In manchen Versionen wird die Trennung des Ehepaares dadurch begründet, daß die beiden in ihrem Glück ihre Pflichten vernachlässigten. Die Elstern sollten die Nachricht von der Trennung dem Paar überbringen, und anstatt zu melden, daß sie sich einmal im Monat treffen könnten, sagten sie dem Paar, sie dürften sich nur einmal im Jahr treffen. Zur Strafe für ihre Nachlässigkeit müssen daher die Elstern jedes Jahr die Brücke für das Paar darstellen. Mot. D 361.1: Schwanjungfrau.

3 *Die Feenmutter.* Aus Miao-li, Taiwan. Erzählt von der 52jährigen Frau eines Hakka-Bauern, 1972. Der Anfang des Märchens ist verwandt mit Typ 34; das Ende hängt mit Geschichten über Wahrsager zusammen, die vom Himmel bestraft werden, weil sie zu viel über die Zukunft wußten. AaTh 400: Der Mann auf der Suche nach seiner verlorenen Frau.

4 *Des Fischers Abenteuer.* Aufgezeichnet von Frau Liu Yü-kuang 1972 nach Erzählung eines Hakka in Taipei, Taiwan. Typ 39. Das Ende des Märchens gehört zu Typ 103 oder 105. Mot. D 2011: Relativität der Zeit.

5 *Der Krötenkaiser.* Aus Taiwan. Erzählt von Herrn Chang Ming-k'un, einem

Hakka. Tonband D. 11. Oktober 1972. Typ 42. cf. AaTh 425: Tierbräutigam.

6 *Das Fischmädchen.* Aus Yünnan. Veröffentlicht von Sung Chê, *Yün-nan min-chien ku-shih*, Band 2, S. 112–119. Dies Märchen enthält Einzelheiten, die in anderen chinesischen Märchen nicht vorkommen, wie die vier, anstatt der üblichen drei Proben. Dem Ortsnamen nach zu urteilen, muß dies Märchen von einer der Minderheiten in der Provinz Yünnan stammen. AaTh 313: Magische Flucht.

7 *Die Meeresfee.* Aus Kuan-yün, Kiangsu. Veröffentlicht in *Wa-wa shih*, S. 60–68. Der Anfang dieses Märchens gehört zum Typ 34. Das Motiv am Ende mit den unerschöpflichen Geldstücken mag mit der Legende vom Heiligen Liu Hai zusammenhängen, der häufig als Kind dargestellt wird mit einer Art Kette aus Geldstücken. Das Land Fu-sang wurde als das Land im Osten, fern von China, im Meere vorgestellt, wo ein Maulbeerbaum wächst, auf dem die Sonne in Rabengestalt nistet und am Morgen ihren Lauf nach Westen beginnt. Hier ist der Maulbeerbaum in einen Weidenbaum verwandelt. Die Weide symbolisiert oft ein junges Mädchen. Die Achtzahl der Mädchen ist ungewöhnlich: in der eigentlichen Schwanenjungfraumythe sind es sieben Mädchen; auf dem Fu-sang-Baum lebten ursprünglich zehn Sonnen, bis der Held Yi neun von diesen abschoß. Wenn himmlische Feen sich nach einem Mann sehnen, gilt dies im Himmel als eine Sünde, die mit zeitlich begrenzter Verbannung auf die Erde bestraft wird. AaTh 400, cf. num. 4.

8 *Der Tigergeist.* Aus Schanghai. Veröffentlicht in *Tu-chiao hai-tse*, S. 11–16. Typ 37. Mot. D 312.2: Tigerfrau.

9 *Der Schlangenmann.* Aus Tung-wan, Provinz Kuangtung. Veröffentlicht in der Zeitschrift *Min-su*, nr. 108, S. 37–42. Typ 31. AaTh 403: Die schwarze und die weiße Braut.

10 *Drei Brüder und eine Fee.* Aus Taiwan. Erzählt von Herrn Hu Sheng-i, einem Hakka, 1972. Tonband K. Mir ist kein chinesisches Märchen bekannt, das diesem ähnlich ist. In seiner Struktur erinnert es an vorderasiatische Märchen, vor allem auch das Motiv von Löwe und Ziege. Herr Hu kann ein vorderasiatisches Märchen kaum gekannt haben.

11 *Mond und Sonne.* Erzählt von der 45jährigen Frau eines Bauern in Miao-li, Taiwan, Hakka, Sommer 1972. Bisher nicht belegte Form, verwandt mit Typ 68. Der Himmelsherrscher ist identisch mit dem Jadekaiser, der im zweiten Märchen genannt ist. Mot. A 736.1.3: Sonne und Mond als Liebhaber.

12 *Die Pferdehundemenschen.* Aus dem Grenzgebiet zwischen den Provinzen Kuangtung und Fukien. Veröffentlicht in *Min-su*, nr. 73, S. 32–34. – Die Stammessage der Yao, einer Minderheitsbevölkerung in Südchina, berichtet, daß der Ahn der Yao ein Hund war; die Yao hatten einen Hundekult. Hier ist eine chinesische Volksgruppe gemeint. Der Schreiber des Märchens sagt dazu, daß die Kantonesen betonen, sie seien keine Pferdehundemenschen. Die Min-nan-Menschen (Einwohner des südlichen Fukien) und die Kantonesen nen-

nen, sagt er, die Amoy-Leute so, aber allmählich sei es dazu gekommen, daß die Min-nan-Leute auch die Kantonesen so nannten. Die Kantonesen sagen, die Frauen in der Amoy-Gegend betrieben das »Kauffleisch-Gewerbe« (Prostitution), überall im Lande, in den Häfen und Übersee, seien sie Huren. Darum wolle man sie nicht heiraten (Chang Wen-huan, 30. Mai 1929). Der Autor erklärt nicht, warum es Pferdehundemenschen und nicht »Hundemenschen« heißt.

13 *Zwei schöne Frauen.* Aus Weng-yüan, Kuangtung. Veröffentlicht in *T'ai-yang*, S. 12–14. Dies ist die üblichere Form von Typ 68. Nach herrschender chinesischer Naturphilosophie sollte die Sonne männlich, der Mond weiblich sein. Darin entspricht das vorige Märchen mehr der Tradition. Mot. A 736.5.1: Sonne und Mond als Schwestern.

14 *Der Bienenkönig.* Aus der Provinz Kuangtung. Veröffentlicht in der Zeitschrift *Min-su*, nr. 31, S. 7–12. Typ 59. Dies Märchen ist bisher nur in zwei Versionen belegt und in mehrfacher Weise ungewöhnlich. Die kaiserlichen Audienzen der Zeit vor 1911 fanden immer vor Sonnenaufgang, meist um 5 Uhr morgens, statt. Dem Hörer der Märchen sind Flüge durch die Luft wohlbekannt, meist in der Form, daß ein Heiliger den Mann trägt oder daß ein Schiff durch die Lüfte saust (Typ 138). Der Minister wurde zum Tode verurteilt, weil er die Sonne in ihrem Lauf angehalten hatte und die Sonne den Kaiser symbolisiert. Man nahm also an, daß er den Kaiser beseitigen wollte. Der endgültige Tod des Geköpften ist ein in China relativ seltenes Motiv. Ich kenne es aus der Mingzeit (*Yung-ch'uang hsiao-p'in*, Band 15, S. 12a). Häufig sind Berichte, daß Magier oder Magierinnen ihren Kopf nach Belieben abnehmen und wieder aufsetzen können.

15 *Kohle, Bohne und Reisstroh.* Aus Miao-li, Taiwan, erzählt von einem vierzig Jahre alten Hakka-Bauern, Sommer 1972. Dies Märchen war bisher in China nicht belegt. Es ist sehr ähnlich einem Märchen, das in Europa und Indien gut belegt ist. Möglicherweise durch Schulbücher in chinesische Dörfer eingeführt. AaTh 295: Bohne, Strohhalm und Kohle.

16 *Warum wird der Pferdemaulbeerbaum nicht hoch?* Aus Chungking. Veröffentlicht in der Zeitschrift *Min-su*, nr. 83, S. 26–32. Typ 90. Der chinesische Leser wird den Affen mit dem göttlichen Affen Sun Wu-kung identifizieren, der auch einmal, jedoch nicht auf einem Maulbeerbaum, in den Himmel eindrang. Er ist die interessanteste Figur in dem Roman *Hsi-yo chi* (Die Reise nach dem Westen). Ein anderer Affe erscheint in Verbindung mit einer großen Flut, jedoch nicht mit einer Sintflut wie in diesem Märchen (W. Eberhard, *The Local Cultures of South and East China*, S. 59–60). Der mythische Kaiser Yü tritt auch in jener Geschichte auf. Daß die Menschen früher einen Schwanz hatten und dadurch Unsterblichkeit, berichtet ein von diesem Märchen unabhängiges Märchen (Typ 72; s.a. E. Ahern, *Cult of the Dead*, S. 205–6 mit vier Varianten). Mot. A 1010: Sintflut.

17 *Die hölzerne Ahnentafel.* Aus Taipei, Taiwan. Erzählt von einem 52 Jahre alten

Hakka-Kaufmann, Sommer 1972. Er hat die Geschichte von seiner Mutter gehört. Typ 74. Die Ahnentafel repräsentiert den Sitz der Seele des Toten und steht auf einem Altar im Haus oder in einem speziellen Ahnentempel. Dies Märchen, das in verschiedenen Varianten auftritt, scheint heute in Taiwan recht beliebt zu sein. Ich sammelte noch zwei verwandte Texte, ein weiterer ist von Shih Ts'ui-feng in *Feng-t'u yü sheng-huo*, S. 150 veröffentlicht. Unser Erzähler steht aber im Widerspruch zu aller chinesischen Tradition, wenn er Mu-lien als einen pietätlosen Sohn darstellt. Mu-lien, auf indisch Maudgalyâyana, war ein frommer Buddhist, der seine sündige Mutter unter Aufopferung aus der Hölle rettete. Diese Geschichte ist Thema zahlreicher religiöser Dramen. Vergleiche W. Grube, *Pekinger Volkskunde*, S. 56.

18 *Erllang nimmt Berge und drückt Sonnen aus.* Aus Yün-t'ai, Kiangsu. Veröffentlicht in *Wa-wa shih*, S. 1–3. Typ 67. Eines der ältesten chinesischen Märchen, jedoch in alten Texten dem Yi (oder Hou-I) zugeschrieben. Erl-lang ist ein jüngerer Gott, wohl kaum vor 600 n. Chr. belegt, und ursprünglich eine Lokalgottheit in der Provinz Szuchuan. Er spielt eine große Rolle in dem Roman *Feng-shen yen-i* (Die Metamorphosen der Götter), tritt aber auch in den Romanen *San-hsi Pai Mu-tan* (Drei Flirte mit Fräulein Weiß-Päonie), Kapitel 7, 68, 69, *Hsi yo chi* (Die Reise nach dem Westen), Kap. 6 und 63, und zahlreichen Theaterstücken auf. Ich habe 6 Varianten von Studenten des Tamkang College in Taipei, gesammelt von Herrn W. Koch im Dezember 1967. Zwei von diesen Erzählern kannten das Märchen aus Zeitung oder Buch. Eine weitere Variante von einem Studenten im College of Chinese Culture, Taipei, gesammelt von Frl. R. Schubert, Dezember 1967. – »Pferdekraut«, in den Wörterbüchern als »Pferdefutter« erklärt, muß sich hier auf ein Unkraut beziehen. Mot. A 761.1: Mehrere Sonnen.

19 *Warum der Mensch nach dem Tode nicht wieder lebendig wird.* Aus Weng-yüan, Kuangtung. Veröffentlicht in *T'ai-yang*, S. 3. Typ 71. Die Hölle hat, je nach Tradition, zehn oder achtzehn Stockwerke, und jede hat ihren Höllenrichter, der Strafen austeilt. Yen-lo (auf indisch Yama) ist der Direktor aller Höllen. Richter Bao war eine historische Persönlichkeit, Bao Tscheng (999–1062), der im Volksmund zum Sherlock Holmes und zum salomonischen Richter der Chinesen wurde. Ein sehr beliebtes Volksbuch behandelt seine Rechtsfälle *(Pao-kung an)*. Zahlreiche Theaterstücke, Balladen, Filme und eine sehr erfolgreiche Fernseh-Serie (Taiwan) wurden über ihn geschrieben, und in den letzten Jahren wurden ihm speziell Tempel in Taiwan erbaut (*Chung-hua jih-pao*, 1. Sept. 1974). Er tritt auch in vielen Volksromanen auf, wie z. B. *Wan-hua lou* (Turm der zehntausend Blüten), Kapitel 7; *Wu-hu p'ing hsi* (Die sieben Tiger befrieden den Westen) und *Wu-hu p'ing-nan* (Die sieben Tiger befrieden den Süden), und *San-hsia wu-i* (Die drei Helden und die fünf Rechten). Schon früh wurde geglaubt, daß er zur Lösung von Rechtsfällen die Unterwelt besuchen konnte, aber seine Erhöhung zum Richter in der Hölle ist relativ spät. Aus der umfangreichen Literatur über ihn möchte ich erwähnen W. Bauer, »The

Tradition of the ›Criminal Cases of Master Pao‹«, *Oriens*, Bd. 23/4, 1970/1, S. 433–449, und G. Allen Hayden, *The Judge Pao Plays of the Yuan Dynasty* (Ph. D. thesis, Stanford University 1971).

20 *Der 15. Tag des 1. Monats.* Aus Lu-an, Kuangtung. Veröffentlicht in *Min-su*, nr. 37, S. 24–25. – Während das vorige Märchen Einzelheiten des Trauerrituals erklärt, erklärt dieses eine Sitte, die mit einem Fest zusammenhängt. Unser Text bringt sie mit dem Laternenfest, dem Abschluß der 14 Tage der Neujahrsfeiern, zusammen; ein Hakka-Text (*Chung-yüan*, nr. 22, vom 22. Dezember 1965, S. 13 und *Chung-yüan* nr. 44, Oktober 1967) mit dem Mondfest am 15. Tag des 8. Monats, ebenso eine Oper *Chu Hung-wu pu-i ch'eng ti-yeh.* Ein Text aus Peking verlegt die Geschichte an den Neujahrsabend (Tun Li-ch'en, *Annual Customs*, S. 65–66). Die von Nagai in *Shina minzoku shi*, Bd. 2, S. 557–8 gegebene Version hängt von unserer ab. Dschu Yüan-dschang, im Volksmund oft Dschu Hung-wu genannt, vertrieb die Mongolen aus China und gründete seine eigne Dynastie 1368. Im Volk hält man diese Sage für historisch.

21 *Die Ahnentafel.* Aus Yang-mei, Taiwan. Erzählt von einem 24jährigen Mann, Taxifahrer, Hakka, Sommer 1972. Dies Märchen ist ganz ungewöhnlich, indem es Kannibalismus andeutet. Kannibalismus kam bei Chinesen aus rituellen und medizinischen Gründen vor und ist, meist im Zusammenhang mit Kopfjagd, bei vielen Minderheiten Südchinas belegbar. Mir ist nur ein Bericht über einen Stamm der Li bekannt, bei denen man angeblich die Eltern, wenn sie über 50 Jahre alt waren, kochte und aß (*Ch'iu-yü-wan sui-pi*, Kap. 8, S. 3 b; 19. Jahrh.). Dies Märchen ist eine neue Form von Typ 74.

22 *Das Jahr.* Aus Miao-li, Taiwan. Erzählt Sommer 1972 von einem 50 Jahre alten Hakka-Bauern. Auch diese Geschichte erklärt Gebräuche am Neujahrsfest. Sie scheint bei den Hakka weit bekannt zu sein: sieben Befragte kannten sie, abgesehen vom Erzähler. Sie ist mir sonst nicht bekannt.

23 *Der Ursprung des Feuers.* Taiwan. Erzählt von einem jungen Mann von 16 Jahren, Sohn eines Mannes aus Nordchina und einer taiwanesischen Mutter; Sommer 1975. – Keine Variante bekannt. Möglicherweise ein neues Märchen. Mot. A 1414: Ursprung des Feuers.

24 *Die achtköpfige Schlange.* Aufgezeichnet 1972 von Frau Liu Yü-kuang in Taipei nach Erzählung eines Hakka. Typ 98. Märchen, die von periodischen Menschenopfern berichten, sind in China recht häufig. Dasselbe Motiv tritt auch in Volksromanen (z.B. *Chi-kung chuan*) auf. cf. AaTh 300: Drachentöter.

25 *Das Heldenmädchen.* Aus der Provinz Kuanghsi. Veröffentlicht in der Sammlung *Hsiang-yen ts'ung-shu*, 5. Sammlung, Bd. 3, S. 29a–b. Dies ist das älteste Märchen in unserer Sammlung, aus dem späten 18. Jahrhundert, und in einem literarischen Stil geschrieben. Typ 98. Ein Klafter entspricht etwa 2 Metern. Der Zauberpriester ist ein Schamane. In der Provinz Kuanghsi und anderen Teilen Südchinas sind Schamanen sehr häufig. Sie werden in allen Lebenslagen befragt. cf. AaTh 300: Drachentöter.

26 *Er traf einen Geist.* Aus Taipei, Taiwan. Erzählt im Sommer 1972 von einem städtischen Angestellten, einem Hakka. Typ 114. Der »Zauberdoktor« ist ein Schamane, der Krankheiten, besonders wenn sie als durch Geister verursacht gedacht sind, heilen kann. Geschichten, in denen Menschen mit Geistern zusammenkommen, sind in ganz China ungemein verbreitet und werden oft noch halb geglaubt. Kinder sagen häufig, daß sie Geistergeschichten nicht gern hören, da sie dann nachts nicht einschlafen können.

27 *Ein Geist wird ein Schaf.* Aus Taipei, Taiwan. Erzählt im Sommer 1972 von einem Hakka-Schlächter, 44 Jahre alt. Typ 114. Chu-tung ist ein Landstädtchen südwestlich von Taipei. Das Seelenfest ist das Fest am 15. Tag des 7. Monats. Dem Volksglauben nach dürfen die Totenseelen vom 1. Tag des 7. Monats an die Unterwelt verlassen und auf der Erde herumwandern. Das Fest ist der Tag, wo sie verabschiedet werden und wieder in die Unterwelt zurück müssen. Ertrunkene können nicht wiedergeboren werden im Kreislauf der Reinkarnationen, wenn sie nicht einen Stellvertreter für sich finden können. Deshalb versuchen sie, andere Menschen ins Wasser zu ziehen.

28 *Der Berggeist.* Aus Taipei. Erzählt von einer 51 Jahre alten Hakka-Hausfrau im Sommer 1972. Typ 114. Der Besuch in der Höhle klingt an Typ 122 an, und das »Tischlein-deck-dich«-Motiv am Ende ist aus anderen chinesischen Märchen belegbar. Mot. D 1472.1.7: Tischlein deck dich.

29 *Der Wassergeist.* Aus Taipei. Aufgezeichnet von Frau Liu Yü-kuang nach Erzählung eines Hakka, Sommer 1972. Typ 114.

30 *Der Fischgeist.* Aus Hsin-shih in Chekiang. Veröffentlicht in *Tu-chiao hai-tse*, S. 7–10. Typ 107. Die Acht Heiligen sind jedem Chinesen bekannt. Ihre Bilder, oft auf Seide gestickt, hängen über Altären in den Tempeln. Ihre Geschichte ist in dem Volksroman *Tung-yo chi* (Die Reise nach dem Osten) geschildert. Die Geschichte von dem aufgefressenen Beamten stammt wohl aus dem Roman *Hsi-yo-chi* (Die Reise nach dem Westen). Der »Himmelsmeister« (Tiän-schï) ist der höchste Priester einer taoistischen Sekte, der dem Glauben nach Gewalt über alle Geister hat. Die Nacht wird in China in 5 Wachen zu je 2 Stunden aufgeteilt, beginnend um 8 Uhr abends, und Nachtwächter in der alten Zeit patroullierten die Straßen, mit einer Klapper die Stunden anzeigend. Mot. B 603: Fischmann.

31 *Geburt im Sarg.* Taiwan. Erzählt von einem jungen Mädchen, Tochter eines Vaters aus Nordchina und einer taiwanesischen Mutter, aufgezeichnet im Sommer 1975. Typ 115. Keine Erklärung wird gegeben für »Nummer Fünf«, aber manche Familien benennen ihre Kinder oder Neffen und Nichten nach einem Nummern-Code und benutzen diesen informellen Namen im Haus. cf. AaTh 990: Die Scheintote kehrt zurück.

32 *Die Aschenbürstebrücke.* Aus Yün-t'ai, Kiangsu. Veröffentlicht in *Wa-wa shih*, S. 29–31. Typ 155. Peng-dsu ist der chinesische Methusalem. Er soll vor 105 v. Chr. gelebt haben und ist vielfach in der vorchristlichen Literatur erwähnt. – Der Höllenkönig Yen-lo hat Listen aller lebenden Menschen, in

denen deren Geburts- und Sterbedaten stehen. Es gibt zahlreiche Geschichten, in denen Verfälschung dieser Daten vorkommt, so daß ein bestimmter Mensch länger leben konnte, als er es der Vorbestimmung nach sollte.

33 *Die drei Kupferstücke*. Aus Mittelchina. Veröffentlicht in *Yün-chung-ti mu-ch'in*, S. 71–73. Typ 106. Der chinesische Leser wird den alten Mann wohl mit dem Heiligen Lü Dung-bin, einem der Acht Heiligen, identifizieren, von dem ähnliche Geschichten erzählt werden.

34 *Bienen als Ehevermittler*. Aus Hua-hsien, Kuangtung. Veröffentlicht in der Zeitschrift *Min-su*, nr. 19, S. 37–41. Typ 118. Die Ming-Dynastie kam 1643 zum Ende, danach herrschten die Mandschu (1644–1911).

35 *Der Richter Baogung*. Aus Shao-hsing, Chekiang. Veröffentlicht in der Zeitschrift *I-feng*, Band 1, nr. 9, S. 136–9. Baogung ist uns aus Märchen 19 bereits bekannt. Die erste Szene ist mir nicht aus anderen Quellen bekannt. Der Nachweis der Nascherei von Frühlingsduft (übrigens ein sehr üblicher Name für Zofen) ist ein typisches Beispiel für Baogungs Arbeit als Detektiv. Yin und Yang sind die beiden Naturkräfte, die weibliche und die männliche. Dadurch, daß das Kissen beide in sich vereinigt, kann es Leben geben; aber Berührung mit einem Hund verunreinigt und zerstört die Wirkung. Tiger-Dschao und Drachen-Dschang sind als die beiden Haupthelfer von Baogung bekannt. Die Unterweltbesuche von Baogung sind aus dem Buch seiner Abenteuer bekannt; aber auch andere Richter haben von Amts wegen die Unterwelt besucht. – Rindskopf und Pferdegesicht sind zwei bekannte Schergen, die an beiden Seiten des Höllenrichters stehen und sehr gefürchtet sind.

36 *Der Lebende Leichnam*. Aus Hsin-shih, Chekiang. Veröffentlicht in *Hui-ta-wang*, S. 83–94. Typ 114. – Man ließ früher Särge oft jahrelang in einem Tempel oder sogar auf offenem Land stehen, weil man nach einem geomantisch günstigen Platz suchte. Nach herrschender Vorstellung hat der Mensch zwei Seelen. Die eine gibt Leben, die andere die Persönlichkeit. In diesem Fall ist deutlich die Lebensseele wieder lebendig geworden, denn diese hat keine Persönlichkeit und daher auch kein Gefühl für die Familie; sie ist grausam und egoistisch. Mot. E422: Lebender Leichnam.

37 *Der Aschenkönig*. Aus Hsin-shih, Chekiang. Veröffentlicht in *Hui-ta-wang*, S. 97–100. Typ 114. Hier sind die Totengeister zugleich Wächter eines Schatzes, den sie nur dem rechten Eigentümer zuführen sollen.

38 *Zwei Brüder und zwei Schwestern*. Aus Yünnan. Veröffentlicht in *Yün-nan min-chien ku-shih*. Dies Märchen ist bisher nur einmal belegt. Möglicherweise ein Märchen einer der Minderheiten in Yünnan. Die uxorilokale Heirat der Brüder ist ungewöhnlich. Der Glaube, daß sich Tiger in Frauen verwandeln können und Frauen in Tiger, ist in Südchina weit verbreitet.

39 *Das Türklopfgespenst*. Erzählt von einem 14jährigen Schüler in Taipei, Sommer 1974. Seine Mutter ist Taiwanesin, sein Vater aus Nordwestchina. Typ 114. Taoisten kennen die Reinigungszeremonien, durch die sie verunreinigende, böse Geister vertreiben können. Die reinen Mädchen und Jungen verstärken

die Macht seiner Beschwörungen; Pfirsichholz ist geisterabwehrend und wird schon in vorchristlicher Zeit zu diesem Zweck benutzt.

40 *Drei Kostbarkeiten.* Provinz Kuangtung. Veröffentlicht in *Kuang-tung min-chien ku-shih*, Bd. 1, S. 56–58, Kanton 1959. Typ 125. In der normalen Fassung geht der junge Held zum Buddha. Die Aufgaben sind in beinahe jeder Fassung etwas verschieden. AaTh 460: Die aufgetragenen Fragen.

41 *Die frommen Bettler.* Aus Taiwan, erzählt von Herrn Chang Ming-k'un auf Tonband D am 1. Oktober 1972. Herr Chang ist ein Hakka, etwa 70 Jahre alt. Bisher sonst nicht belegt. Die Bösen wurden zur Strafe als Bettler wiedergeboren, aber durch die fromme Spende ihrer einzigen Bettdecke tilgen sie ihre Schuld. Wir wissen, daß sie nach ihrem Tod zu einem glücklichen neuen Leben wiedergeboren werden. Im ganzen hat das Märchen Verwandschaft mit Typ 186.

42 *Die achtzehn Erleuchteten.* Aus Taiwan. Erzählt von Herrn Chang Ming-k'un auf Tonband I, am 6. Januar 1973. Die achtzehn Erleuchteten (Lo-han) sind buddhistische Heilige, die als Gruppe in vielen Tempeln dargestellt sind. Es gibt verschiedene Geschichten über sie (z.B. Typ 131 und 146). Unser Text hat eine gewisse Ähnlichkeit mit Typ 146, aber diese Variante ist bisher nicht belegt.

43 *Unterweltsbesuch.* Taiwan. Erzählt von dem 12jährigen Sohn eines Vaters aus Nordwestchina und einer taiwanesischen Mutter; aufgezeichnet Sommer 1974. Typ 145. – »Bohnenkäse (tou-fu)« ist aus Soja-Mehl gemacht, sieht etwa wie Quark aus, ist sehr reich an Eiweiß und eins der wichtigsten Nahrungsmittel der Chinesen. Er kann auch getrocknet und in dieser Form verwertet werden.

44 *Ma-dsu-Regen und Sturm des Da-dao Gung.* Aus Miao-li, Taiwan. Erzählt von einem 50 Jahre alten Bauern, Sommer 1972. Beide Gottheiten sind in Taiwan äußerst beliebt und haben viele Tempel. Sie stammen aus der Taiwan gegenüberliegenden Provinz Fukien. Alle Volksgottheiten haben ihren Geburtstag, an dem sie besonders gefeiert werden. Sturm und Regen stören natürlich die Festlichkeiten sehr. Da-dao gung heißt offiziell Bao-scheng da-di (Der große Kaiser, der das Leben behütet). Er ist angeblich ein guter Arzt gewesen, vermutlich 976 geboren, sein Name als Arzt war Wu Ben. Am 4. Mai 1974 wurde in Taipei ein Film »Yün schen, bu dschï tschu« aufgeführt, der sein Leben auf der Erde schilderte. Ma-dsu, aus der Familie Lin, war ursprünglich eine Göttin der Seefahrer, nach einigen Quellen 742, nach anderen 961 geboren. Heute wird sie allgemein, besonders aber auch von Frauen, verehrt. Im März 1972 hatten die damals einzigen zwei Fernseh-Stationen in Taipei jede eine Serien-Geschichte, die das Leben der Ma-dsu darstellte. Mehr als zehn Schulmädchen im 4. Schuljahr in der Stadt Chia-i gingen nach dem Ansehen des Fernsehspieles in den lokalen Stadtgott-Tempel zur Meditation in der Hoffnung, einst so wie Ma-dsu zu werden und den Mitmenschen ebenso zu helfen (*Hsin-sheng pao* vom 3. Mai 1972).

45 *Buddha füttert den Adler*. Aus Miao-li, Taiwan. Erzählt von einer 58 Jahre alten Hakka-Bauersfrau, Sommer 1972. – Diese Legende ist eine sogenannte Jataka-Geschichte aus Indien. Diese Geschichten berichten von Taten des Buddha in einer seiner früheren Wiedergeburten, die früher oft auf Tempelwänden dargestellt wurden. Schon seit dem 7. Jahrhundert sind diese Darstellungen unmodern geworden und die vielen hundert Jataka-Erzählungen gerieten in Vergessenheit (*Monumenta Serica*, Bd. 4, S. 648). Diese Geschichte ist eine Ausnahme. Ich kenne keinen weiteren Text dieser Legende aus dem Volksmund. Mot. B 522: Adler mit eigenem Fleisch gefüttert.

46 *Das Heiratsregister*. Aus Taipei. Erzählt von einer Hakka-Frau, 40 Jahre alt, die sagt, sie habe die Geschichte von ihrer Mutter gehört. Sommer 1972. Typ 149. Der alte Mann wird oft Yüeh-lao-yeh (Alter Herr Mond) oder Yüeh-hsia lao-jen (Der alte Mann unter dem Mond) genannt. Sein Name als Mensch soll Wei Ku oder Hua Ku gewesen sein. Über ihn siehe V. R. Burkhardt, *Chinese Creeds*, Bd. 1, S. 48; A. Goodrich, *The Peking Temple* S. 219–221; H. Rudelsberger, *Chinesische Novellen*, Bd. 1, S. 249. Er tritt auch in dem Volksroman *Hsüeh Ting-shan* auf (Kap. 39). Der Film Fan Li-hua, der am 4. April 1969 in San Francisco gezeigt wurde, läßt die Frau dem Gott den Kopf abschlagen, weil sie den ihr vorbestimmten Mann nicht heiraten wollte – nachher aber doch heiratet. AaTh 930 A: Die vorbestimmte Frau.

47 *Die Versiegelung der Reichtumstür*. Taiwan. Erzählt von einem jungen Mann, 18 Jahre alt. Sein Vater stammt aus der Provinz Shantung, die Mutter ist Taiwanesin. Aufgezeichnet Sommer 1975. – Verwandt mit Märchen vom Typ 149.

48 *Eine Liebesgeschichte*. Aus Taiwan. Erzählt auf Tonband I am 6. Januar 1973 von Herrn Chang Ming-k'un, einem Hakka. Mir sind keine anderen Belege für diese Geschichte bekannt. AaTh 885 A: Die scheintote Braut.

49 *Zwei Kupfermünzen*. Insel Hainan, Provinz Kuangtung. – Veröffentlicht in *Min-chien*, Bd. 2, nr. 7, S. 18–22. Verwandt mit Märchen vom Typ 149 und 39.

50 *Der Fischgott*. Aus Hsin-chu, Taiwan. Erzählt von einem 54 Jahre alten Hakka-Bauern, Sommer 1972. Legenden dieses Typs treten schon sehr früh auf. Der älteste mir bekannte Beleg ist im Buch des Ko Hung (lebte 254–334), *Pao-p'u-tse*, Band 2, S. 25 a oder Abschnitt 9; zitiert auch im *T'ai-p'ing kuang-chi*, Kap. 315; das *T'ai-p'ing kuang-chi* im gleichen Kapitel zitiert eine ähnliche Geschichte aus dem *I-yüan* des Liu Ching-shu. Auch das *Sou-shen chi* (Kap. 5, S. 3 a) hat ein ähnliches Märchen. In all diesen Varianten ist ein Fisch der Gott. Ko Hung zitiert noch andere Fälle von einer Entstehung eines Kults. Ich habe den Eindruck, daß die Gelehrten, die diese Geschichten aufgezeichnet haben, sich über den Aberglauben der einfachen Leute lustig machen wollten.

51 *Zwei Achterflüsse*. Aus Taipei. Erzählt von einer 42 Jahre alten taiwanesischen Hausfrau, Sommer 1974. Der Fluß ist der Cho-shui (Trüber Fluß) in Zentral-Taiwan.

52 *Die Frau im Mond.* Aus Miao-li, Taiwan. Erzählt von der 16jährigen Tochter eines Hakka-Bauern, Sommer 1972. Typ 163. Diese Legende ist schon in der vorchristlichen Literatur belegt. Mot. A 751.8: Frau im Mond.

53 *Der Erdgott.* Aus Taipei. Erzählt von einer 47 Jahre alten Hausfrau, Taiwanesin, Sommer 1974. Der Erdgott (Tu-di) ist eine der niedrigsten Gottheiten und eine Art göttlicher Polizist. In jedem Stadtviertel und auf jedem Stück Land gibt es einen Erdgott. Seine Frau wird in anderen Legenden als böse dargestellt. Die meisten Erdgötter haben keine Frau; wenn sie eine Frau haben, ist gewöhnlich ihr Bild erst später zugefügt, wie dies auch beim Stadtgott der Fall ist.

54 *Dschau Tjiau-örl bringt die Lampe weg.* Aus Szuchwan. Veröffentlicht in *Liang-ko-hsi-kua-tse*, S. 14–26. Diese Geschichte ist mir nicht aus anderen Quellen bekannt. Lu Ban ist der Gott der Zimmerleute, dem schon in vorchristlicher Literatur technische Erfindungen und Wunderwerke zugeschrieben wurden, jedoch nicht die Erfindung eines mechanischen Hundes. Auch sein Lehrling kommt nicht in alten Texten vor. Der Wettkampf zwischen Meister und Lehrling ist verwandt mit Typ 168, der Brückenbau vielleicht mit Typ 102, aber im ganzen ist dies Märchen neuartig. – »Buddha-Nischen« sind Nischen, in den Fels gemeißelt. In jeder Nische ist eine kleine Statue eines Buddha (nicht unbedingt eine Statue des historischen Buddha). – »Bohnenkäse« s. Anm. Nr. 43. – »Lampenkraut« ist ein Kraut, aus dessen Stengeln man Dochte machte.

55 *Der Eisenbettler.* Aus der Provinz Kuangtung. Erzählt von Frau Cheng Yü-chih, 45 Jahre alt; in Taipei auf Tonband aufgenommen Juli 1973. Bisher keine ähnliche Geschichte in mündlicher Tradition gefunden. Der Satz: »Die vier Meere sind meine Heimat« ist eine Anspielung auf einen klassischen Text. – »Hsiu-tsai«: in dem alten, erst 1904 abgeschafften System der Staatsprüfungen war ein Hsiu-tsai ein Mann, der die erste Prüfung bestanden hatte. Erst nach Bestehen der höheren Prüfungen konnte er ein Staatsamt bekommen, als Hsiu-tsai konnte er höchstens Privatlehrer werden. – Vgl. Nr. 95 Der Dank der Ameisen.

56 *Der Zaubernapf.* Aus Miao-li, Taiwan. Erzählt von einem Hakka-Bauern, 60 Jahre alt, Sommer 1972. Verwandt mit Typ 63. Vergleiche W. Eberhard, *Studies in Taiwanese Folktales*, S. 134–5. Schen spielt eine große Rolle in den Sagen, die die Zeit des ersten Kaisers der Ming-Dynastie (1368–1643) behandeln. In einer solchen Geschichte gibt ihm der Kaiser am ersten Tag des Monats ein Kupferstück und sagt ihm, er solle damit Handel treiben und sein Kapital jeden Tag, bis zum Ende des Monats, verdoppeln. Er merkt allmählich, daß dies eine ungeheure Summe ergibt (*Ch'ü-hai*, Kap. 28 oder Bd. 2, S. 1340 nach älterer Quelle). Er wird in manchen Versionen später ein Gott (A. Goodrich, *The Peking Temple*, S. 47–8) und ist Held in mehreren Theaterstücken *(Chü pao p'en, T'ien sui ko, Ch'üan chia fu)*. Während meist Schen der Held ist (so auch *Chung-kuo shih-pao* vom 21. Oktober 1972), erzählen andere

Versionen die Geschichte mit kleinen Abwandlungen, mit anderen Helden (Text von einem Studenten, Tamkang College, Dezember 1967, Sammlung W. Koch; Text von Mr. Wu Chen-hua, Student am College Chinese Culture, Dezember 1967, Sammlung R. Schubert; I. Chang, *Chinese Fairy-tales*, S. 49 bis 50; B. Hensman, *HongKong Tale-spinners*, S. 17–22). Die bisher älteste mir bekannte Variante stammt aus dem frühen 19. Jahrhundert (*Li-yüan ts'ung-hua*, Kap. 14, S. 1 b). Vgl. AT 565; für Japan *Seki*, Nr. 173. cf. Mot. D 1472.1.7: Tischlein deck dich.

Das Herbstfest ist am 15. Tag des 8. Monats. Die Kröte hat auch in anderen Märchen eine Beziehung zum Geld (Geschichte des Liu Hai).

57 *Die Brände.* Aus Taipei. Erzählt von der Frau eines Arbeiters, 41 Jahre alt, Hakka, im Sommer 1972. Dies ist eine geomantische Geschichte. Der chinesische Leser versteht sie so, daß der Berg durch seine Form eine bestimmte Kraft in sich trägt, die sich in der Erscheinung ungewöhnlicher Tiere nach außen zu erkennen gibt. Sobald die Tiere durch Berührung von beschmutzten Gegenständen ihre Kraft verlieren, verliert auch der Berg seine Kraft. Pferd und Hase sind sonst nicht mit dem Feuer verbunden.

58 *Die Reisquelle.* Aus Taipei. Erzählt von dem 14jährigen Sohn eines Arbeiters, Hakka. Sommer 1972. – Typ 62. Sehr verbreitet über ganz China in verschiedenen Versionen. Die ältesten mir bekannten Versionen stammen aus dem frühen 19. Jahrhundert (*Chih-i hsü pien*, Kap. 1, S. 8 a und Roman *Ching-hua yüan*, Kap. 51).

59 *Die Tigerhöhle.* Taiwan. Erzählt von einer Taiwanesin, 42 Jahre alt, in Taipei, Sommer 1975. – Dies Märchen gehört zu den zahlreichen Märchen, die mit Geomantik zu tun haben: Der Platz, wo sich das Grab befand, war geomantisch ungünstig. Das Fest der Reinigung der Gräber wird noch heute allgemein gefeiert, und zwar nach unserem Kalender am 4. April. Es ist das einzige chinesische Fest, das nach dem Sonnenkalender berechnet wird. – Gewisse Ähnlichkeit mit Typ 174.

60 *Jeder hat das Schicksal, das ihm bestimmt ist.* Aus Hsin-shih, Chekiang. Veröffentlicht in *Tu-chiao hai-tse*, S. 101–5. Giftschlangen werden noch heute in Südchina zu medizinischen Zwecken, meist zur Stärkung der Sehkraft, gegessen. – In verwandten Texten wird dem Vater (oder früherem Ehemann) Geld gegeben, das in Kuchen eingebacken ist. Da dem Mann vom Schicksal kein Glück vorbestimmt war, gibt er die Kuchen weg, ohne einen davon gegessen zu haben (vgl. nr. 70). »Rabengold« ist eine Mischung von Kupfer mit ein wenig Gold.

61 *Die feine Nase.* Aus Hsin-chu, Taiwan. Erzählt im Sommer 1972 von einer 16jährigen Hakka-Arbeiterin. Typ 190. – Der Kranich ist ein Vogel, der Glück symbolisiert, vor allem langes Leben. – Wenn der Kaiser sein Siegel verliert, kann er keine Regierungserlasse mehr ausgeben. Der Finder kann dann als legitimer Kaiser gelten. AaTh 1641: Doktor Allwissend.

62 *Der Ochse.* Taiwan. Erzählt von einer Schülerin, 16 Jahre alt, Tochter eines

Vaters aus Shantung und einer Taiwanesin, aufgezeichnet Sommer 1975. – Verwandt mit Typ 177. Dies Märchen illustriert gut den chinesischen Glauben an Vorbestimmung: Schicksal ist nur eine Anlage oder Tendenz, es trifft nicht automatisch ein.

63 *Der Witzemacher*. Taiwan. Erzählt von einer Taiwanesin, 46 Jahre alt, im Sommer 1975. – Typ 191. Mot. K 842: Entkommen des Tricksters.

64 *Buckel und Hasenscharte*. Taiwan. Erzählt von einer Taiwanesin, 46 Jahre alt, im Sommer 1975. – Typ 206.

65 *Die neun Söhne*. Taipei, Taiwan. Erzählt von einem Schüler, 17 Jahre alt. Sein Vater stammte aus Shantung, die Mutter ist Taiwanesin. Aufgezeichnet im Sommer 1975. – Typ 208. Mot. F 601: Außergewöhnliche Eigenschaften.

66 *Die Brüder*. Aus der Provinz Hunan. Veröffentlicht von Sung Chê, *Hu-nan min-chien ku-shih*, Hongkong 1961, S. 73–79. Es ist ungewöhnlich, daß ein Mann, der bereits einen eigenen Sohn hat, einen Knaben, der nicht mit ihm verwandt ist, adoptiert und wie einen eigenen Sohn behandelt. Die Eifersucht der Frau des eigenen Sohns ist darum zu einem gewissen Grad verständlich. »Sie schimpfte auf den Sophorabaum und meinte den Maulbeerbaum« ist wie das nächste Gleichnis eine Redensart. Der Sophorabaum ist ein großer Baum, der Maulbeerbaum meist ein kleinerer. Die Bilder an der Brücke stellen Szenen dar, die dem Chinesen aus Volksromanen oder Theaterstücken wohlbekannt sind. Man kann solche Bilder noch heute an Tempelwänden sehen. »Der dem Himmel gleiche große Heilige« ist der göttliche Affe Sun Wu-kung aus dem Roman *Hsi-yo chi;* »Die Acht Heiligen, gehend auf dem Meer« stammen aus dem Roman *Tung-yo chi;* »Die Königin-Mutter« ist die Heilige Hsi-wang-mu aus der altchinesischen Mythologie. Sie tritt auch in manchen Theaterstücken auf.

67 *Der Karpfenfang*. Aus Hsin-chu, Taiwan. Erzählt von einer 48jährigen Hakka-Bauernfrau, Sommer 1972. – Dies ist eines der sogenannten »24 Beispiele kindlicher Pietät«, die noch heute allen Chinesen bekannt sind. Sie werden oft in Tempelgemälden abgebildet (so auf dem T'ien-t'an in Sha-lu, Hongkong) und in Balladen (*Erh-shih szu hsiao ko*, Das Lied von den 24 Beispielen der Pietät, Taipei 1927, in Fukien-Dialekt) und Theaterstücken (*Wo ping chi*, Geschichte vom Liegen auf dem Eis) verherrlicht.

68 *Zur Rettung der Mutter das Kind begraben*. Aus Hsin-chu. Erzählt im Sommer 1972 von einem 15jährigen Hakka-Bauernjungen. Ein weiteres der »24 Beispiele der kindlichen Pietät«. Die Geschichte ist dargestellt im T'ien-hou-Tempel in Kuan-tu, Taiwan, und ist Thema eines Volksspiels (*Ting-hsien yang-ko*, Bd. 1, S. 268). Es ist sogar auf einem Orakelspruch erwähnt (*Hou-wang* Serie, Nr. 91).

69 *Sohnesliebe rührt den Räuber*. Aus Hsin-chu, Taiwan. Erzählt im Sommer 1972 von einer 35 Jahre alten Frau. Noch ein Beispiel der Kindesliebe, jedoch nicht aus der oben erwähnten Serie stammend.

70 *Herr Zweig muß auf sich selber böse sein*. Aus Hsin-chu, erzählt im Sommer 1972

von einer 48 Jahre alten Angestellten in einer pharmazeutischen Fabrik. Das Motiv der eingebackenen Goldstücke kommt mehrfach als Teil von anderen Märchen vor. Es dient dazu zu zeigen, daß niemand reich werden kann, dem Armut vom Schicksal bestimmt ist. Zweigs chinesischer Name ist »Dschih Wu-yä« (Zweig ohne Blätter), was seine Armut andeutet. AaTh 841: Der Bettler und das Brot.

71 *Die Wunderheilung.* Aus Taiwan. Erzählt von Chang Ming-k'un am 12. Oktober 1972, Tonband A. Bisher keine weitere Version dieses Märchens bekannt. In der chinesischen Astrologie gibt es verschiedene Sterne, die Unglück bedeuten und auch als Geister in Erscheinung treten können. Der Weißknochen-Mörderstern wird hier als ein solcher Stern aufgefaßt, obwohl es diesen Stern in der Astrologie Chinas nicht gibt.

72 *Der kluge Richter.* Aus Miao-li. Erzählt im Sommer 1972 von einem 15 Jahre alten Hakka-Bauernsohn. Diese Geschichte könnte dem weisen Richter Bao-gung zugeschrieben werden. Ich habe bisher keine weitere Version der Geschichte gehört.

73 *Die Konkubine.* Aus Taipei, Taiwan. Erzählt von dem 17jährigen Sohn eines Kaufmanns. Sommer 1972. Er gab an, die Geschichte in einem Buch gelesen zu haben. In alter Zeit wurden Konkubinen nicht selten zusammen mit ihrem Mann begraben. Die Geschichte wendet sich gegen diese Sitte. Der Sohn ist ein guter Mensch und wird später für seine Güte belohnt, obwohl er dem Wunsch des Vaters auf dem Totenbett entgegen gehandelt hat, was an sich eine Sünde ist. Bezeichnend ist, daß nicht das gerettete Mädchen, sondern ihr toter Vater dem Sohn dankt.

74 *Das gestohlene Huhn.* Aus Taipei, Taiwan. Erzählt von der 49 Jahre alten Frau eines Ingenieurs, Hakka. Sommer 1972. Die Geschichte wendet sich gegen die Sitte der Vergeltung. Himmlische Mächte bestrafen den Dieb (den Fuchs) und den Mann, der übertriebene Vergeltung geübt hatte.

75 *Der Lehrer und der Kapaun.* Aus Taipei, Taiwan. Erzählt von einem 43 Jahre alten Lehrer, einem Hakka, Sommer 1972. Bisher ist mir keine ähnliche Geschichte bekannt. Dieser Text kann auf einer schriftlichen Quelle beruhen. – Vor 1904 mußten alle Leute, die in den Staatsdienst eintreten und Karriere machen wollten, die Prüfungen bestehen. Dem besten Prüfling wurden hohe Ehren, wie im Märchen geschildert, und eine hohe Amtsstelle gegeben. Jemand, der nur die unterste Prüfung bestanden hatte, konnte im besten Fall Hauslehrer werden. Diese wurden schlecht bezahlt und meist auch schlecht behandelt. Sie bekamen ihr Gehalt am Jahresende ausgezahlt. Oft mußten sie sich dazu Geld verdienen durch Schreiben von Wandsprüchen in schöner Schrift, die man zu Neujahr kauft und an die Wände des Hauses klebt. Unser Lehrer war zu arm, um zur höchsten Prüfung in die Hauptstadt zu reisen. Wir verstehen, daß der Begleiter des Lehrers ihm vom Schicksal beigegeben war; vielleicht war er ein Heiliger, der ihn vor dem Tode retten wollte als Dank für seine erste gute Tat gegenüber der armen Frau.

76 *Einen Kuchen zeichnen*. Aus Taipei, Taiwan. Erzählt im Sommer 1972 von einem 42 Jahre alten Staatsangestellten, der die Geschichte von einem Freund gehört hatte. Hakka.

77 *Schwiegertochter und Schwiegermutter*. Aus Taipei, Taiwan. Erzählt im Sommer 1972 von der 35jährigen Frau eines Kaufmanns, die die Geschichte von ihrer Großmutter gehört hatte. Spannungen zwischen Schwiegermutter und Schwiegertochter waren in der alten Zeit, als die Schwiegertochter ins Haus der Familie ihres Mannes zog, sehr häufig. Der Ehemann war durch die Regeln der kindlichen Pietät gezwungen, die Partei seiner Mutter zu nehmen, die ihn unter Umständen sogar zu einer Scheidung zwingen konnte.

78 *Nandi*. Aus Yünnan. Veröffentlicht von Sung Chê, *Yünnan min chien ku-shih*, Bd. 1, S. 23–29. Die Erwähnung des Volksnamens Thai im Text deutet an, daß die Geschichte von einer der Minderheiten in Yünnan stammt. Thai-Stämme, verwandt mit der Bevölkerung von Thailand, lebten früher in weiten Teilen Südchinas, heute noch in kleinen Gruppen in den Südwest-Provinzen. Das Fest, das der »Kaiser« veranstaltete, ist zweifellos eine buddhistische Zeremonie.

79 *Wahrsagerei*. Aus Taipei, Taiwan. Erzählt von Frau Cheng Yü-chih, 45 Jahre alt, Kantonesin. Tonband aufgenommen von Herrn Jan Cheng-wen, Ende August 1975 (Tonband 2). Dies Märchen könnte meiner Ansicht nach aus einer schriftlichen Quelle stammen. Das Land Burma wurde von der Erzählerin als eine Insel aufgefaßt, da man zu Schiff von China aus dorthin fahren mußte.

80 *Dscheng wird Statthalter*. Aus Taiwan. Erzählt von Chang Ming-k'un, einem Hakka. Tonband-Aufnahme am 12. Oktober 1973. AaTh 1640: Das tapfere Schneiderlein.

81 *Die Kostbarkeit*. Aus Hsin-chu, Taiwan. Erzählt von einem 47 Jahre alten Hakka-Bauern. Liu Bo-wen (Liu Dji, 1311–1375) ist eine historische Figur, einer der wichtigsten Helfer des ersten Kaisers der Ming-Dynastie (vgl. Hok-lam Chan's Studien im *Journal of the Orient. Soc. of Australia*, Bd. 5, 1967, S. 26–42; *Oriens Extremus*, Bd. 15, 1968, S. 34–55 und Bd. 20, 1973, S. 66 Fußnote). – Sein Leben wurde in einem Film dargestellt (*Hsin-sheng pao*, 21. Dezember 1971). Schon während der Mingzeit waren Legenden über ihn weit verbreitet (*Keng szu p'ien*, Kap. 4, S. 8a–8b; *Kao-p'o i-ts'uan*, Kap. 2, S. 1a–1b), aber keiner der alten Texte enthält diese Version. Eine der unsrigen sehr ähnliche Legende ist über den weisen Politiker Dschu-go Liang (181–234) berichtet (*T'ai-wan K'o-chia su-wen hsüeh*, S. 151–166), auch als eine Hakka-Geschichte. Die Verwechslung von Liu Dji mit Dschu-go Liang kann sich daher erklären, daß beide zusammen in einer Geschichte vorkommen, in der Liu denkt, er sei so klug wie über tausend Jahre vor ihm Dschu-go Liang war, er aber seinen Irrtum einsehen muß (*Hsin-sheng pao*, Dezember 1969, nach einer Erzählung eines Geschichtenerzählers). Das Motiv des Fuchses, der sich in eine Frau verwandelt und junge Männer verführt, ist sehr weitgehend bekannt in

China, jedoch sind solche Fuchsgeschichten normalerweise auf Nordchina, d.h. nördlich des Yangtse-Flusses, beschränkt.

82 *A-hsiu*. Aus der Provinz Kuichou. Veröffentlicht in Sung Chê, *Kui-chou min-chien ku-shih*, S.43–54. Als Märchen im ganzen nach meiner Kenntnis bisher nicht belegt. Die Proben, die dem jungen Mann vorgelegt werden, werden häufig von einer klugen Frau gelöst, die ihren Mann aufklärt, so daß er sie bestehen kann (Typ S 28,2), oder von einem Tiermann erfüllt (Typ 43). Das Motiv der Bremse, die dem Helden hilft, ist aus Japan belegt (*H. Ikeda*, Typ 313). Das Motiv des Bildes kommt andeutungsweise gelegentlich in Typ 36 und 39 vor, ist aber in der hier gegebenen Form den vorderasiatischen Entsprechungen sehr ähnlich. Das Motiv des Federkleides entspricht Typ 196, kommt aber auch im Nahen Osten vor. (W. Eberhard und P.N. Boratav, *Typen türkischer Volksmärchen*, S. 260). Das Märchen scheint von einer der zahlreichen Minderheiten in Kuichou zu stammen. AaTh 554: Die hilfreichen Tiere + cf. AaTh 516B: Die geraubte Prinzessin.

83 *Der alte Dschang*. Aus der Provinz Kuangtung. Erzählt von Frau Cheng Yü-chih, einer Kantonesin, 45 Jahre alt, in Taipei, Juli 1975. Tonband aufgenommen von Jan Cheng-wen (Band 1). Die Erzählerin fügte ihrer Erzählung zu: »Die Geschichte sagt uns, daß ein guter Mensch eine gute Vergeltung bekommt. Loyalität, Pietät, Bescheidenheit und Rechtlichkeit (d.h. die 4 konfuzianistischen Kardinaltugenden) kommen alle (in der Geschichte) vor«. Mir ist kein weiterer Text dieser Erzählung bekannt.

84 *Große Liebe*. Aus der Provinz Kuangtung. Erzählt von Frau Cheng Yü-chih, 45 Jahre alt, Kantonesin. Tonband aufgenommen von Jan Cheng-wen, Ende August 1975 (Band 2). Diese Geschichte stammt zweifellos aus der schriftlichen Literatur. Sie ist zuerst aus Kurzgeschichte in der Tang-Zeit niedergeschrieben (s. H.S. Levy in *Sinologica*, Bd. 10, 1968, S. 7 und James Liu, *Chinese Knight-Errants*, S. 183), wurde am Anfang der Mingzeit (Ende 14. Jahrh.) zu einem Drama bearbeitet (*Chin-ching chi*, Geschichte des goldenen Spiegels) und später zu dem noch heute beliebten Drama *Hung fu chuan* (Bericht über den roten Wedel). In dem Volksroman *Sui Yang-ti yen-shih* sind Andeutungen an die Geschichte vorhanden. Jedoch entspricht keine dieser Bearbeitungen ganz unserer mündlichen Tradition. Der Name des Helden im Drama *Chin-ching chi* ist nicht Hsü Bo-yän, sondern Hsü Dö-yän. Der Name der Prinzessin ist derselbe. Die Quelle für die Episode mit der neuen Kleidungsmode ist mir unbekannt. Der ganze Vorgang spielt in der Zeit um 600. Der Südkaiser der Tschen-Dynastie verlor seinen Thron im Jahre 589. Historisch ist die Erzählerin im Unrecht, wenn sie behauptet, daß man im Norden (Chinas) die Nebenfrauen seines Vaters heiraten darf. Dies war eine Sitte der turko-mongolischen nördlichen Nachbarn Chinas, nicht der Chinesen. Jedoch der sinnliche Sohn des Gründers der Sui-Dynastie (589–618), der spätere Kaiser Yang, tat dies (dem Roman nach: *Sui Yang-ti yen-shih*, Kap. 3–6). Der altchinesische Metallspiegel ist rund und damit das Symbol der Rundheit, der Einheit

und der Ehe. Ehepaare, die sich für lange Zeit trennen mußten, zerbrachen einen Spiegel; wenn später die Teile zusammenpaßten, wußten sie, daß sie einmal ein Ehepaar gewesen waren, obgleich in der langen Zeit der Trennung beide sich so verändert haben konnten, daß sie sich nicht erkannt hätten. Yang Su wird in dem Volksroman durchaus nicht als ein so verständnisvoller, guter Mensch dargestellt.

85 *Der gute Alte und sein Hund.* Aus Taipei. Erzählt von einem 56 Jahre alten Kaufmann, Sommer 1972. – Typ 30.

86 *Der Mensch stirbt am Reichtum, der Vogel am Futter.* Aus Taipei. Erzählt von einer Taiwanesin, 42 Jahre alt, Sommer 1975. Der Titel der Geschichte ist ein viel gebrauchtes Sprichwort.

87 *Die Befreiung der Schildkröten.* Aus Miao-li, Taiwan. Erzählt von einem 50 Jahre alten Hakka-Bauern, Sommer 1972. Das Abkaufen von gefangenen Tieren, die man dann freiläßt, ist ein buddhistischer Brauch, durch den man sich Verdienste im Jenseits erwirbt.

88 *Warum bei Maus und Vogel die Fledermaus verhaßt ist.* Aus Hsin-chu, Taiwan. Erzählt von einer 14jährigen Hakka-Bauerntochter. Diese Tiergeschichte scheint bei den Hakka sehr bekannt zu sein, denn sie wurde im ganzen von neun Befragten erwähnt. Ich hatte sie bisher noch nicht in Fabelsammlungen gefunden. In der chinesischen Symbolik stellt die Fledermaus »Glück« dar. Für Japan siehe *Ikeda* 222.

89 *Der vegetarische Tiger.* Aus Taipei, Taiwan. Erzählt von einer 15jährigen Arbeitertochter, Taiwanesin. Der Große-Weg-Gott (Da-dao gung) ist Baocheng da-di, ein heilender Gott, sehr beliebt im südöstlichen China.

90 *Affe und Krabbe.* Aus Taipei, Taiwan. Erzählt von einer 72 Jahre alten Hakka-Frau. Dies Märchen gehört zu Typ 25, jedoch ist die Episode mit der Persimone (Dattelpflaume) typisch japanisch (*Seki*, Nr. 53). Diese Tiergeschichte ist sehr viel beliebter in Japan als in China und mag durch die japanische Besetzung der Insel Taiwan eingeführt sein. AaTh 130: Die Tiere im Nachtquartier.

91 *Die beiden Schwestern.* Aus Kan-hsien, Provinz Kiangsi. Aufgenommen auf Tonband von Prof. Ch'en Hsin-hsiung, nach Erzählung seiner aus Kan-hsien stammenden Mutter, Herbst 1975 in Taiwan. In diesem Märchen ist der »Böse« normalerweise ein Tigergeist und das Haus, in dem die Handlung spielt, ein einstöckiges Haus. Das überlebende Kind flieht aus dem Haus auf einen Baum. Der Tiger wird durch das Kind getötet. Typ 11. AaTh 123: Wolf und Geißlein.

92 *Kaninchen und Teufelsfische.* Aus Miao-li, Taiwan. Erzählt von einer 12jährigen Bauerntochter. Vielleicht japanischer Herkunft (*Ikeda*, nr. 58). Mot. B 555: Fischbrücke.

93 *Der gierige Fuchs.* Aus Taipei, Taiwan. Aufgezeichnet von Ku Mei-ling, einer Hakka-Studentin, August 1974. Keine Parallele bekannt. Mot. J 2066.5: Wolf und Amme.

94 *Die getreue Katze.* Aus Miao-li, Taiwan. Erzählt von einer 45jährigen Hakka-Bauersfrau. Keine Parallele bekannt. Im allgemeinen wird die Katze nicht wegen ihrer Treue geschätzt, sondern tritt meist in wenig ruhmvollen Situationen auf.

95 *Der Dank der Ameisen.* Aus Miao-li, Taiwan. Erzählt von einer 54jährigen Hakka-Bauersfrau. Typ 16. Bei den Staatsprüfungen fiel man durch, wenn auch nur ein Teil eines chinesischen Zeichens unrichtig geschrieben war. Mot. B481: Dankbare Ameisen.

96 *Die Rache des Stars.* Aus Nan-hai, Provinz Kuangtung. Veröffentlicht in *Min-su*, nr. 105, S. 15–17. Eine Version aus Yünnan, die 1962 in Peking veröffentlicht wurde, zeigt deutlichen kommunistischen Einfluß, siehe meine *Folktales of China*, S. 231–2. Geschichten, in denen eine Gottheit anscheinend spricht, weil sich hinter ihr ein Mann verborgen hat, sind nicht selten. Ich zeichnete in Chin-yün, Provinz Chekiang, eine solche Geschichte am 3. Oktober 1934 auf. Im Volksroman *San-hsi Pai Mut-an*, Kap. 54 ist ein weiterer Fall.

97 *Die zwei Brüder.* Aus Kan-hsien, Provinz Kiangsi. Aufgenommen auf Tonband von Prof. Ch'en Hsin-hsiung, nach Erzählung seiner aus Kan-hsien stammenden Mutter im Herbst 1975 in Taiwan. – Typ 30. AaTh 1655: Der vorteilhafte Tausch.

98 *Der Papagei.* Aus der Provinz Kuichou. Veröffentlicht in Sung Chê, *Kui-chou*, S. 111–114. Keine Parallele bekannt.

99 *Die beste Antwort.* Aus Taiwan. Erzählt von Chang Ming-k'un am 11. Oktober 1972, Tonband D. Typ S6, Untergruppe VI. Gedicht-Wettstreite waren unter den Gelehrten der alten Zeit sehr beliebt. Der Leiter gab entweder ein Rätsel auf oder stellte ein Thema, und die anderen mußten Gedichte machen, wobei der erste Sprecher die Form des Gedichts angab, die alle anderen genau parallel nachmachen mußten. Die Gedichte hier sind keine Gedichte, wie sie Gelehrte machen.

100 *Der Dumme lernt das Klugsein.* Aus Miao-li, Taiwan. Erzählt von einem 51 Jahre alten Hakka-Bauern, Sommer 1972. Typ S6, Untergruppe 1.

101 *Die dumme Frau.* Aus Hsin-chu, Taiwan. Erzählt von einer 36jährigen Hakka-Bauersfrau, 1972. Bisher nicht belegt.

102 *Die Geschwister.* Aus Taipei, Taiwan. Erzählt von einem 47 Jahre alten Kaufmann, einem Hakka, der die Geschichte von seinem Onkel gehört hat. Sommer 1972. Bisher nicht belegt.

103 *Der Dumme hütet das Haus.* Aus Taipei. Erzählt von Frl. Ku Mei-ling, August 1974. Bisher nicht belegt.

104 *Bauern in der Stadt.* Aus Taipei. Erzählt von dem 14jährigen Sohn eines Staatsangestellten; er hat die Geschichte von einem Verwandten gehört. Sommer 1972. Typ S1, Untergruppe 2.

105 *Ein Hahn legt keine Eier.* Aus Miao-li, Taiwan. Erzählt von einer 48jährigen Hakka-Bauersfrau, Sommer 1972. Typ 28, Untergruppe 2. Dieser Schwank wird meist so erzählt, daß die Frau des Befragten dem Mann die richtigen

Antworten sagt. Gan Mou und sein Enkel sind historische Figuren des 3. Jahrh. v.Chr. Gan Mou war Kanzler, ein Enkel bekam sein erstes Amt mit 12 Jahren (*Shih-chi*, Kap. 71). Gan Lo's Leben ist das Thema von zwei Filmen, von denen der erste am 18. Juli 1962 in Boston gezeigt wurde, der andere am 19. Juni 1971 in Shih-lin bei Taipei. Die historischen Texte bringen diese Geschichte nicht; die Filme geben ein anderes Beispiel für Gan Lo's Klugheit. AaTh 875 B: Ad absurdum führen.

106 *Die kluge Frau*. Aus Hsin-chu, Taiwan. Erzählt von einer 42jährigen Hakka-Bäuerin. Bisher nicht belegt. AaTh 1131: Heißer Brei auf den Unhold geworfen.

107 *Die Kürbisklippe*. Aus der Provinz Szuchwan. Veröffentlicht in *Liang-ko Hsi-kua-tse*, S. 1–13. Typ S 30. Im alten China kauften viele Leute, wenn sie an die sechzig Jahre alt waren, bereits einen Sarg, um sicher zu sein, daß beim Eintreten des Todes die Familie nicht plötzlich die große Ausgabe für einen guten Sarg machen müsse oder gar einen billigen, schlechten Sarg kaufen würde. – »Seine Gesichtshaut dick machen« bedeutet etwa »schamlos sein«.

108 *Die schweren Fragen*. Aus Lung-yo, Provinz Chekiang. Veröffentlicht in *Ch'iao-nü*, S. 29–32. Typ S 28, Untergruppe 2. AaTh 922: Kaiser und Abt.

109 *Die Wüste*. Aus Miao-li, Taiwan. Erzählt von einem 44jährigen Hakka-Bauern, Sommer 1912.

110 *Eine Schale Abwaschwasser*. Aus Miao-li, Taiwan. Erzählt von einer 39 Jahre alten Hakka-Bäuerin, Sommer 1972.

111 *Der Gelehrte und seine Bücher*. Aus Miao-li, Taiwan. Erzählt von einem 51jährigen Hakka-Bauern, Sommer 1972. Die drei Bücher sind jedem nur etwas gebildeten Chinesen bekannt. Die Aufsatz- und Gedichtsammlung *Wen-hsüan* mußte jeder lesen und mindestens teilweise auswendig lernen, der die Staatsprüfungen bestehen wollte. Die Memoiren *(Shih-chi)* enthalten die Geschichte Chinas vom Anfang bis etwa 100 v.Chr., und die Annalen die Geschichte Chinas von 206 v.Chr. bis 24 n.Chr. *(Han-shu)*. Das erste Buch ist relativ dünn, die späteren jeweils dicker.

112 *Zum Östlichen Paradies*. Aus Miao-li, Taiwan. Erzählt von einer 40 Jahre alten Hakka-Bäuerin. Es gibt natürlich gar kein Östliches Paradies. Nach buddhistischem Glauben kommen die Seelen von guten Menschen ins Westliche Paradies, d.h. ein Paradies, das irgendwo fern im Westen liegt. Dort leben sie sehr lange und in vollem Glück.

113 *Die Seidenhose*. Aus Ch'ao-chou, Provinz Kuangtung. Veröffentlicht in *Min-su* nr. 22/24, S. 62–4. Typ 1, Untergruppe 34.

114 *Der Tiger des Kreisbeamten*. Aus Taipei. Erzählt von einer 40jährigen Hausfrau, Taiwanesin, Sommer 1975. AaTh 2031: Die stärksten Dinge.

INHALT

1. Der Fischottergeist 5
2. Kuhhirt und Weberin 9
3. Die Feenmutter 12
4. Des Fischers Abenteuer 13
5. Der Krötenkaiser 14
6. Das Fischmädchen 15
7. Die Meeresfee 23
8. Der Tigergeist 28
9. Der Schlangenmann 31
10. Drei Brüder und eine Fee 36
11. Mond und Sonne 40
12. Die Pferdehundemenschen 41
13. Zwei schöne Frauen 42
14. Der Bienenkönig 44
15. Kohle, Bohne und Reisstroh 49
16. Warum wird der Pferdemaulbeerbaum nicht hoch? 50
17. Die hölzerne Ahnentafel 55
18. Erllang nimmt Berge und drückt Sonnen aus 56
19. Warum der Mensch nach dem Tode nicht wieder lebendig wird 57
20. Der 15. Tag des 1. Monats 58
21. Die Ahnentafel 59
22. Das Jahr 60
23. Der Ursprung des Feuers 61
24. Die achtköpfige Schlange 62
25. Das Heldenmädchen 62
26. Er traf einen Geist 64
27. Ein Geist wird ein Schaf 65
28. Der Berggeist 65
29. Der Wassergeist 67
30. Der Fischgeist 67
31. Geburt im Sarg 69
32. Die Aschenbürstebrücke 70
33. Die drei Kupferstücke 72
34. Bienen als Ehevermittler 73
35. Der Richter Baogung 77
36. Der Lebende Leichnam 80
37. Der Aschenkönig 85
38. Zwei Brüder und zwei Schwestern 87
39. Das Türklopfgespenst 95
40. Drei Kostbarkeiten 96

41. Die frommen Bettler 99
42. Die achtzehn Erleuchteten 100
43. Unterweltsbesuch 103
44. Ma-dsu-Regen und Sturm des Da-dao Gung 103
45. Buddha füttert den Adler 104
46. Das Heiratsregister 105
47. Die Versiegelung der Reichtumstür 106
48. Eine Liebesgeschichte 108
49. Zwei Kupfermünzen 110
50. Der Fischgott 116
51. Zwei Achterflüsse 117
52. Die Frau im Mond 118
53. Der Erdgott 119
54. Dschau Tjiau-örl bringt die Lampe weg 120
55. Der Eisenbettler 129
56. Der Zaubernapf 136
57. Die Brände 137
58. Die Reisquelle 137
59. Die Tigerhöhle 138
60. Jeder hat das Schicksal, das ihm bestimmt ist 139
61. Die feine Nase 141
62. Der Ochse 144
63. Der Witzemacher 145
64. Buckel und Hasenscharte 146
65. Die neun Söhne 147
66. Die Brüder 149
67. Karpfenfang 155
68. Zur Rettung der Mutter das Kind begraben 156
69. Sohnesliebe rührt den Räuber 156
70. Herr Zweig muß auf sich selber böse sein 157
71. Die Wunderheilung 158
72. Der kluge Richter 161
73. Die Konkubine 162
74. Das gestohlene Huhn 163
75. Der Lehrer und der Kapaun 163
76. Einen Kuchen zeichnen 165
77. Schwiegertochter und Schwiegermutter 165
78. Nandi 166
79. Wahrsagerei 172
80. Dscheng wird Statthalter 180
81. Die Kostbarkeit 182
82. A-hsiu 182
83. Der Alte Dschang 193

84. Große Liebe 202
85. Der gute Alte und sein Hund 208
86. Der Mensch stirbt am Reichtum, der Vogel am Futter 209
87. Die Befreiung der Schildkröten 210
88. Warum bei Maus und Vogel
die Fledermaus verhaßt ist 211
89. Der vegetarische Tiger 211
90. Affe und Krabbe 212
91. Die beiden Schwestern 213
92. Kaninchen und Teufelsfische 215
93. Der gierige Fuchs 215
94. Die getreue Katze 216
95. Der Dank der Ameisen 217
96. Die Rache des Stars 217
97. Die zwei Brüder 220
98. Der Papagei 223
99. Die beste Antwort 226
100. Der Dumme lernt das Klugsein 227
101. Die dumme Frau 229
102. Die Geschwister 229
103. Der Dumme hütet das Haus 230
104. Bauern in der Stadt 230
105. Ein Hahn legt keine Eier 231
106. Die kluge Frau 233
107. Die Kürbisklippe 233
108. Die schweren Fragen 243
109. Die Wüste 244
110. Eine Schale Abwaschwasser 245
111. Der Gelehrte und seine Bücher 245
112. Zum Östlichen Paradies 246
113. Die Seidenhose 247
114. Der Tiger des Kreisbeamten 248

Nachwort 249
Anhang 264
Literaturverzeichnis 264
Anmerkungen 268